本书得到东华大学人文社科出版基金资助

东华文库

政府间财政事权和支出责任划分研究
以上海为例

周琛影 田发 ◎ 著

复旦大学出版社

前言

政府间财政事权和支出责任合理划分是现代财政制度有效运作的基础,是理顺政府间财政关系的逻辑起点。而历史上中国财政事权和支出责任划分曾呈现出财政职能定位不清、央地间划分不合理、共担事权过多、法治化程度不高等问题,无法适应深化财税体制改革和推进国家治理现代化的要求。十八届三中全会后围绕财政事权和支出责任改革形成顶层设计思路、原则性指导意见及实施方案,政府间的财政事权和支出责任划分逐步得到理顺。

上海较早启动市与区事权和支出责任划分改革,适度加强市级财政支出责任,并对市区财权配置和财力分配进行相应改革,加大财力向基层倾斜力度。尽管上海市区两级政府财政事权划分改革已取得阶段性成果,但市区财权与事权之间仍不够协调,影响到财政体制的稳健运行。因此亟待深化市与区财政事权和支出责任划分改革,以促进市区两级政府的财权配置与事权划分相匹配,为上海建立健全的现代财政制度奠定坚实基础。本书以上海为样本,按照理论框架、演变动态、实证检验、案例剖析、政策建议的分析路径来研讨上海财政事权和支出责任划分问题,并制定了市区财政事权和支出责任划分改革方案，可为上海此类改革提供重要参考，并对其他超大城市的改革实践具有借鉴价值。

本书具体围绕以下几个核心命题展开研究。

1. 构建政府间财政事权和支出责任划分理论框架，以形成理论分析维度。按照"政府究竟需要干什么事—政府究竟需要多少钱—政府究竟可以取得多少钱"的逻辑次序来界定政府间财政事权和支出责任划分定位；政府间财政事权和支出责任划分规则是外部性、信息复杂性和激励相容，以保证不同层级的政府协同提供公共服务；财权配置遵循的是税种的基本属性，由此形成各级政府间的主体税种来源，并合理统筹非税收入等；最优选择是财权与事权相匹配，次优选择是运用转移支付来达成财力与事权的匹配。

2. 归纳上海市与区财政事权和支出责任划分演变动态，以形成历史分析维度。关注分税制改革以来的发展轨迹，大致划分为分税制初步建立期（1994—2003年），以事权和财权相匹配为制度设计初衷，但更多强调财力下沉，弱化市级公共服务能力；分税制完善阶段（2004—2007年），以财权和事权同步适度下沉为重心，改革目的是形成"税收属地征管、地方税收分享"的财力分配格局；财政体制定位于基本公共服务均衡阶段（2008—2012年），以完善转移支付及区县以下财政体制为重点，突出两级政府的财力与事权相匹配；现代财政制度构建阶段（2013年至今），以建立市与区财政事权与支出责任相适应、财权与事权相匹配来深化上海财政体制改革。通过洞悉每一阶段的变化轨迹及利弊得失，为上海推动市区财政事权和支出责任划分改革提供历史经验支撑。

3. 检验上海市与区财政事权和支出责任划分效应，以形成实证分析维度。先采用固定效应面板模型来考量上海市与区的总体性和结构性支出责任划分对提升基本公共服务发展水平的效果。再具体研究：一是采用名义与实际支出两项指标，立于总体性、结构性（经济性支出、社会性支出、维持性支出）、功能性支出层面来分析市与区财政事权和支出责任划分效果；二是采用税收与非税收入划分比例来分析市与区财权配置效果，探讨市与区级的主要税种收入来源，并延伸到分析区级横向财力分配的差异性；三是采用财政自给率、财政保障能力系数来分析市与区履行财政事权的财力分配效果；四是分析市级转移支付调节区级财力与分担财政事权效果。这可为政府评估现有市区财政事权和支出责任划分真实状况提供依据，也为下一步相关政策调整的方向和重点提供参考。

4. 观察上海三个样本区的财权事权划分情况，以形成案例剖析维度。选择发达区域——徐汇区、较发达区域——杨浦区、欠发达区域——崇明区为个案，分别分析其与市级政府之间的支出责任分工、初始财权配置及财力与支出责任匹配的效果，并就样本区财权事权划分进行横向比较。这可为市级政府制定具有区域差异性的财权事权划分方案提供参考，以更贴近各区真实的财权事权划分需求。

5. 设计上海市与区财政事权和支出责任划分改革方案，以形成政策建议架构。立足上海经济、社会、财政发展的新环境，明确市与区财政事权和支出责任划分改革的总体要求，包括改革原则、调整方向。具体改革方案思路是：筛选市与区级政府的财政事权范围，即市级、区级、市区共有的财政事权；根据最新的政府收支分类科目来制定市与区财政事权和支出责任划分清单；促进市区两级政府财力与支出责任动态匹配及拟定其他配套改革措施。

目录

第一章 导论 ········· 1
　第一节　研究起点 ········· 3
　第二节　核心概念界定 ········· 27
　第三节　研究方法与研究内容 ········· 31

第二章 政府间财政事权和支出责任划分理论框架 ········· 37
　第一节　理论基础 ········· 39
　第二节　政府间财政事权和支出责任划分的理论框架 ······ 48

第三章 政府间财政事权和支出责任划分考量：央地间层面 ········· 59
　第一节　央地间财政事权和支出责任划分演进 ········· 61
　第二节　央地间财政事权和支出责任划分效应评估 ······ 67
　第三节　央地间支出责任划分对基本公共服务均衡供给的影响 ········· 90
　第四节　央地间财政事权和支出责任错配根源 ········· 96

第四章 政府间财政事权和支出责任划分实践比较：四个典型国内城市 ········· 101
　第一节　北京市样本 ········· 103

i

第二节　天津市样本 ················· 108
　　第三节　广州市样本 ················· 114
　　第四节　深圳市样本 ················· 120
　　第五节　国内大都市改革对上海的启示 ········· 124

第五章　上海市与区财政事权和支出责任划分的演变 ······ 127
　　第一节　分税制初步建立期：1994年至2003年 ····· 129
　　第二节　分税制完善阶段：2004年至2007年 ······ 132
　　第三节　财政体制定位于公共服务均衡阶段：2008年
　　　　　　至2012年 ·················· 134
　　第四节　现代财政制度构建阶段：2013年至今 ····· 137
　　第五节　四个阶段的总结 ·············· 141

第六章　上海市与区财政事权和支出责任划分效应评估
　　 ························· 143
　　第一节　市与区财政事权和支出责任划分效应 ····· 145
　　第二节　市与区财力配置效应 ············ 181
　　第三节　市与区履行财政事权的财力匹配效果 ····· 203
　　第四节　市级转移支付调节区级财力与分担财政事权的
　　　　　　效果 ··················· 210

第七章　上海市区两级政府财政事权和支出责任划分案例：
　　　　三个样本区的观察 ··············· 229
　　第一节　徐汇区样本 ················· 233
　　第二节　杨浦区样本 ················· 239
　　第三节　崇明区样本 ················· 245

第四节　样本区财权事权划分横向比较 …………… 251

第八章　优化上海市与区财政事权和支出责任划分的方案 ………… 259
　　第一节　主要研究结论 …………………………… 261
　　第二节　上海的经济、社会、财税发展新环境 ………… 266
　　第三节　市与区财政事权和支出责任划分改革的具体策略 ………… 268
　　第四节　促进市/区财权与财政事权动态匹配 ………… 294
　　第五节　优化市对区的转移支付机制 ……………… 301
　　第六节　其他配套措施 …………………………… 304

参考文献 ……………………………………………… 308

后记 …………………………………………………… 317

第一章

导论

政府间财政事权和支出责任合理划分是理顺政府间财政关系的前提条件,是现实中亟待解决的问题,需搭建该议题的理论平台及提出应用方案。本章先阐述本研究的背景及重要价值,引出为何要研究这一问题;再梳理国内外相关研究文献,吸取最新的研究成果,提出本研究试图突破之处;最后清晰界定核心概念,提出所采取的研究方法、研究框架图及具体的研究内容。

第一节 研究起点

一、研究背景

始于1994年的分税制财政体制改革按照"事权与财权相匹配"的原则来进行制度设计,逐步解决了"分灶吃饭"和"大包干"体制下财权分散、中央财政收入急剧下降的问题,是理顺政府间财政关系的一次重大制度创新。但其不足之处在于:形成财权集中的同时却没有相应调整支出责任,财权与事权不协调,演化为财力分配的纵向不公平造成基层政府财政困难,形成大量地方政府性债务,弱化了基层政府的基本公共服务保障能力;财力分配的横向不公平形成区域间财力差距,导致了教育、公共卫生、社会保障等基本公共服务的区域不均衡。

党的十七大又提出健全政府间事权与财力相匹配的权宜改革,侧重于调整收入分配,中央政府在控制50%的财力不变的前提下通过转移支付来确保地方政府具备履行公共服务支出责任的财力水平,而基本不触及政府间事权和支出责任划分改革。这样的改革设计的后果就是，政府间财政事权和支出责任划分呈现出财政职能定位不清、央地间划分不合理、共担事权过多、法治化程度不高等问题，无法适应深化财税体制改革和推进国家治理现代化的要求。鉴于政府间财政事权和支出责任的合理划分是政府有效提供基本公共服务的前提和保障，是现代财政制度有效运转的基础和支撑，是理顺政府间财政关系的逻辑起点。十八大明确"深化财税体制、建立现代财政制度"的改革目标，之后相继提出"建立事权和支出责任相适应的制度、适度加强中央事权和支出责任、推进各级政府事权规范化法律化"。国务院于2016年8月印发《关于推进中央与地方财政事权和支出责任划分改革的指导意见》，形成各级政府基本公共服务职责划分的顶层设计。十九大提出"建立权责清晰、财力协调、区域均衡的中央和地方财政关系"，要求对财政事权和支出责任进行更加清晰的划分。随后国务院于2018年2月出台《基本公共服务领域中央与地方共同财政事权和支出责任划分改革方案》，为具体领域改革提供了可操作的细则。这预示着下一步改革的重点和难点除了深入划分各领域中央与地方财政事权和支出责任外，将涉及如何推进省以下财政事权和支出责任划分改革，这事关地方政府能否构建健全的现代财政制度和顺利实现地方治理现代化。

在这样的财税体制变革背景下，本书以上海的市与区财政事权和支出责任划分问题作为研究议题。上海的政府财政分为市、区两级建制。实施分税制以来，侧重优化市与区的财力分配，未能有效调整财政事权和支出责任，以至于出现诸多事权划分不够清晰、部分事权划分不合理、一些事权执行不规范等问题，因而亟待规范市与区的财政事权和支出责任划分；随后于2014年在全国范围内率先选择基础设施、社会保障等重点领域启动市与区事权和支出责任划分改革试点，加大财力向基层倾斜力度、适度加强市级财政支出责任；并分别于2017年、2019年发布《市与区财政事权和支出责任划分改革的指导意见》和《基本公共服务领域市与区财政事权和支出责任划分改革方案》，为上海市/区两级政府的财政事权和支出责任改革提供指导方案。接下来上海财税体制改革的重心是在继续完善市/区财政事权与支出责任相适应的基础上，深化上海市与区新一轮财权事权划分改革，形成市/区两级政府的财权配置与事权划分相匹配的清晰框架和实施方案，为上海建立健全的现代财政制度、推动经济高质量发展和促进现代化治理奠定坚实基础。

本书的理论意义在于融合公共产品层次性理论、委托-代理理论及公共治理理论，对政府间财政事权和支出责任划分进行经济学分析，形成"财政事权和支出责任划分—财权配置—转移支付导入"的分析路径，由此丰富地方政府间财政关系的理论框架，以契合现代财政制度的理论要求。而选择以上海市为样本则弥补了当前对省以下政府间财政关系的疏忽，对于搭建地方财政事权和支出责任划分体系、健全地方财力与财政事权相匹配的财政体制具有指导意义，与中央和地方的改革前后呼应。

应用价值体现在以"市与区财政事权和支出责任划分为什么要改—市与区财政事权和支出责任划分怎么改—市与区财政事权和支出责任划分要改成什么样"为逻辑关系来解决三个层面问题。

1. 论证上海市与区财政事权和支出责任划分改革的必要性。归纳分税制以来不同发展阶段的市与区财政事权和支出责任划分的演变轨迹，厘清其具体表现、存在的问题及其原因；从市与区的财政事权和支出责任划分、财权配置、财力与财政事权匹配度、转移支付调节区级财力和分担区级财政事权四个方面入手，采用一些财政指标进行实证检验，为全面考量市/区两级政府的财权事权划分状况提供一个量化依据。

2. 论述上海市与区财政事权和支出责任划分改革的依据。以政府间财政事权和支出责任划分的理论框架为理论依据；十八大以来政府的相关顶层设计为上海改革指明了方向，国内大都市的改革实践及经验也可作为参照。

3. 设计上海市与区财政事权和支出责任划分改革的方案。遴选出上海的财政事权目录，按政府收支分类科目来制定新的市/区财政事权和支出责任划分清单，反映出每项财政事权事项及其相应的支出责任归属；再基于市/区财政事权的合理划分来设计相应的财权配置方案，切实做到上海市/区财权与事权相匹配；并辅以优化市对区转移支付机制和跟进相应的配套措施，为上海逐步建立起权责清晰、财力协调、标准统一、区域均衡的财政体制提供操作性参考。

二、国内研究进展

国内围绕政府间财权事权划分的研究文献较多，具有明显的分税制改革的时代特征。自十八届三中全会提出构建现代财政制度以来，该议题再次成为研究热点，遵循理论—问题—建议这样的研究路径，主要集中在三个方向。

1. 政府间财权事权划分的理论分析

内涵界定上，孙德超认为财权的核心是税权，并定义税权为一级政府对本级税收拥有的权力，赋予地方政府更多的财权有利于更好地匹配公共服务职责，从而推进基本公共服务均等化。① 陈冰波认同财政联邦制理论中关于事权和支出责任内涵的界定，认为事权是一个既包括资源配置又包括收入分配和宏观调控的综合性概念，支出责任包括花钱责任与筹资责任，在存在事权委托履行的情况下，花钱责任和筹资责任相分离，由此带来转移支付方式的选择。② 柯华庆提出事权是政府应承担的公共服务职责，相应地满足公共服务需求的财政支出义务就是支出责任，通俗解释财权和事权的关系就是"谁请客、则谁必须有钱且必须买单"。③ 白景明等指出事权是政府按照法律法规进行行政事务管理的权力，体现政府活动的范围，属于行政范畴。支出责任则是政府承担履行事权的支出责任和义务，属于财政范畴。事权强调权力的归属和执行的主题，支出责任强调谁来承担履行事权的成本和花费，它们二者密不可分。④ 国务院 2016 年发布的《关于推进中央与地方财政事权和支出责任划分改革意见》中提出，财政

---

① 孙德超：《推进基本公共服务均等化的基本原则——事权与财权财力相匹配》，《教学与研究》2012 年第 3 期，第 22—30 页。
② 陈冰波：《事权与支出责任：一个分析的理论框架》，《交通财会》2014 年第 8 期，第 4—8 页。
③ 柯华庆：《财税分级制原则的体系建构》，《理论视野》2014 年第 12 期，第 34—37 页。
④ 白景明、朱长才、叶翠青等：《建立事权与支出责任相适应财税制度操作层面研究》，《经济研究参考》2015 年第 43 期，第 3—91 页。

事权是一级政府应承担的运用财政资金提供基本公共服务的任务和职责，支出责任是政府履行财政事权的支出义务和保障。①

贾康和苏京春定义事权是国家公共权力，由事权作用的对象、行使事权的工作者、事权运行依托的制度三要素组成，事权的顺利履行需要财力来保障。②张春宇认为税权属于财权范畴，研究政府间财权划分应以税权划分为重点，并建议降低共享税比例和重建地方税体系以优化政府间财政关系。③罗卫东和朱翔宇界定财权必须满足来源合法合规且地方自主控制两大条件，而事权需满足地方政府管辖范围内和明确法律法规约束两大要求，实现"权责对称"即地方政府拥有的财权和承担的事权相一致。④

分类和划分模式上，何逢阳总结了显性（法定）和隐性（委托性）两类事权。显性（法定）事权是法律法规规定的中央与地方各级政府应承担的事务，隐性（委托性）事权是一个政府部门委托另一政府部门的事务。⑤刘尚希等归纳了事权和支出责任划分的两种模式：一类是"横向"划分模式，指按照公共产品的特点划分支出责任，也就是对某类公共产品在不同层级政府之间做出明确的分工和界定；另一类是"纵向"划分模式，根据同一公

---

① 《国务院关于推进中央与地方财政事权和支出责任划分改革的指导意见》，国发〔2016〕49号，2016年8月16日。
② 贾康、苏京春：《现阶段我国中央与地方事权划分改革研究》，《财经问题研究》2016年第10期，第71—77页。
③ 张春宇：《从税权角度谈优化中央与地方政府间的税收关系》，《税务研究》2017年第3期，第106—109页。
④ 罗卫东、朱翔宇：《"权责对称"与我国分税制以来的财政体制改革》，《南京社会科学》2018年第4期，第30—38页。
⑤ 何逢阳：《中国式财政分权体制下地方政府财力事权关系类型研究》，《学术界》2010年第5期，第17—26页。

共产品的不同责任要素（支出权、监督权、决策权和执行权）在政府间进行划分。① 贾康和梁季提出依据税种属性来划分广义税基收入，且要求各地税基分配框架大致一致，但仍然难以规避各地财政收入的横向不均衡问题。② 谷成和曲红宝研究发展中国家的税种划分，认为财产税应作为地方政府的主体税种，此外与车辆相关的选择性商品税和个人所得税附加税也适合由地方政府征收。③

理论应用上，马万里将"多中心治理理论"引入政府间事权和支出责任划分范畴，④ 认为事权划分新逻辑取决于两个维度：横向——政府、市场与非营利组织公共品供给职责的横向分工，纵向——中央和地方在财政分权架构下的纵向公共品供给职责的配置，由此来建立财力与事权匹配的新模式，确立了财力与支出责任相匹配的运行原则。⑤ 楼继伟提出的外部性、信息复杂性和激励相容的事权和支出责任划分三原则被广泛运用于改革实践中。⑥ 王浦劬构建以事性定权属、以事项配事权的分析进路。⑦ 经庭如和曹结兵基于政府间共同事权的委托代理关系，通

---

① 刘尚希、马洪范、刘微等：《明晰支出责任：完善财政体制的一个切入点》，《经济研究参考》2012 年第 40 期，第 3—11 页。
② 贾康、梁季：《辨析分税制之争：配套改革取向下的全面审视》，《财政研究》2013 年第 12 期，第 2—14 页。
③ 谷成、曲红宝：《发展中国家政府间税收划分：理论分析与现实约束》，《经济社会体制比较》2015 年第 2 期，第 32—43 页。
④ 马万里：《多中心治理下的政府间事权划分新论——兼论财力与事权相匹配的第二条（事权）路径》，《经济社会体制比较》2013 年第 6 期，第 203—213 页。
⑤ 马万里：《政府间事权与支出责任划分：逻辑进路、体制保障与法治匹配》，《当代财经》2018 年第 2 期，第 26—35 页。
⑥ 楼继伟：《中国政府间财政关系再思考》，中国财政经济出版社 2013 年版，第 278 页。
⑦ 王浦劬：《中央与地方事权划分的国别经验及其启示——基于六个国家经验的分析》，《政治学研究》2016 年第 5 期，第 44—58 页。

过构造不同的目标函数，发现委托人和代理人对自然状态的预期差异以及代理人的努力成本系数对共同事权的行动有显著影响。① 李森认为政府间事权和支出责任的划分按公共产品受益范围的层次性来处理较符合效率和公平原则。② 田发和周琛影以"财政事权、支出责任、财力"为主线来构建现代财政制度理论框架，并设计财政事权与支出责任划分区域图。③ 刘尚希等基于公共风险的视角，按照"风险决策、风险分担、风险匹配"的要求，设计财政事权划分原则。④ 熊伟认为通过财权配置可以树立地方政府独立的财政主体地位，为未来从财政主体走向行政自治实体打下基础。⑤

2. 政府间财权事权划分的现状及问题

杨志勇认为分税制改革的重点是收入侧，较少涉及政府间事权的划分。⑥ 归纳学者们的观点，表现为事权划分运行实践中出现事权重叠交叉、事权配置错位、事权重心下移等问题，财权分配中地方税权弱化及主体税种丧失，财权与事权不相协调，辅之

---

① 经庭如、曹结兵：《委托-代理视角下政府间共同事权与支出责任匹配的研究》，《财政科学》2016年第5期，第70—77页。
② 李森：《试论公共产品受益范围多样性与政府级次有限性之间的矛盾及协调——对政府间事权和支出责任划分的再思考》，《财政研究》2017年第8期，第2—17页。
③ 田发、周琛影：《市区财政事权和支出责任划分效应评估：以上海为例》，《当代财经》2018年第4期，第25—35页。
④ 刘尚希、石英华、武靖州：《公共风险视角下中央与地方财政事权划分研究》，《改革》2018年第8期，第15—24页。
⑤ 熊伟：《分税制模式下地方财政自主权研究》，《政法论丛》2019年第1期，第64—77页。
⑥ 杨志勇：《分税制改革中的中央和地方事权划分研究》，《经济社会体制比较》2015年第2期，第21—31页。

以低效的转移支付体系,导致地区间财力分配失衡并抑制地方公共服务的有效供给。①

在事权划分重叠方面,中国国际经济交流中心财税改革课题组认为目前我国政府间职责划分不够清晰,体现为中央和地方政府间、地方各级政府之间职责划分不够合理。②孙玉栋和庞伟分析了央地间事权划分运行实践中出现事权重叠交叉问题。③

在事权划分错位方面,楼继伟指出我国中央和地方政府间事权和支出责任的划分上产生了"错位",应该由中央负责的事务却交给了地方承担,而属于地方的事务中央又承担了支出责任。④李弈宏谈到政府和市场间的事权和支出划分不清,各级政府间事权及支出责任存在交叉、重叠和错位,且政府间事权及支出划分事实上只涉及中央与省一级。⑤卢洪友和张楠从横向和纵向两个层面分析了政府间事权和支出责任的错配,横向层面的错配表现为政府、市场和社会三者之间的权责边界不明,政府职能

---

① 石亚军、施正文:《建立现代财政制度与推进现代政府治理》,《中国行政管理》2014年第4期,第11—16页;高培勇:《2015年财税改革的考量》,《金融市场研究》2015年第1期,第32—38页;马海涛、任晓伟:《转移支付对县级财力均等化的作用》,《财政研究》2017年第5期,第2—12页;李永友、张子楠:《转移支付提高了政府社会性公共品供给激励吗?》,《经济研究》2017年第1期,第119—133页;赵永辉、付文林:《转移支付、财力均等化与地区公共品供给》,《财政研究》2017年第5期,第13—23页。

② 中国国际经济交流中心财税改革课题组:《深化财税体制改革的基本思路与政策建议》,《财政研究》2014年第7期,第2—10页。

③ 孙玉栋、庞伟:《我国中央与地方事权与支出责任划分的再思考》,《财政监督》2017年第9期,第5—11页。

④ 楼继伟:《中国政府间财政关系再思考》,中国财政经济出版社2013年版,第278页。

⑤ 李奕宏:《我国政府间事权及支出划分研究》,《财政研究》2014年第8期,第56—59页。

"缺位"与"越位"并存，纵向层面的错配表现为地方政府的收入能力与支出责任严重失衡。①

在事权划分法治化方面，丁菊红指出目前事权划分缺乏系统性制度安排及法律约束，事权划分不清，导致支出责任不明晰，且事权与支出责任存在错位与不衔接等。② 刘承礼则提出政府间事权与支出责任脱节、事权调整缺乏法律法规支撑。③

财权划分运行方面，杨晓萌发现我国税收立法权在纵向划分上高度集中于中央，地方政府则缺乏核心立法权力，税收执法衍生出诸多问题，导致地方财权不足以匹配事权。④ 杨慧和石子印发现我国政府间税收划分在结构和规模上均存在不利于财力配置效率的安排，规模上税收收入相对地方财政支出比重过低，转移支付规模过大，结构上增值税分享比例偏高，可能扭曲地方资源配置。⑤

财权与事权划分匹配方面，汤火箭和谭博文发现分税制改革只明确了央地间而未涉及省以下的财权事权规范，导致省以下政府效仿中央与省级的做法，上级政府集中收入却没有集中支出责任，下级政府缺少财力却不能拒绝上级的命令，最终导致基层政

---

① 卢洪友、张楠：《政府间事权和支出责任的错配与匹配》，《地方财政研究》2015年第5期，第4—10页。
② 丁菊红：《我国政府间事权与支出责任划分问题研究》，《财会研究》2016年第7期，第10—13页。
③ 刘承礼：《省以下政府间事权和支出责任划分》，《财政研究》2016年第12期，第14—27页。
④ 杨晓萌：《提升税收治理能力视角下的税权划分优化》，《税务研究》2018年第4期，第96—100页。
⑤ 杨慧、石子印：《财力配置效率视角下中央和地方间税收划分研究》，《税收经济研究》2019年第3期，第63—68页。

府财政困难,财力与事权出现倒挂现象。① 谭波认为我国关于财权事权匹配的宪法保障出现"缺位",应尽快落实央地间财权事权配置的宪法制度设计。② 伍敏敏构建财政收入分权、财政支出分权和财政自主度的三维财政分权指标体系,发现地方财政收入分权度和财政自主度均逐年缓慢下降,而财政支出分权度则波动上升,且东部地区的财政分权水平远高于中部和西部地区。③ 党秀云和彭晓祎发现我国在基本公共服务供给方面呈现出央地间事权划分范围模糊,中央承担支出责任过少,地方财权无法匹配其承担的事权,以及事权财权划分相关法律缺位等问题。④

3. 政府间财权事权划分的改革建议

先以事权划分为起点,吕冰洋提出全国性公共事务应当由中央政府来决策,地方性公共事务应当由地方政府来决策,跨区域的公共事务应当由中央政府负责,据此构建了中央、省级与县级政府事权分配框架。⑤ 李俊生等倡导政府间事权的划分应以政府治理状况为前提,以中央政府为原点,依据激励相容机制来决定支出责任如何向地方政府延伸。⑥ 楼继伟则明确了中央、地方及

---

① 汤火箭、谭博文:《财政制度改革对中央与地方权力结构的影响——以财权和事权为视角》,《宏观经济研究》2012年第9期,第11—18页。
② 谭波:《央地关系视角下的财权、事权及其宪法保障》,《求是学刊》2016年第3期,第104—110页。
③ 伍敏敏:《财权与事权配置视角下我国现代财政制度构建研究》,《求索》2017年第2期,第135—140页。
④ 党秀云、彭晓祎:《我国基本公共服务供给中的中央与地方事权关系探析》,《行政论坛》2018年第2期,第50—55页。
⑤ 吕冰洋:《现代政府间财政关系的构建》,《中国人民大学学报》2014第5期,第11—19页。
⑥ 李俊生、乔宝云、刘乐峥:《明晰政府间事权划分 构建现代化政府治理体系》,《中央财经大学学报》2014年第3期,第3—10页。

共有的事权范围与支出责任,并建议以"实体化、法制化、高阶化"为重点着力推进事权和支出责任改革。① 于树一提出"双向平衡"和"上下结合"的方略来划分政府间财政事权和支出责任。② 马万里从理论和现实两个角度的综合审思,提出政府间事权与支出责任的划分存在事权路径与支出责任路径。③ 田发和苗雨晴建议调整央地间财政事权和支出责任划分格局、制定央地间财政事权和支出责任划分清单以及动态匹配央地间财力与财政事权。④ 岳红举和王雪蕊建议通过基本公共服务事项及标准法律化、突出省级政府的财政统筹协调职能、综合运用政策先行与法律跟进的法治化策略,以健全中央与地方政府间事权与支出责任划分的制度化路径。⑤

至于具体操作层面,中国国际经济交流中心财税改革课题组将政府间财政关系的目标定位在"扁平化"框架下建立中央、省、市县三级政府间职责与财权的划分体系,按照政府职能的分类,细化出十五项政府基本职责,按照职责的承担主体形成事权和支出划分清单。⑥ 李春根和舒成基于"事权法定、外溢共担、

---

① 楼继伟:《建立现代财政制度》,《中国财政》2014年第1期,第10—12页;楼继伟:《深化事权与支出责任改革 推进国家治理体系和治理能力现代化》,《财政研究》2018年第1期,第2—9页。
② 于树一:《现阶段我国财政事权与支出责任划分:理论与实践探索》,《地方财政研究》2017年第4期,第19—24页。
③ 马万里:《关于政府间事权与支出责任划分的几个理论问题》,《地方财政研究》2017年第4期,第4—11、18页。
④ 田发、苗雨晴:《央地间财政事权和支出责任划分:效应评估与政策引申》,《财经科学》2018年第4期,第111—120页。
⑤ 岳红举、王雪蕊:《中央与地方政府间事权与支出责任划分的制度化路径》,《财经科学》2019年第7期,第54—66页。
⑥ 中国国际经济交流中心财税改革课题组:《深化财税体制改革的基本思路与政策建议》,《财政研究》2014年第7期,第2—10页。

超负上移"路径,提出"事权法定、因地制宜、分工合作、财力事权匹配"的地方政府间事权和支出责任划分方案。① 白景明等对照最新的政府分类科目,依据外部性、信息复杂性和激励相容三原则,制定了事权和支出责任划分清单。② 国务院2018年发布《基本公共服务领域中央与地方共同财政事权和支出责任划分改革方案》,明确义务教育、学生资助、基本就业服务等基本公共服务事项,列入中央与地方共同财政事权范围,制定基本公共服务保障国家基础标准,规范基本公共服务领域中央与地方共同财政事权的支出责任分担方式。③

部分学者选取单项财政事权作为研究对象,基本也采用问题-建议式的研究范式。郭晟豪发现央地间教育事权划分存在两个重大问题:一是学前、义务、高中、高等四级教育主要由地方政府来承担支出责任;二是学前教育和高中教育阶段教育经费投入保障机制不足。据此提出的改革思路是:增加教育服务支出的中央分担比重、形成政府间教育事权和支出责任划分的制度框架、提高转移支付中教育占比、改革地方政府考核机制和地方官员晋升标准。④ 尹宗明和李志伟将教育财政事权划分中的问题归结为地方财政的教育支出责任偏重、地方教育负债沉重、专项转

---

① 李春根、舒成:《基于路径优化的我国地方政府间事权和支出责任再划分》,《财政研究》2015年第6期,第59—63页。
② 白景明、朱长才、叶翠青、朱克俊、程丹润、汪文志:《建立事权与支出责任相适应财税制度操作层面研究》,《经济研究参考》2015年第43期,第3—91页。
③ 《国务院办公厅关于印发基本公共服务领域中央与地方共同财政事权和支出责任划分改革方案的通知》,国办发〔2018〕6号,2018年2月8日。
④ 郭晟豪:《中央政府和地方政府的教育事权与支出责任》,《甘肃行政学院学报》2014年第3期,第96—105、128页。

移支付加大地方财政支出责任等问题,据此提出的建议是构建教师工资性支出责任的政府间分担机制、减少地方配套责任、中央财政帮助地方化解教育债务、加大一般性转移支付力度。① 王文庆等发现公共卫生事权和支出责任不相适应,地方政府易缺位,其原因在于财力不足、财政体制不完善、卫生管理体制不健全等,应该围绕合理划分公共卫生事权和支出责任、提高公共卫生统筹级次、推动公共卫生服务均等化三方面来改革。② 李欣等指出科技事权行为模式是项目制,偏离了政府履行科技事权的初衷,因而需构建中央与地方科技事权新型关系。他们指出支出责任改革的路径应是:完善科技政策和顶层框架、促进"块块"间支出责任优化、改革科技预算、改进科技支出评估和监督。③ 刘柏惠认为社会保障领域存在事权划分不合理、事权与支出责任不适应两个问题,相应的改革建议是将社会保险事权上移,即将社会救济和社会福利事权下沉到地方政府,以推动社会保障事权与财力匹配。④ 韩凤芹指出职业教育事权履行中事权与支出责任不匹配、支出责任不到位以及相关体制机制存在缺陷,由此提议完善职业教育事权划分体系、上收部分事权和支出责任、推动政府

---

① 尹宗明、李志伟:《基础教育及职业教育事权和支出责任划分的思考》,《中国财政》2015年第14期,第72—73页。
② 王文庆、范志华、郭德元等:《关于合理划分政府间公共卫生事权与支出责任的思考》,《天津经济》2014年第9期,第55—56、62页。
③ 李欣、余贞利、刘尚希等:《中央地方科技事权与支出责任划分研究》,《经济研究参考》2015年第22期,第3—31页。
④ 刘柏惠:《社会保障事权和支出责任划分"双症结"分析》,《地方财政研究》2017年第4期,第30—33、42页。

和社会资本合作等。①

再进行财权分配,贾康等在"扁平化"框架下建立中央、省、市/县政府的财权划分体系。② 吕冰洋建议政府间税权的调整方向是分税为主、分成为辅。③ 熊欣提出地方政府缺乏稳定的主体税源,应将负担较重的事权上移至省级政府,再逐步建立地方税体系,并对基层政府推行不对称分权。④ 张斌建议在理顺政府间事权、事责、财权、财力四要素关系的基础上建设地方税体系。⑤ 谷成和蒋守建认同地方是中央政府代理人的定位,建议用税率分享模式替代收入分成,以对地方政府起到激励作用,提高地方政府财政努力度。⑥ 汪彤认为分税制框架实为共享特征明显的"税收共享体制",进行地方政府财权配置时应将地方专项税和稳定的共享税一同纳入地方税体系范畴。⑦

最后以转移支付来平衡财权事权,岳希明和蔡萌认为分类拨款最符合现代财政制度要求。⑧ 杜荣胜提出先理清事权和支出责

---

① 韩凤芹:《完善职业教育事权与支出责任相适应机制》,《财政科学》2017年第2期,第5—12页。
② 贾康等:《深化财税体制改革的基本思路与政策建议》,《财政研究》2014年第7期,第2—10页。
③ 吕冰洋:《现代政府间财政关系的构建》,《中国人民大学学报》2014年第5期,第11—19页。
④ 熊欣:《浅析财政分权原则——基于事权和财权的划分》,《当代经济》2015年第6期,第62—64页。
⑤ 张斌:《事权与支出责任视角下的地方税体系建设》,《税务研究》2016年第9期,第14—18页。
⑥ 谷成、蒋守建:《基于国家治理现代化的中国政府间税收划分》,《华中师范大学学报》(人文社会科学版)2017年第1期,第39—47页。
⑦ 汪彤:《共享税模式下的地方税体系:制度困境与路径重构》,《税务研究》2019年第1期,第38—44页。
⑧ 岳希明、蔡萌:《现代财政制度中的转移支付改革方向》,《中国人民大学学报》2015年第5期,第20—26页。

任划分，再明确税种归属划分收入，辅以规范的转移支付制度和精简政府级次，减少管理成本。① 吴俊培和郭伶沂论证了实行一般性转移支付基金制度可行性。② 王瑞民和陶然建议减少专项转移支付比重并强化省级政府的均等化服务责任。③ 吉富星和鲍曙光建议完善激励相容的政府治理模式，构建效率与公平兼具的转移支付体系，并强化省级政府主体责任。④ 赵永辉等提出完善转移资金的使用效率，需考虑转移支付实施的结构性差异，尤其应注意转移资金分配的非均衡效应对地方政府扩张的差异化激励。⑤

三、国外研究进展

国外关于政府间事权和支出责任划分的研究文献主要贯穿于财政分权理论的发展中。世界上大多数国家都实行分级政府财政体制，财政分权与处理政府间财政关系紧密相关，关于财政分权的研究一直是财政体制领域的热点问题。从 20 世纪 50 年代以来，财政分权理论发展历程大致可分为传统财政分权理论和第二代财政分权理论两个阶段。

---

① 杜荣胜：《健全中央与地方事权与支出责任相适应机制研究》，《经济研究参考》2015 年第 4 期，第 69—72 页。
② 吴俊培、郭伶沂：《关于建构我国一般性转移支付基金制度的可行性研究》，《财贸经济》2016 年第 12 期，第 47—56 页。
③ 王瑞民、陶然：《中国财政转移支付的均等化效应：基于县级数据的评估》，《世界经济》2017 年第 12 期，第 119—140 页。
④ 吉富星、鲍曙光：《中国式财政分权、转移支付体系与基本公共服务均等化》，《中国软科学》2019 年第 12 期，第 170—177 页。
⑤ 赵永辉、付文林、束磊：《转移支付与地方财政支出扩张——基于异质性与空间外溢视角的分析》，《经济理论与经济管理》2019 年第 8 期，第 27—44 页。

传统财政分权理论论证了财政分权的必要性，查尔斯·蒂布特（Charles Tiebout）考察政府事权在不同层级政府间的配置及相应的财政资源分配，在《地方支出的纯粹理论》一文中提出了经典的"用脚投票"理论，认为公众可以通过在地区间自由流动，来选择公共产品与税收的组合达到自身效用最大化的地区。如果某地区的政府不能有效率地提供满足公众需求的公共产品，公众便会迁移到能更好地满足他们偏好的地区。这样，地区间的竞争将会使得资源得到有效的配置，实现帕累托最优，这说明由地方政府供给本地公共品而中央政府提供全国性公共品将有助于经济效率提高和社会福利改进。① 乔治·斯蒂格勒（George Stigler）提出"最优分权理论"。他认为相比于中央政府，地方政府显然更接近自己的居民，更了解辖区内居民的效用和需求。他还认为一国国内不同地区的居民有权选择满足自己偏好的地区去居住，有权对不同种类和数量的公共服务进行投票表决。这两条原则充分说明了地方政府的存在能够更有效地配置资源，实现社会福利的最大化。② 华莱士·欧茨（Wallace Oates）提出"财政分权定理"，认为对于某种公共品而言，如果对其消费涉及所有全部地域的人口的子集，并且无论对中央政府还是对地方政府来说，该公共产品的每一个产出量的提供成本都是相同的，那么比起中央政府向全体选民提供任何特定且一致的产出量，让地方政府来将一个帕累托有效的产出量提供给它们各自的选民效果更

---

① Charles M. Tiebout, "A Pure Theory of Local Expenditures", *Journal of Political Economy*, 1956, (64), pp. 416-424.
② George J. Stigler, "Perfect Competition, historically Contemplated", *Journal of Political Economy*, 1957, 65(1), pp. 1-17.

好。这是因为地方政府与当地居民更亲近，更了解其对公共产品的偏好和需求。[1] 理查德·特雷施（Richard Tresch）提出"偏好误识理论"，认为由于信息的不完全性和不确定性，中央政府不可能完全了解各个地区的居民偏好，在提供公共产品过程中有可能发生公共产品供给不足或过多的失误，而地方政府受"偏好误识"的影响较小，更能满足周边居民的公共产品需求。[2]

那么，政府间在进行事权划分时应遵循哪些原则？奥托·埃克斯坦（Otto Eckstein）提出受益原则，即应在确定公共产品使哪些人受益的基础上确定由哪些区域来承担提供该公共产品产生的成本，使付出成本和受益的范围大致相同，减弱外部性的影响。由此推论，中央政府供给的公共产品受益范围最大，而那些地方受益的公共产品的提供应交与地方政府。[3] 安瓦尔·沙阿（Anwar Shah）归纳了典型市场经济体制国家政府间事权和支出责任划分框架，即按事权的种类，划分了不同层级政府对事权的政策、标准以及提供、管理、监督的基本原则。[4] 罗伊·巴尔（Roy Bahl）提出政府间财政分权是包括事权与支出责任、财权划分的综合体系，事权与支出责任划分是财权划分的基础，由

---

[1] Wallace E. Oates, *Fiscal Federalism*, New York: Harcourt Brace Jovanovich, 1972, p. 83.

[2] Richard W. Tresch, *Public Finance: A Normative Theory*, Business Publications, Inc, 1981, pp. 574-576.

[3] 参见［美］阿图·埃克斯坦：《公共财政学》，张愚山译，中国财政经济出版社 1983 年版。

[4] Anwar Shah, *The Reform of Intergovernmental Fiscal Relations in Developing and Emerging Market Economics*, Washington: The World Bank, 1994.

一个强有力的中央政府去展开分权并实施监督和评价等十二条基本原则。①

具体到政府间事权和支出责任划分应用上,学者们从不同角度提出诸多方案。理查德·马斯格雷夫(Richard Musgrave)站在政府职能界定的视角,考察了财政的资源配置、收入分配与经济稳定三大职能,认为地方政府缺乏足够的财力以及经济主体的流动性,收入分配和经济稳定的职能应由中央政府负责,而资源配置职能由于公共产品受益范围不同,必须由中央和地方政府共同负责,全国性或跨区域性的资源配置职能由中央政府负责,地区性的资源配置职能由地方政府负责会更有效率。②詹姆士·布坎南(James Buchanan)认为,不同级次的政府部门都有各自不同的职能,不能相互代替。中央政府肩负实现经济调控和社会福利分配的职能,而那些符合消费者意愿并具有明显地域性的公共产品,由地方政府来提供能实现最优资源配置。③欧茨(Oates)认为,财政、货币及贸易政策等涉及宏观经济运行,应当属于中央政府的事权,而社会保障、人道主义援助等改变收入分配的经济活动,这类事权由中央政府履行更符合福利经济学的考量。④

---

① Roy Bahl, *Implementation Rules for Fiscal Decentralization*, International Studies Program Working Paper Series, Georgia State University, 1999.
② Richard A. Musgrave, *The Theory of Public Finance*, New York: McGraw-Hill, 1959, pp. 3-25.
③ James M. Buchanan, "An Economic Theory of Clubs", *Economica*, 1965, (32), pp. 1-14.
④ Wallace E. Oates, *Fiscal Federalism*, New York: Harcourt Brace Jovanovich, 1972, p. 83.

与政府间事权划分相匹配的财权划分层面,沙阿(Shah)归纳了典型联邦制国家政府间的税权配置一览表,认为财产税适合作为地方性公共物品融资的主要来源,同时提出引入有效的转移支付机制,可以保障地方财政收入来源更具多样性。[1] 马斯格雷夫(Musgrave)基于财政的资源配置、收入分配和经济稳定三大职能,设计了一套央地间分税制方案,包含了地方政府的税源应控制在其辖区范围内,个人所得税由征管能力高效的那一级政府负责,涉及社会资源再分配、社会稳定和地区间分布不均的税由中央负责等内容。[2]

随着各国经济发展变革和财税体制改革,学者们也不断补充和修正传统财政分权理论。第二代财政分权理论在传统财政分权理论逻辑的基础上,新融合了激励相容与机制设计、委托-代理理论等学说,政府间财政关系的研究框架得到进一步拓展,使之更贴近现实的财政经济环境。

第二代财政分权理论的代表人物有钱颖一与巴罗·韦格斯特(Barry Weingast)[3]、欧茨(Oates)[4]、韦格斯特(Weingast)[5]

---

[1] Anwar Shah, *The Reform of Intergovernmental Fiscal Relations in Developing and Emerging Market Economics*, Washington: The World Bank, 1994.

[2] Richard A. Musgrave, "*Who Should Tax, Where and What?*" in *Tax Assignment in Federal Countries*, Canberra, Australia: Australian National University Press, 1983, p. 56.

[3] Yingyi Qian and Barry R. Weingast, "Federalism as a Commitment to Preserving Market Incentives", *Journal of Economic Perspectives*, 1997, 11(4), pp. 83-92.

[4] Wallace E. Oates, "An Essay on Fiscal Federalism", *Journal of Economic Literature*, 1999, (37), pp. 1120-1149.

[5] Barry R. Weingast, "Second Generation Fiscal Federalism: The Implications for Fiscal Incentives", *Journal of Urban Economics*, 2009, 65(3), pp. 279-293.

等，他们认为一个有效政府结构应该实现官员利益和居民福利之间的激励相容，形成"市场保护型"的财政联邦制。财政分权的正向激励是促进地方政府提供符合其选民偏好的公共服务，[①] 但基于地区间自然条件、生产要素、公共服务成本等方面的差异，财政分权的负面效应是地区间财政能力和公共服务水平的差距扩大。[②] 雷纳德·麦金侬（Ronald Mckinnon）运用委托-代理理论，提出财政分权可以鼓励政府间的竞争：为吸引更多居民来本辖区居住，政府会更加关注居民意愿和偏好；为吸引更多资本和投资，政府会减少对经济活动的干预，大力推进市场化，经济效率得以提高。[③]

在具体的事权财权划分原则上，巴尔（Bahl）提出了政府间事权及税收划分的基本原则，以各级政府间的事权划分和职能配置先行，随后再调整财权划分和税收分配，并提出收入划分需要促进收支平衡而不能扭曲税收政策。[④] 乔治·马丁内斯-巴斯克斯（Jorge Martinez-Vazquez）等人提出事权划分可参考地域边界、基础设施的产权归属和公共服务的种类三个方面，税收分配则遵循纳税人受益原则、区域均衡分配和税基

[①] Richard M. Bird, "Threading the Fiscal Labyrinth: Some Issues in Fiscal Decentralization", *National Tax Journal*, 1993, 46(2), pp. 207-227.

[②] Anwar Shah, "A Fiscal Need Approach to Equalization", *Canadian Public Policy*, 1996, 22(2), pp. 99-115; Jean P. Faguet, "Does Decentralization Increase Government Responsiveness to Local Need? Evidence from Bolivia", *Journal of Public Economics*, 2004, 88(3-4), pp. 867-893.

[③] Ronald I. Mckinnon, "EMU as a Device for Collective Fiscal Retrenchment", *American Economic Review*, 1997, 87(2), pp. 227-229.

[④] See Roy Bahl, *Implementation Rules for Fiscal Decentralization*, International Studies Program Working Paper Series, Georgia State University, 1999.

稳定三要素。①

　　理论和实践似乎都说明，转移支付是实现分权治理结构下效率与公平的有效工具，其平衡财权事权划分的重要作用得到相关经验研究的支持。② 转移支付作为一种平滑地区财政冲击的机制，在一定程度上可抵消暂时性冲击给地方收入差距带来的负面影响，降低地区间财力不平等程度。③ 吉恩·辛德里斯（Jean Hindriks）等人认为转移支付能够弥补地区间税收竞争导致的效率损失，促进区域间的财力均衡，更好地保障居民社会性公共物品供给。④ 而罗伯特·巴罗（Robert Barro）认为转移支付一般会扭曲经济决策，降低私人部门的投资欲望，从而阻碍经济增长，反而会造成地区间差距在分权下呈扩大趋势。⑤ 路易吉·博纳蒂（Luigi Bonatti）指出转移支付会阻止地区趋同假说中关键

---

① Jorge Martinez-Vazquez and Andrey Timofeev and Jameson Boex, *Reforming regional-local finance in Russia*, Washington, D. C.: The International Bank for Reconstruction and Development, 2006, p. 168.
② Martin D. Kaufman and Phillip L. Swagel and Steven V. Dunaway, *Regional Convergence and the Role of Federal Transfers in Canada*, IMF Working Papers, 2003, no. 97.
③ Jacques Melitz and Frederic Zumer, Interregional and International Risk-Sharing and Lessons for EMU, *Carnegie-Rochester Conference Series on Public Policy*, 1999, (5), pp. 149-188; Ralf Heep and Jurgen Von Hagen, *Interstate Risk Sharing in Germany: 1970 – 2006*, Center for European Integration Studies, working paper, 2010, B03.
④ Jean Hindriks and Susana Peralta and Shlomo Weber, "Competing in Taxes and Investment under Fiscal Equalization", *Journal of Public Economics*, 2008, (92), pp. 2392-2402.
⑤ Robert J. Barro, *Inequality, Growth and Investment*, NBER Working Papers, 1999, no. 7038.

变量的调整过程。① 韦格斯特（Weingast）同样认为转移支付能否解决分权下财权事权失衡问题，取决于转移支付本身的设计和相关制度条件。② 在经验上，菲利普·勒豪鲁（Philippe Le Houerou）和米卡尔·鲁特科夫斯基（Michal Rutkowski）③，米歇尔·博尔德林、法比奥·卡诺瓦和迭戈·帕格（Michele Boldrin and Fabio Canova and Diego Pug）④，玛塔·费里拉·迪亚斯和里卡多·席尔瓦（Marta Ferrira Dias and Ricardo Silva）⑤，克里斯蒂娜·车臣丽塔（Cristina Checherita）等人⑥的研究表明，转移支付并不能促进财权与事权相匹配，它会抑制区域间公共服务发展趋同，带来地方财政支出的无序扩张，以及弱化地方政府的公共服务供给能力。⑦

---

① Luigi Bonatti, "Interregional Income Redistribution and Convergence in a Model with Perfect Capital Mobility and Unionized Labor Markets", *International Tax and Public Finance*, 2005, 12(3), pp. 301-318.
② Barry R. Weingast, Second Generation Fiscal Federalism: Implications for Decentralized Democratic Governance and Economic Development, *Conference Paper on New Perspectives on Fiscal Federalism: Intergovernmental Relations, Competition and Accountability*, 2007.
③ Philippe Le Houerou and Michal Rutkowski, "Federal Transfers in Russia: Their Impact on Regional Revenues and Incomes", *Comparative Economic Studies*, 1996, 38(2-3), pp. 21-44.
④ Michele Boldrin and Fabio Canova and Diego Pug, "Inequality and Convergence in European Regions: Reconsidering European Regional Policies", *Economic Policy*, 2001, 16(32), pp. 206-253.
⑤ Marta Ferrira Dias and Ricardo Silva, *Central Government Transfers and Regional Convergence in Portugal*, ERSA Conference Papers, 2004, no. p. 443.
⑥ Cristina Checherita and Christiane Nickel and Philipp Rother, *The Role of Fiscal Transfers for Regional Economic Convergence in Europe*, European Central Bank Working Papers, 2009, no. 1029.
⑦ Wallace E. Oates, "Toward a Second-Generation Theory of Fiscal Federalism", *International Tax and Public Finance*, 2005, 12(4), pp. 349-373.

有鉴于此，伊曼纽尔·萨瓦斯（Emanuel Savas）①、罗宾·博德威（Robin Boadway）②、沙阿（Shah）③、塞巴斯蒂安·豪普特梅尔（Sebastian Hauptmeier）等人④建议构建现代政府间财政关系应以政府间事权和支出责任合理分工为起点，在此基础上形成各级政府主体税种来源，改进均等化转移支付，辅以现代预算体系安排，最终实现各级政府的事权和财权相匹配。

国外在政府间事权和支出责任划分方面已具备较完备的理论基础，如"以脚投票"、最优分权、"俱乐部"、偏好误识理论及激励相容与机制设计等，围绕政府财政职能、事权、财权、财力如何在政府间的合理配置展开研究。但基于各国的历史背景、政治环境、经济发展、全球化进程等影响，改革实践及效果各有不同，在借鉴时应考虑我国国情的特殊性。

四、小结

第一，政府间财政事权和支出责任划分的理论分析框架有待深化。应立足于现代财政制度框架来定位政府间财政事权和支出责任划分，并形成财政事权和支出责任划分的具体理论规

---

① Emanuel E. Savas, *Privatization and Public-Private Partnerships*, New York-London: Chatham House Publishers, 2000.
② Robin Boadway, "The Theory and Practice of Equalization", *CESifo Economic Studies*, 2004, 50(1), pp. 211-254.
③ Anwar Shah, *Fiscal Need Equalization: Is it worth doing? Lessons from International Practices*, Working paper draft, World Bank, 2007.
④ Sebastian Hauptmeier and Ferdinand Mitternaier and Johannes Rincke, "Fiscal Competition over Taxes and Public Inputs", *Regional Science and Urban Economics*, 2012, 42(3), pp. 407-419.

则。以"政府究竟需要干什么事—政府究竟需要多少钱—政府究竟可以取得多少钱"为关系链条,将财政事权、支出责任、财权和财力四项要素有机结合起来,形成现代政府间财政关系的理论指导。

第二,目前学术界研究的重心是中央与地方之间的财政事权和支出责任划分,对省以下地方政府间财政事权和支出责任纵向划分的关注不够。省以下政府间财政关系差异较大,发达地区与欠发达地区具有鲜明的地域特征,需要区别对待,那么基于不同地域的地方财政关系研究就极为重要。

第三,政府间财政事权与支出责任划分效果的实证分析较少,大多数学者的研究侧重理论剖析、经验归纳以及改革建议,而顺应现代财政制度的财政事权和支出责任划分操作性方案亟待设计,如财政事权与支出责任划分的清单化、政府间财权配置的重构等。

有鉴于此,本书以上海为研究对象,剖析市与区财政事权和支出责任划分效应,为大都市建立市与区两级政府财政事权和支出责任相适应的制度出谋献策。

第二节 核心概念界定

一、财政事权与支出责任

通俗来讲,事权指各级政府应承担的提供公共服务和产品的职责和任务,这也是学界基本公认的解释。事权的特点有以下三种认知：一是事权依托于政府提供公共服务的职能而存在，政府职能范围的界定是事权划分的前提；二是事权需要由上层法律法规来规范和保障，同时受法律监督和约束；三是事权的本质是行政权，即管理国家公共事务的权力。

随着我国财税体制改革的不断发展，事权也被赋予了更具体的内涵。2016年，国务院印发的《关于推进中央地方财政事权和支出责任划分改革的指导意见》中首次提出"财政事权"的表述，明确定义其为一级政府应承担的运用财政资金提供基本公共服务的任务和职责。财政事权是与政府使用财政资金息息相关的事权，相比于事权的范围有所缩小，这类事权毫无疑问在当前更紧迫，更需要划分清楚。

支出责任是财政事权的伴生概念，是政府履行财政事权的支出义务和保障，简单来看，支出责任是政府事权落实在财政支出上的体现。财政事权和支出责任二者联系紧密，财政事权是支出责任的前提，支出责任是财政事权能顺利履行的保障。但二者又有所区分，一级政府拥有的财政事权与其承担的支出责任不一定等同，若上级政府委托部分财政事权至下级政府，则下级政府实际承担的支出责任便会超出其事权要求的范围。因此，促进政府间财政事权与支出责任相适应，避免权责错配、越位、缺位，是一个重要的命题。

二、财权与财力

财权是唯一经国家法定认同的配置中央与地方以及各级地方政府财政收入来源的基本制度，代表着不同层级政府依法自主获得的自筹财力收入,即初始分配财力。财权赋予各级政府筹集财政收入以及支配和使用财政资金以满足一定公共服务支出需要的权力。广义的财政收入包含税收收入、行政收费、公债收入和国有资产收入等。狭义的财政收入则只包括税收收入和非税收入,其中税收收入是指一级政府根据本级税收权力所征收管理的收入,具有强制性、无偿性和固定性的特点。税权又称"税收管理权",由税收立法权、税收征管权、税收收益权三部分组成。其中最重要的是税收立法权,它赋予政府根据本地需要和具体情况决定是否开征或停征的权利,以及相应的税目选择、税率调整权限等。依据我国税制框架可知,目前税收立法权高度集中于中央,地方自主权非常薄弱。非税收入由各级政府的专项收入、行政事业性收费收入、政府性基金收入、国有资源有偿使用收入和其他收入等组成。非税收入作为一级政府财政收入的有机组成部分,也是税收收入不可或缺的补充形式。本书所指的财政收入为地方政府狭义财政收入,即以财政部门公布的一般公共预算收入表中的税收收入和非税收入为研究范畴。

  财权和财力是两个互相联系又有区别的概念。财力是指一级政府在一定时期内掌控的全部可支配的货币资金,主要包括本级政府依据财权获得的自筹财力以及来自上级政府的财政转移支付资金,即可支配财力。财政转移支付是能有效调节各级政府间财力失衡的重要工具。换言之,它是财权与财力间不适应的自动稳定器。一般而言,财权是各级政府相对稳定的收入来源配置,而财力则根据实际财政情况处于变动调整中。一级政府具有一定的财权就拥有相应的财力,但拥有一定的财力并不代表拥有其对应的财权,即财权不等于财力。依据上下级政府间的财政关系,上级政府的财权往往大于最终支配的财力,其一部分财力资金通过财政转移支付安排拨付至下级政府,以解决下级政府的财力缺口,因此下级政府最终可使用的财力往往大于其拥有的财权。

三、财政事权和支出责任与财权财力关系

事权与支出责任分属于不同的概念范畴,前者属于行政领域,后者则属于财政领域,而事权也愈来愈多地集中于财政领域从而提出财政事权的概念,财政事权反映的是各级政府的职责范围,而支出责任反映的是政府的花费问题。但两者又是相互联系、相互依赖的。财政事权是前提,支出责任根据相应的财政事权确定。因此,如果财政事权能够得到清楚的划分,支出责任也就能够相应地得到明晰地划分。同时,支出责任为落实财政事权提供了保障,支出责任划分明晰,财政事权才能够顺利执行。仅仅分清财政事权与支出责任是不够的,还需要考虑与其相匹配的政府的财权财力。只有各级政府得到了相应的财权财力,才有足够的能力与执行力去有效率地承担其财政事权与支出责任。

在现行分税制财政体制下,财政事权、支出责任、财权与财力需要相互联系,相互统一,相互适应,形成"权、责、利"对等统一的关系,从而能够使得每一级政府都能够有效地承担起自身的财政事权与支出责任。四者之间具体的关系如图1-1所示。

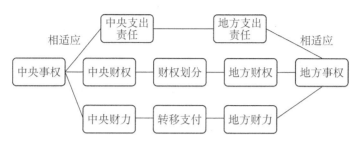

图 1-1 事权和支出责任、财权财力关系框架图

第三节 研究方法与研究内容

一、研究方法

1. 理论分析法

融合公共产品层次性理论、委托-代理理论及公共治理理论以搭建政府间财政事权和支出责任划分的理论平台，由此形成现代财政制度理论框架。侧重以外部性、信息处理复杂性、激励相容三原则作为政府间财政事权和支出责任的划分规则，以税种的内在属性来进行政府间的财权配置，以转移支付来寻求政府间财力、财权与事权的平衡。

2. 历史分析法

描述上海在不同财政体制改革时期的市/区两级政府财政事权和支出责任划分的演变轨迹，归纳利弊与得失，以形成历史经验支撑。特别是系统梳理2013年以来上海事权财权调整的情况。

3. 实证分析法

先构建计量模型来检验市与区财政事权和支出责任划分对基本公共服务水平的影响，再按照"财政事权和支出责任划分—财权配置—转移支付调整"这样的分析链条来评估市/区两级政府财权事权划分效应。财政事权和支出责任划分剖析深入到总体性、结构性及功能性支出三个层面。财权配置考察总体性财权分配、财政收入来源结构及政府间税种分配情况。财政事权与财力匹配效果采用财政自给率和财政保障能力系数来测算。转移支付调节区级财力与分担区级财政事权的程度分为收入侧与支出侧效应两个层面。

4. 案例分析法

选择发达区域——徐汇区、较发达区域——杨浦区、欠发达区域——崇明区为样本，观察其财权事权划分效果。主要分析这三个区的重点财政事权的支出分工情况，三个区各自的初始财权配置情况，三个区的财力与支出责任匹配度情况，为市级政府厘清市与各区的财权事权划分差异化状况提供参考。

二、研究框架

本书以政府间财政事权和支出责任划分的理论框架为研究起点，以上海市为例，厘清分税制后不同阶段市/区两级政府财政事权和支出责任划分的演变动态，评估上海市/区两级政府财政事权和支出责任的划分效应，结合国内大都市的实践经验，最后提出优化上海市与区财政事权和支出责任划分的政策建议。

本书的研究框架如图 1-2 所示。

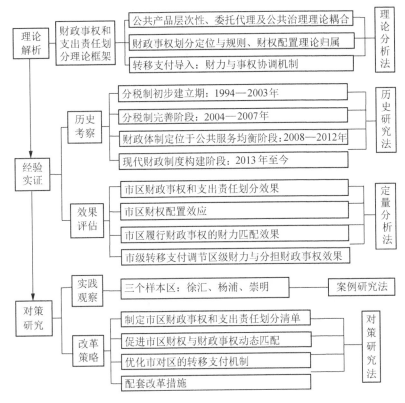

图 1-2 研究框架

三、研究内容

第一部分是政府间财政事权和支出责任划分理论框架。先厘清事权财权相关概念，再阐述与政府间财政事权和支出责任划分密切相关的公共产品层次性理论、委托-代理理论和公共治理理论，并在此基础上构建了政府间财政事权和支出责任划分的理论框架。

第二部分是中央与地方政府间财政事权和支出责任划分考量。以央地间层面为研究对象来分析政府间财政事权和支出责任划分情况，以形成一个全局性的认知。央地间财政事权和支出责任划分演变大致经历了"统收统支""财政包干""分税制""现代财政制度"四个阶段。央地间财政事权与支出责任划分效应的研究发现：中央实际分担了46.44%的总体性支出；有效地承担了社会性支出（32.10%）、维持性支出（50.09%），却过多地介入经济性支出（72.10%）；选取的八项核心财政事权中，中央较好地分担了节能环保、科学技术、社会保障投入，却在教育、公共安全、医疗卫生上支出比重明显偏低，而地方很好地承担了城乡社区及文化体育与传媒项目。

第三部分是政府间财政事权和支出责任划分实践的国内典型城市比较。选取北京、天津、广州和深圳四个与上海处于相近发展水平的国内大都市作为参照，追踪它们的财政事权与支出责任划分改革动态，分析其财政事权与支出责任配置格局，从中归纳出共性与个性问题，以期对上海相关改革提供实践经验支撑。

第四部分是上海市与区财政事权和支出责任划分演变动态。上海市与区财政事权和支出责任的划分根植于分税制财政体制改革实践，大致分为四个历史阶段来考察，归纳出市与区财政事权和支出责任的演变轨迹，以形成历史经验支持。

第五部分是上海市与区财政事权和支出责任划分效应评估。采用固定效应面板模型来考量上海市与区的总体性和结构性支出责任划分对提升基本公共服务发展水平的效果。研究表明，总体性的市与区支出责任分工趋于合理，能够促进基本公共服务有效供给；结构性表现为社会性支出责任划分对基本公共服务发展水平的正向效应最强，维持性和经济性支出责任划分的影响效应次之。

第六部分是上海三个样本区的事权财权划分情况观察。选取发达区域——徐汇区、较发达区域——杨浦区、欠发达区域——崇明区为样本，具体分析样本区与市级政府间财权事权划分状况，并对三个区进行横向比较。

第七部分是上海市与区财政事权和支出责任划分的改革方案。立足上海经济、社会、财政发展的新环境，提出新一轮市区两级政府财政事权和支出责任划分改革的具体实施方案。

第二章

政府间财政事权和支出责任划分理论框架

第二章 政府间财政事权和支出责任划分理论框架

政府间财政事权和支出责任划分研究需立足于清晰的理论架构，国外在这方面已形成一些理论成果，但在借鉴时应考虑国情的差异性与应用的特殊性，形成符合自身特点的理论框架体系。

本章阐述了与政府间财政事权和支出责任划分密切相关的公共产品层次性理论、委托-代理理论和公共治理理论，以此为理论基础，构建了符合我国情况的政府间财政事权和支出责任划分理论框架。具体地说，就是以"政府究竟需要干什么事—政府究竟需要多少钱—政府究竟可以取得多少钱"为逻辑关系来构建现代财政制度理论框架，再基于外部性、信息复杂性和激励相容三原则来制定划分规则，立于税种和税权两个角度来研究政府间的财权配置，并以转移支付导入来形成财力与事权协调机制。

第一节 理 论 基 础

一、公共产品层次性理论

萨缪尔森（Samuelson）于 1954 年发表的《公共支出的纯理论》（*The Pure Theory of Public Expenditure*）一文中对"公共产品"作出了经典界定："所谓纯粹的公共物品是指这样的物品，即每个人消费这种物品，不会导致其他人对该物品消费的减少，指出具有非竞争性和非排他性的产品是公共产品。"公共产品是向整体意义上的社会成员提供的，全体成员共同从中受益，公共产品只能作为一个整体而存在，所带来的效用无法在各个社会成员之间分割，被称为"效用的不可分割性"，数学表达式为：

$$X_t = X_t^i (i = 1, 2, 3, 4, \cdots, n) \qquad (2.1)$$

公式（2.1）中，X_t 表示某种公共产品带来的效用，X_t^i 表示第 i 个人从该公共产品中获得的效用。也就是说，对任意一个消费者来说，为了消费而实际可支配的公共产品的效用 X_t^i 就是公共产品的总效用 X_t。可见，公共产品在消费者之间是不可分割的。

虽然公共产品具有共同消费的性质，但是这并不意味着当某种公共产品被提供后，所有社会成员都能消费它并从中受益。事实上，某种公共产品被提供后，社会成员能否从中受益及受益的程度，受空间和地理等多种因素的影响。绝大部分公共产品都有着特定的受益区域，没有绝对无限的受益范围。公共产品的受益范围各不相同，公共性越强的产品，受益范围越广，如图 2-1 所示。

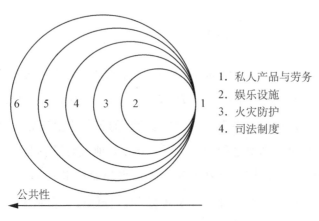

图 2-1　公共产品的受益范围

根据公共产品的消费属性,公共产品可以被划分为纯公共产品和准公共产品。纯公共产品指兼具绝对非排他性和非竞争性的产品,如国防、公共安全、外交、军事等,其性质决定了该类公共产品无法由市场自主提供,市场价格机制在这里是无效的,必须由政府承担此类公共产品的全部供给。准公共产品具有非竞争性和不充分的非排他性,是介于私人产品和纯公共产品之间、生活中更经常遇见的产品,可分为两小类:一是具有可排他性,即不付费就会被限制使用,如高速公路、游泳池等;二是因为外溢性导致的非排他性不充分,如教育、科技、医疗卫生、社保等。准公共产品可以采用市场和政府共同供给的方式,既能减轻政府的财政支出负担,又能提高供给效率。可见,基于公共产品的性质,市场和私人投资者不会自愿提供从而导致市场失灵,政府会自动成为公共产品供给的主体,即在市场经济中提供公共产品是政府的首要职责。

根据受益范围,可将公共产品分为全国性公共产品、地方性公共产品和混合性公共产品三个层次(见图 2-2)。全国性的公共产品是全体居民同等消费、共同受益的公共产品,应当由中央政府在全国范围内统一管理。地方政府对辖区内公共产品的消费具有天然的信息优势,充分掌握居民对于公共产品的需求偏好、供给数量和消费结构等信息,这使得地方政府能够较准确地把握公共产品覆盖深度与广度,在提供公共产品时,更有可能和地方实际相结合,提高配置效率及降低决策成本,更能保证公共产品供给质量。混合性公共产品由于各个行政辖区之间的人口流动和经济文化交流等因素的影响,具有较强的外溢性。如果完全由地方提供，可能因为外溢性不能得到合理补偿而导致提供不足。但由于其主要受益面还是在地方，完全交由中央政府提供显然也不合适，一般由中央与地方政府联合提供。如果将此分类应用到省以下的多级政府间，广义上的地方性公共产品便是辖区性公共产品，全国性公共产品便是全区域性公共产品。

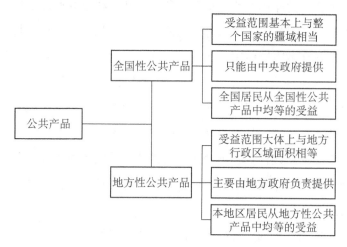

图 2-2　公共产品层次性分类

据此，公共产品层次性理论解读了多级政府间财权事权的划分路径，不仅仅在宏观上针对中央和地方政府，同样适用于省以下多级政府间。层次性的实质是多级政府间权力和职责范围的分层，以此来避免上级政府的信息不对称，继而促进资源的有效配置，实现社会福利最大化。依据公共产品理论，不同层级政府间可对财政事权进行划分，为各级政府划分财权和财力做出铺垫，从而构建出政府间财政关系图谱。

二、委托-代理理论

委托-代理理论是制度经济学中契约理论的主要内容之一，主要研究行为主体双方之间的委托-代理关系，具体指在一种明示或隐含的契约的指导下，一个或多个行为主体指定、雇佣另外一些行为主体为其提供服务，与此同时，授予后者一定的决策权利，并根据其提供的服务数量和质量支付报酬。在这个关系中，授权者就是委托人，被授权者就是代理人。委托-代理理论的核心议题是研究委托人和代理人处于信息不对称且利益相冲突的客观环境中，委托人如何设计最优契约来激励代理人的行为。

在处理政府间财政关系时，多级政府间存在共同财政事权是不可避免的。一方面，上级政府基于平衡区域发展的职责要求，需要统筹运用财力进行战略部署以均衡不同区域的发展水平。另一方面，在一些跨区域的项目上，下级政府具有区域管理优势，但通常由于建设成本较高，下级政府难以独立承担这样的财政事权，需要上级政府的支持才能够实施。同时，按照权力与责任对等原则，共同事权对应共同支出责任。基于此，在共同事权的处理上，适宜上下级政府通过委托-代理模式来解决。

对于一项共同事权，上级政府往往从全局出发，实现社会效益最大化，下级政府则追求地方利益的最大化，这两个目标往往不一致。此时上级政府必须设计一套激励机制，使下级政府在追求自身利益最大化的同时，实现社会福利最大化。根据经庭如和曹结兵建立的处理中央与地方政府间共同财政事权的委托-代理模型[①]，可进一步拓展为不局限于宏观上的中央和地方政府，还包括省以下各级政府，总结为上下级政府间对共同财政事权处理的委托-代理模型。该模型中，上级政府为委托人，下级政府为代理人，具体如下：

用 a 来表示某项共同事权，则相应的总产出函数表示为：

$$y = a + \varepsilon \quad (2.2)$$

其中，ε 代表不以主观意志为转移的客观随机事件，概率服从正态分布。ε 越大，表示客观环境条件越好。上级政府（委托人）与下级政府（代理人）对 ε 的自然状态 μ 的预期不同，记其预期分别为 μ_p、μ_a，上级政府的预期一般比下级政府要高。

下级政府的报酬表示为：

$$s(y) = \alpha + \beta y \quad (2.3)$$

其中，α 为下级政府的基本收入，β 为下级政府在该共同事权中分享的产出份额（合同称之为激励强度系数）。上级政府对风险持中立态度，记其效用函数为 $V(\omega)$，下级政府对风险绝对厌恶，ω 为实际货币收入。则下级政府的努力成本为函数为：

$$C(a) = \frac{ba^2}{2} \quad (2.4)$$

其中，b 为努力成本系数，表示下级政府越努力，代价越

[①] 经庭如、曹结兵：《委托-代理视角下政府间共同事权与支出责任匹配的研究》，《财政科学》2016年第5期，第70—77页。

高，并且努力的边际代价递增。

由于上级政府的风险是中性的，期望效应与期望收入相等，即：

$$E[V(\omega)] = E\{V[y-s(y)]\}$$
$$= E[a+\varepsilon-\alpha-\beta(a+\varepsilon)]$$
$$= (1-\beta)(a+\mu_p)-\alpha \tag{2.5}$$

则上级政府的目标函数为：

$$\max_{\alpha,\beta} = [(1-\beta)(a+\mu_p)-\alpha] \tag{2.6}$$

经过推导和求解，最优激励强度系数为：

$$\beta^* = b(x_q\sigma+\mu_a-\mu_p)+1 \tag{2.7}$$

进而，最优努力水平为：

$$a^* = \frac{1}{b}+x_q\sigma+\mu_a-\mu_p \tag{2.8}$$

其中，公式（2.7）和（2.8）中，$x_q = \dfrac{\omega-E[\omega]}{\beta\sigma}$。

据此可知，首先，α^* 和 β^* 的表达式中都包含 $(\mu_a-\mu_p)$，最优努力水平和最优激励强度与上下级政府对客观事件的预期有很强的关系，这种预期差异的大小会直接影响下级政府的行为。预期差异越大，合同激励作用越小，下级政府越不愿意努力，代理效率也会因此降低，无法达到双方的最优。因此，在不同级政府的共同事权的委托-代理过程中，应注意保证双方信息的畅通。在委托代理过程中，上级政府有必要将共同事权的投资额度和预期目标等信息传达给下级政府，与此同时，下级政府也应积极主动反映自身诉求，并将自身优势告知上级政府，负责任地做好代理工作，实现产出的最大化。

其次，$\frac{\partial a^*}{\partial b}=-\frac{1}{b^2}<0$，这一结果表明下级政府的努力成本系数和其代理成本呈现负的相关关系，最优努力水平随努力成本系数的增大而降低。这说明在共同事权的代理中，应尽量降低下级政府的代理成本，上级政府可适当通过转移支付机制给予下级政府一定补助，缓解下级政府的支出压力。

再者，$\frac{\partial \beta^*}{\partial b}=x_q\sigma+\mu_a-\mu_p$，又因为 $x_q<0$，$\sigma<0$，$\mu_a-\mu_p<0$，故 $\frac{\partial \beta^*}{\partial b}<0$。这一结果表明下级政府的成本系数与其最优激励强度为反向相关关系，代理成本系数越大，最优激励强度越小。因此上级政府应尽可能地照顾下级政府的利益，在委托下级政府履行财政事权的同时，也要充分考虑下级政府的利益诉求，降低下级政府的代理成本，以此来激励代理行为，实现代理行动产出的最优。

综上，基于委托-代理理论，政府间事权划分的政策安排即为双方的契约，上级政府作为委托人，下级政府作为代理人，上级政府可以尝试设计一套激励机制，鼓励下级政府更好地提供公共服务，缓解利益冲突，使下级政府在追求自身利益最大化的同时也能实现社会福利最大化。此外，下级政府能自主采取措施来改善上级政府信息匮乏的问题，减少因信息不对称而产生的成本。有效运用委托-代理理论，可为合理划分中央和地方间、省以下各级政府间的共同财政事权，优化政府间财政关系提供另一种思路。

三、公共治理理论

公共治理是指政府及其他公共产品的提供主体，共同参与财政事权管理，共同承担支出责任，谋求公共利益最大化的治理形式。

长期以来，我国政府主导了社会公共事务的管理，市场组织和社会组织未能充分发挥其作用，难以与政府形成良性互动，促进经济社会的协调发展。公共治理理论从西方引入中国，试图解决的关键问题之一即是超越政府本位，推动政府管理走向社会治理，政府不再是公共管理的唯一主体，市场、非政府组织乃至公民都是治理主体之一。随着治理变革的深入推进，政府充分发挥市场活力和社会力量。

公共治理的客体十分宽泛，覆盖主要由政府提供的所有公共服务，既可以是事关民生大计的社会性服务，如社会保障、教育、医疗卫生和环境保护等，也可以是事关经济建设的经济性公共服务，如交通运输、基础设施建设等。

公共治理的目标在于满足公共需求，推动公众利益的最大化，真正地实现"善治"。实现公共治理需要有效的治理结构，传统的政府治理结构是建立在政府行政指令的基础上，通过制度设计形成一种"层级森严、上传下达"的层级治理结构，而未来适应复杂社会治理范式的政府结构，应该是在政府通过一定的制度设计的基础上，激发市场、社会等"智能体"的活力，形成自组织秩序，从而形成相互合作的协同治理结构，如图 2-3 所示。

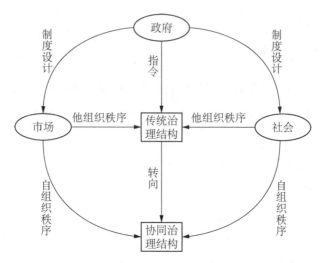

图 2-3　协同治理结构示意图

可见，公共治理理论的核心在于重视政府和市场、社会各种组织之间的平等对话的系统合作关系，从而拓展了财政事权的横向合作。

第二节　政府间财政事权和支出责任划分的理论框架

一、政府间财政事权和支出责任划分定位

财政事权是一级政府应承担的运用财政资金提供基本公共服务的任务和职责，支出责任是政府履行财政事权的支出义务和保障。可见，财政事权和支出责任并不是两个孤立的概念，财政事

权是支出责任的前提，各级政府承担多大的财政事权，就需承担多大的支出责任，即保证财政事权与支出责任相适应。政府间财政事权和支出责任划分定位表现为以"政府究竟需要干什么事—政府究竟需要多少钱—政府究竟可以取得多少钱"路径来构建现代财政制度理论框架。如图2-4所示。

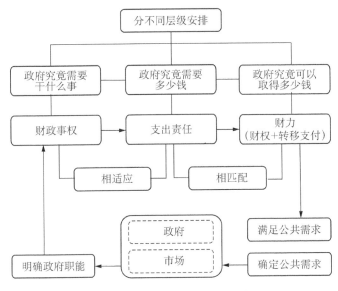

图 2-4 现代财政制度理论框架

"政府究竟需要干什么事"可理解为政府需履行的财政事权；"政府究竟需要多少钱"可理解为政府需承担的支出责任；"政府究竟可以取得多少钱"可理解为政府所能筹集到的财政资金，即财力[①]。"财政事权""支出责任"和"财力"构成政府间财政关

---

① 一级政府的财力依托于其财权和上级的转移支付。

系的核心三要素。依据政府服务于社会公众的宗旨，现代财政制度框架应始于确定哪些是公共需求，止于如何有效满足公共需求。

具体来看，首先应确定公众在生产、生活和工作中的共同需要，即公共需求范围。其次在明确公共需求的基础上厘清政府和市场的边界，当前社会公共事务的横向合作突出表现为政府和市场的合作，确定哪些事项应该留给政府来承担，哪些事项应该交给市场来解决。服务型政府应该按照公共需求来遴选向公众提供哪些基本公共服务，除此以外的事项应尽量分配给市场承担，政府不再干涉。政府的职能范围定位清晰了，才能据此界定政府应履行的财政事权。支出责任则跟着财政事权走，财政事权确定了，支出责任应与之相适应，即"谁的财政事权，谁承担支出责任"。具体表现为上下级政府的财政事权由其各自独立承担支出责任、多级政府间的共有事权按比例确定各自分担的支出责任。

然后，以政府间财政事权界定为起点，按照财政事权与支出责任的划分结果进行相应的财权配置，形成各级政府的财政收入体系。财政事权是政府享有财权的基础，而财权能为政府履行财政事权提供经济保障，财权不足则可能导致事权架空，财权反之可以制约财政事权。只有最大限度上实现财权与事权相匹配才能保证各级政府以最高效率履行事权、各尽其职。当中央政府出于宏观调控、平衡区域发展等目的，而导致政府间事权与财权的初始划分不能实现相互匹配，或者有上级委托下级履行部分事权的情况，便需要利用转移支付工具来进行调节，促进事权财权再次划分达到协调。最终，地方政府拥有的自筹财力和上级转移支付便形成可支配财力,用以契合财政事权和支出责任所需资金,从而达到满足基本公共服务需求的目标。

从整个流程来看,界定政府和市场的边界及明确政府职能的环节实则意指广义上的政府,之后确定的财政事权和支出责任及财力的环节则涉及"财政事权""支出责任""财力"三要素在不同层级政府间的分配。显然理顺政府间财政关系的首要便是财政事权和支出责任的合理划分,它是现代财政制度理论框架中至关重要的一环。

二、政府间财政事权和支出责任划分规则

多级政府体系下,政府间财政事权和支出责任划分的基本依据是外部性、信息复杂性和激励相容三原则。

外部性运用到财政学领域可以理解为政府提供公共服务的受益范围。若该项公共服务产生的影响局限于该区域内,则适合由该辖区政府供给和管理;若该项公共服务会对其他辖区产生有利或不利的影响,则适合由上级政府负责。信息处理复杂性引入到政府间财政关系范畴,则表现为信息处理越复杂,越可能造成信息不对称的事项,越应让下级政府来管理。因为下级政府熟悉基层事务,更容易识别信息不对称。反之,信息处理简单的事项适合由上级政府负责。激励相容机制就是各级政府按各自的职能定位履行各自的职责,就可以达到全局利益最大化。

综合衡量"外部性""信息复杂性""激励相容"三原则,具体表现为:外部性越大的财政事权,越适合由上级政府来承担支出责任;信息处理复杂度越高的财政事权,越适合由下级政府来

承担支出责任；兼具外部性和复杂信息的财政事权，导入激励相容机制，适合由多级政府来共同分担支出责任，并根据实际情况和需求动态调整各级政府支出责任分工比例。图2-5展示了三原则下政府间财政事权和支出责任划分的分布区域。

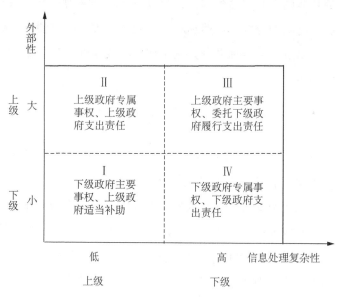

图2-5　政府间财政事权和支出责任划分区域

区域Ⅰ属于外部性小、信息处理简单的财政事权，应当归属于下级政府的财政事权和支出责任，或者界定为下级政府的主要财政事权，并由上级政府给予适当补助来分担下级政府的部分支出责任，如住房保障等。区域Ⅱ属于外部性大、信息处理简单的财政事权，应该归属于上级政府的专有事权，并由上级政府独立承担支出责任，如公共安全等。区域Ⅲ属于外部性大、信息处理复杂的财政事权，应该归属于上级政府的财政事权，但可采取转移支付、定向购买、事后补助等方式来委托下级政府承担支出责任，或界定为上级政府的主要财政事权，并由上级政府和下级政府来共同分担支出责任，如义务教育、医疗卫生等。区域Ⅳ属于外部性小、信息处理复杂的财政事权，应当专属于下级政府的财政事权，并由其自行来承担相应的支出责任，如城乡社区事务等。

现实中每项财政事权和支出责任都可映射到这个分布区域图中，由此来定位究竟是上级政府还是下级政府来负责，抑或多级政府间来协作提供。基于经验观察，纵向政府间在划分财政事权和支出责任时，往往偏离这样一个划分框架，在履行财政事权和支出责任上出现"越位""缺位""错配"现象。上级政府利用财权和人事控制权，在"自利行为"诱使下极易将自身需承担的财政事权和支出责任甩包袱给下级政府，导致下级政府的财政事权过重、支出责任过大，从而弱化了下级政府的公共服务提供能力与水平。据此，在政府间财政事权和支出责任划分架构指引下，可以明确核心财政事权的归属区域，并牵扯出相应的支出责任分工，以确保上下级政府间财政事权和支出责任相适应。

三、政府间财权配置的理论归属

在合理划分政府间财政事权后，需要为各级政府配置相应的财权，从而形成本级政府财政收入体系以保障事权顺利履行。财权赋予各级政府筹集财政收入的权利，其中税收收入是各级政府财政收入的核心构成，因此各级政府间的税种划分和税权划分便自然而然地成为影响财权纵向配置的关键,本书从税种和税权两个角度切入,立于狭义层面来研究政府间的财权配置,如表2-1所示。

表2-1 省以下政府间税种划分的理论归属

税种归属		税种项目
共享税	上级政府为主	增值税、企业所得税
	下级政府为主	城市维护建设税、印花税
下级政府税		个人所得税、房产税、城镇土地使用税、土地增值税、车船税、耕地占用税、契税、环境保护税等

资料来源:作者依据税种划分理论自行归类。

1. 税种划分

基于央地间税收划分格局,综合考虑税基流动性、税基范围、征收管理复杂性和税种的经济调节功能等因素,建立省以下地方政府间税种划分理论归属框架。

增值税具有税基流动性大、税基范围辐射全省且税源分布不均衡,具有宏观调控作用的特点,理论上适合由上级政府征收。但是需要注意,基于当前并未建立完善的地方税体系、地方政府仍然缺少主体税种的情况,增值税在目前乃至今后很长一段时间内都会是地方政府最主要的税种,对于这类大型税种单独划给上级政府一方,不可避免地会导致下级政府的财源匮乏及财政脆弱。为保证地方政府的税收来源稳定,增值税适合作为省以下政府间的共享税,且遵循税种属性,定位于以上级政府征收为主的共享税。

企业所得税税基流动性大，税基范围广，具有周期性波动和税率累进的性质，且涉及社会资本流动和经济调控。为避免地区间资源配置发生扭曲，理论上适合由上级政府分享和管理。但同样考虑到企业所得税作为大型税源不适宜单独划分给上级，因此当前阶段作为以上级政府为主的共享税。

个人所得税虽然同样具有税基流动性较大和收入再分配的特点，但在省级及以下政府层面，个人所得税覆盖范围和再分配功能都比较有限，且个人所得税是对辖区内居民个人征收，居民享受的教育、社会保障、医疗卫生、基础设施等公共服务是由本辖区政府提供，因此由地方政府分享更多个人所得税是符合受益性原则的，且能激励地方政府提高公共服务水平，再加上地方政府能更好掌握居民信息，征管效率更高，可在后续税制改革中将个人所得税逐步从共享税转变为下级政府的专享税种。

城市维护建设税是基于增值税和消费税的附加税种，征收范围较广，适合作为共享税，且城市维护建设税实行专款专用，专门用于城市辖区内的公用事业和公共设施的维护建设，具有受益税性质，因此应该划分为以下级政府为主的共享税。

印花税实质上是对市场上的经济行为课税，征收范围广泛，适合作为共享税，印花税与其他税种相比税率较低、税负较轻，由下级政府分享更多份额，可以产生聚少成多，广集资金，补充税收收入的财政效应，因此可划分为以下级政府为主的共享税。

房产税、城镇土地使用税、土地增值税、车船税、耕地占用税、契税是典型的财产税。财产税的特点是税基稳定，税源地域化，与地方公共福利密切相关，但征管难度大，由具有区域信息优势的地方征收效率更高，因此适合划分为下级政府税，且具有作为地方主体税种的潜质。

环境保护税的特征是税源地域化，并要求准确掌控和追踪企业排放污染应税物的真实信息，征管复杂性较大。下级政府对辖区内企业实际排污情况具有天然的信息优势，征管更便利，且向该类污染环境的企业征收的税款还可以用于区域内生态补偿和污染治理，支持环境保护事业。因此适宜划分为下级政府的税种。

综上，遵循税种的基本属性，参考税种划分的理论格局，从而优化省以下各级政府间的税收划分，培养地方政府的主体税种，完善地方税体系，增加稳定的税源收入，以实现地方政府的财权配置能够基本保障履行财政事权的需要。

2. 税权划分

税权划分是指通过宪法、预算法、地方财政法规等法律法规的形式，本着事权和财权相匹配的原则，以各级政府税种划分为基础，确定各级政府相应的税收管理权限，以确保各级政府能够自主地管理地方税收和提供公共服务。税权划分影响着财权财力的集中与分散，反映了政府间税收收入的制衡关系，也关系到各级政府财政职能的行使。依据被赋予税收权限的大小，地方税制大体可分为三种类型：一是完全分权模式，中央政府将地方税收的立法权和征管权等各项管理权限都下放到地方政府，各级政府的税收权限相对独立，以美国为代表；二是中央集权模式，中央拥有全部的税收立法权和解释权，由国家税务机关进行征收，地方政府负责日常辅助管理，以法国为代表；三是中央集权与地方适度分权的模式，这种模式介于上述两种模式之间，地方税收的立法权主要集中于中央政府，但同时兼顾地方利益和发展，地方政府可以在中央规定范围内自行立法征税、调整税率等，且各级政府各有一套征税系统，拥有较大机动自主权，以日本为代表。

四、转移支付导入：财力与事权协调机制

财政转移支付是指上级政府按照国家和地方有关法律法规和财政体制，给予下级政府的补助资金，主要包括一般性转移支付和专项转移支付。其中一般性转移支付，指上级政府为平衡地区间基本财力，对有财力缺口或财力困难的下级政府，按照规范的办法给予并由下级政府统筹安排的补助。一般性转移支付下设共同财政事权分类分档转移支付，用于履行政府间共同财政事权中的上级政府分担支出责任，而均衡性转移支付旨在弥补部分下级政府履行财政事权的支出缺口，促进区域间基本公共服务均等化。专项转移支付，指上级政府按照规定给予下级政府，用于办理特定事项的资金补助，主要用于上级委托下级政府履行财政事权，且重点支持与民生紧密相关的领域。一般性转移支付相较于专项转移支付能够赋予地方财政更多的自主权，地方政府能够因地制宜地、结合实际情况来自由支配和使用转移支付资金，激发其公共服务供给的积极性。

国际上无论是联邦制或是单一制国家，其政府间财政关系都有一个相似的安排，即上级政府往往统筹更多的财政收入。在掌握着充分财权和财力的基础上，当上下级政府间出现财政收入能力与支出责任不对称的财政不平衡时，就通过对下级政府进行财政转移支付，来实现下级政府财力与支出责任间的平衡，以促进

公共服务能力均衡。财政转移支付作为分税制的配套措施，不仅是央地政府间、上下级政府间税收安排和财政支出的一个辅助性财政手段，也是中央对地方、上级政府对下级政府进行财政制衡，优化财政关系的重要财政工具。近年来，转移支付制度改革步伐加快，其主导功能由财力补偿转向促进基本公共服务均等化，转移支付成为政府间财力与财政事权的重要协调机制。

第三章

政府间财政事权和支出责任划分考量：央地间层面

第三章　政府间财政事权和支出责任划分考量：央地间层面

分税制运行以来的改革重点是收入侧，较少涉及具体事权和支出责任的划分，以至于出现中央与地方财政事权与支出责任的不匹配、不规范等问题，已阻碍到深化财税体制改革进程。十八届三中全会后围绕财政事权和支出责任改革形成顶层设计思路、原则性指导意见及实施方案，特别是十九大明确"建立权责清晰、财力协调、区域均衡的中央和地方财政关系"，预示着央地间财政事权和支出责任划分改革进入深水区，它的成效如何直接影响到能否构建健全的现代财政制度与顺利推进国家治理现代化。

本章以央地间为研究对象，考量政府间财政事权和支出责任划分效应，以形成一个整体性的评估。先以财政体制的四个重要改革阶段为线索来洞悉央地间财政事权和支出责任划分演进的事实特征，再从总体性、结构性、功能性三个层面来评估央地间财政事权和支出责任划分效应，据此利用实证模型来检验央地间支出责任划分对基本公共服务均衡供给的影响，并深挖央地间财政事权和支出责任错配根源。

第一节　央地间财政事权和支出责任划分演进

新中国成立以来，政府职能不断转变，财政体制持续改革，各级政府财政事权与支出责任逐步得到明晰。回溯财政体制改革的历史，研究央地间财政事权与支出责任的演变动态，有利于从中吸取经验，更好地划分央地间财政事权与支出责任。我国财政事权和支出责任划分改革大致划分为四个重要阶段。

一、"统收统支"阶段

1949年至1979年我国实施的是"统收统支"的财政体制，由中央负责收缴地方政府的财政收入，然后再对支出进行统一安排以及相应的预算管理，由中央以财政拨款的形式来承担地方政府财政支出。

1950年3月我国财政由分散管理逐步向集中管理转变，这一时期的主要文件就是由政务院发布的《关于统一国家财政经济工作的决定》《关于统一管理1950年年度财政收支的决定》。其主要内容是：财政管理的一切权限集中在中央、一切财力集中在中央、一切支出统由中央核拨、统一国家预算。1951年至1957年，国家财政分为中央、大行政区和省（市）三级财政，逐步实现"划分收支、分级管理"的财政体制。1953年国家财政体制进一步改变，取消了大行政区财政，同时设立县（市）级财政，由此全国财政级别转变为：中央财政、省（市）级财政和县（市）级财政。1958年实行"以收定支、五年不变"的管理体制，通过财政放权，许多中央企业被下放到地方政府进行管理，促进了财政体制的变革和优化，也使得地方财政管理权限得到进一步的扩大。1959年至1970年，实行"总额分成，一年一变"的财政管理体制，国家财政权限基本上集中在中央、大区和省区市三级，缩小了专区、县、公社的财权。1971年至1973年，实行"定收定支、收支包干、保证上缴（或差额补贴）、结余留用、一年一定"的财政体制。1974年至1975年实行"收入按固定比例留成（各省不一，平均为 2.3%），超收另定分成比例（一般不超过 30%），支出按指标包干"的体制。1976 年至 1979 年开始实行收入与支出相挂钩，如果收入增加则分成增加的财政体制。

上述总结可以看出，我国财政体制在"统收统支"阶段，对政府事权和支出责任的权责分析明显缺乏，各级政府的财政权力都是由中央政府进行统一管理和资源分配。由于当时国情需要，我国实行的是高度集中的行政体制，各级政府的财政收支都是由中央政府给予统一规划和安排的。"统收统支"的财政体制能够使我国举一国之力发展基础设施建设和兴办大型项目，使国家的经济发展走上正轨。这种财政体制在新中国成立初期符合国情需要，为经济发展做出了巨大贡献。但是高度集中的财政体制的弊端也十分明显，由中央统一分配各级政府的财政收支，造成中央政府的决定权过大，地方政府只能被动地接受中央政府的安排，造成地方政府缺乏提供公共服务的积极性。

二、"财政包干"阶段

20 世纪 80—90 年代，我国实行"财政包干"的财政体制。"财政包干"主要是指地方政府根据实际自行制定年度收支预算，然后呈报给中央政府进行审核，经过中央核定后，地方政府负责承担预算事项内的财政收支，超出的支出中央不给予补贴，结余部分供地方留存使用。针对少数民族地区，中央给予了一定的政策扶持。

十一届三中全会后，为了使财政体制符合各级政府的需求，中央政府采取了以下财政体制："收支挂钩、总额分成、一年一定""收支挂钩、增收分成""民族自治地区财政体制""收支挂钩、全额分成、比例包干、几年不变"。随着财政改革的不断深化，1984年我国实行"利改税"和"拨改贷"，1986年为了统一税制计划实行"价、税、财"联动的配套改革，但在1986年10月便放弃了配套改革，转向"包干制"，实行了"分灶吃饭""财政大包干"等改革。

"财政包干"体制的实行，一定程度上解决了"统收统支"财政体制下中央政府与各级地方政府职责不明、地方政府缺乏行事积极性的弊端，对中央和地方各级政府的权力和责任有了更加明确的界定。但是由于中央收支与各地区收支存在较大的差异，造成中央与地方政府之间的责任划分不够清晰，难以明确各自的职责，导致责任推诿现象频发。在"包干制"推行的过程中，由于中央政府放权，地方政府财政收支有一定的自主权，中央政府财政收入大幅度减少，宏观调控能力不断降低。这一阶段，政府财政收入增加的同时，其事权与支出责任也更繁杂。由于财政体制过于多样化，受益程度不统一，分级包干不彻底，地方包而不干，向上转嫁矛盾，中央开口子，向下转移负担的现象大量存在，从而造成各地苦乐不均，中央与地方政府间财政运行效率较低。

三、"分税制"阶段

分税制财政体制改革起始于1994年。分税制明确了归属各级政府的税种，从而来确定相应的财政收入，并对财政事权进行了简单粗略的划分，不同层级预算相对独立，通过转移支付来调节各区域间的财政收支。

1992年6月，财政部选定在浙江、新疆等地试行分税制。国务院于1993年12月颁布了《关于实行分税制财政管理体制的决定》，指出"分税制"自1994年1月1日起开始实行。此后，随着经济社会发展，中央对分税制改革进行了完善：2002年改革所得税分成，中央与地方五五分成；2003年再度将所得税分成比例调整为中央与地方六四分成；2004年实行出口退税负担机制改革；2005年开始推行"三奖一补"条例。

在此过程中，我国政府间财政关系经过由"财权与事权相匹配"至"财力与事权相匹配"的变化。这反映了财政体制改革的不断深入与进步，与财权相匹配的提法已经无法适应当时的状况，中央政府拥有较大的话语权与决定权，地方政府发展缺乏必要的财力支撑；与财力相匹配的说法应运而生，财力是指一级政府所实际掌握的资源，从而匹配其相应的财政事权。但可以看到，与财力相匹配的提法也逐渐不适应现行的发展，拥有财力的政府却不一定为之负责，加之事权下沉以及转移支付的不完善，使我国财政制度无法进一步提高效能。

"分税制"阶段对央地间财政事权和支出责任有了粗略的初步划分，国家安全、外交、宏观调控、协调地区发展等财政事务交由中央负责，而涉及公众基本生活的事务多由地方政府承担。

四、"现代财政制度"阶段

2013年的十八届三中全会提出了构建"现代财政制度"的

重大战略方针，明确要求完善税收制度，改进预算管理制度，发挥中央和地方两个积极性，建立财政事权和支出责任相适应的制度。

2013年颁布的《中共中央关于全面深化改革若干重大问题的决定》中首次明确指出"建立事权和支出责任相适应的制度"；2014年6月发布的《深化财税体制改革总体方案》中将其作为财税体制改革的重点内容之一；国务院于2016年8月发布了《关于推进中央与地方财政事权和支出责任划分改革的指导意见》，整体规划了央地间财政事权和支出责任的划分改革；2017年10月召开的十九大会议中提出"加快建立现代财政制度，建立权责清晰、财力协调、区域均衡的中央和地方财政关系"，其中"权责清晰"是对央地间财政事权和支出责任划分在新时代提出的要求。

财政事权和支出责任的合理划分是"现代财政制度"的重点内容，在分税制的基础上，其改革思路分三部分。一是明确各项事务的提供主体，适当将部分事务划分给市场，政府减少对各项经济事务的大包大揽。二是中央政府上收部分财政事权，减轻地方责任，完善转移支付制度。三是完善省级以下财政事权和支出责任的划分，各级政府齐发力。同时，仍需要重视与其联动的财力财权制度，进一步合理分配各级政府的财权财力，与本级政府形成联动，加速现代财政制度建设进程，提升政府公共服务供给效率。

随着财政体制改革逐渐深入，财政体制以及政府间财政关系不断扩展完善，财政事权与支出责任得到了越来越多的关注与重视。

第三章 政府间财政事权和支出责任划分考量：央地间层面

第二节 央地间财政事权和支出责任划分效应评估

从各级政府的总体性支出责任、结构性支出责任和功能性支出责任三个层面来评估央地间财政事权和支出责任划分效应。为全面考量央地政府支出责任的配置情况，下文主要使用名义支出比重和实际支出比重两个指标。名义支出反映的是一般公共预算上的中央与地方政府的本级支出，而在实际支出中，中央层面是指本级支出和对地方政府的转移支付。地方层面是指本级支出扣除中央对其转移支付后的支出，这意味着中央承担了地方的部分财政支出，体现了对地方政府财政事权和支出责任的分担。考虑转移支付因素后形成的央地政府间实际支出比重才能反映出央地政府间财政支出责任分工的真实状况。

一、央地间总体性支出责任配置

首先来分析央地政府的名义财政支出。由图 3-1 可以看出，地方政府财政支出无论是从增长的数量还是速度方面都远远超于中央政府，且其间差距不断扩大。2007 年至 2018 年中央财政平均支出为 20 821.94 亿元，地方政府平均支出为 111 958.82 亿元，差额为 91 136.88 亿元。从名义支出的角度来看，地方政府财政支出在规模以及增速上都占据了绝对的领先地位，且地方政府与中央政府之间的差距还在不断扩大。

图 3-2 为 12 年间两级政府财政支出占全国财政支出比例图，

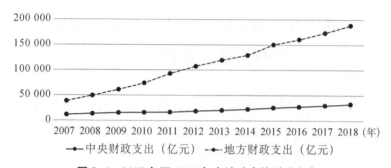

图 3-1　2007 年至 2018 年央地政府的财政支出
（数据来源：根据财政部网站 2007 年至 2018 年全国财政决算数据整理）

从中可以看出，地方政府财政支出占比远超于中央政府。12 年间地方政府财政支出平均占比 83.32%，而中央政府仅占比 16.68%。在名义支出层面，地方政府占据全国总支出八成还多，由地方政府承担了过多的支出责任。

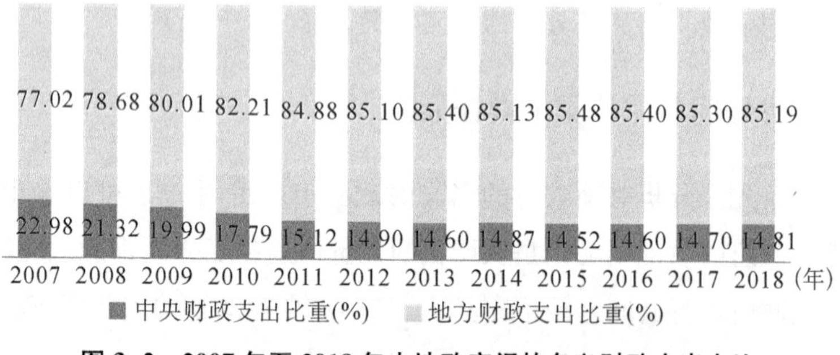

图 3-2　2007 年至 2018 年央地政府间的名义财政支出占比
（数据来源：根据财政部网站 2007 年至 2018 全国财政决算数据整理）

其次，从实际支出的层次进行分析。实际支出考虑了中央对地方的转移支付因素，更能反映出央地间真实的财政支出情况。

图 3-3 为 2007 年至 2018 年间央地政府的实际财政支出情况

图，可以看出，考虑中央对地方转移支出因素后，相较于图 3-1 有了明显的变化。经过重新测算，可以明显看到央地两级政府财政支出差额明显变小。

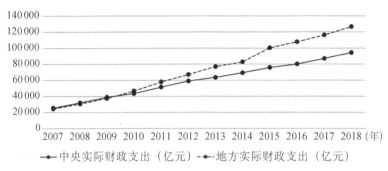

图 3-3　2007 年至 2018 年央地政府的实际财政支出

（数据来源：根据财政部网站 2007 年至 2018 年全国财政决算数据整理）

图 3-4 为 2007 年至 2018 年央地政府实际财政支出占比情况图，可以看出，考虑中央对地方转移支出因素后，相比于图 3-2 有了明显的变化，央地间名义支出占比基本为二八分成，而实际支出比例转变为 46.44％∶53.56％。在 2010 年之前，中央政府占比甚至高过了地方政府。在增速方面，依然是地方政府遥遥领先，尤其是近年来地方政府实际财政支出不断增长，所占比例不断提高，其与中央政府差额亦不断扩大。

从上述四图可以看出，地方政府已成为履行财政事权和支出责任的主体。无论是从名义支出还是实际支出的层次来看，地方政府都承担了更多的支出责任。且地方政府财政支出的增速要快于中央政府，从而使得两者之间的差距亦在不断扩大。在名义支出层面，央地两级政府的差距过大，可以说近九成的财政支出都

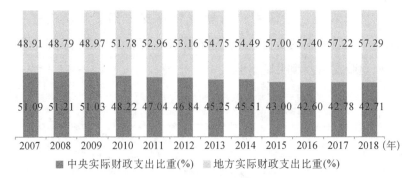

图 3-4　2007 年至 2018 年央地政府间的实际财政支出占比
（数据来源：根据财政部网站 2007 年至 2018 年全国财政决算数据整理）

是由地方政府承担的；而在考虑转移因素后重新测算的实际支出中，中央支出占比大幅提升，地方财政支出中有近 30% 是由中央政府间接承担，极大地改善了央地间总体性支出责任配置情况。但不可否认的是，相对于地方政府 50% 的财政收入，其要承担远超出其收入水平的支出责任，财政事权和支出责任划分仍存在以地方为主的"低重心"趋向。

二、央地间结构性支出责任配置

依照政府职能可将政府提供的公共服务分为维持性服务、社会性服务和经济性服务。体现政府政治职能的维持性服务指政府为维护宪法秩序和公共安全而提供的公共服务，体现政府社会职能的社会性服务指政府为提高公众生活质量和促进社会福利而提供的公共服务，体现政府经济职能的经济性服务指政府为提高资源配置效率和维持经济稳定而提供的公共服务。相应地，政府为提供这三类公共服务履行的财政事权分为维持性事权、社会性事权和经济性事权,而为履行相应的财政事权所形成的财政支出也分为维持性支出、社会性支出和经济性支出。

首先对维持性支出进行分析。表 3-1 为 2007 年至 2018 年维持性支出责任配置情况。

表 3-1　2007 年至 2018 年央地间维持性支出占比

年份	名义支出比重(%)		实际支出比重(%)	
	中央	地方	中央	地方
2007	40.99	59.01	51.28	48.72
2008	40.12	59.88	50.79	49.21
2009	36.65	63.35	52.46	47.54
2010	34.98	65.02	51.45	48.55
2011	34.18	65.82	50.00	50.00
2012	33.52	66.48	48.43	51.57
2013	33.54	66.46	50.31	49.69
2014	36.15	63.85	53.93	46.07
2015	36.88	63.12	52.46	47.54
2016	35.58	64.42	49.97	50.03
2017	34.73	65.27	45.09	54.91
2018	34.52	65.48	44.93	55.07
均值	35.99	64.01	50.09	49.91

数据来源:根据财政部网站 2007 年至 2018 年全国财政决算数据整理。

维持性支出指政府为维护宪法秩序和公共安全而提供的公共服务,体现政府的政治职能,等于一般公共服务支出、公共安全支出、外交支出与国防支出之和。从名义支出层次来看,地方政府承担了更多的财政事权与支出责任,近年来地方承担了约

64%的支出,中央则承担了36%的支出,差额达到了28%。维持性服务存在高度分权,地方政府的"吃饭财政"特征明显,这反映出维持性财政事权出现了一定的以地方政府为主的"低重心"趋势。维持性服务多半涉及各级政府自行运转以及当地的安全,外部性较低,中央承担了超过三分之一的支出,没有过度地让地方政府"买单"。

在实际支出层面,考虑到中央对地方政府的转移支付因素,测算结果会有较大的变化。可以看到中央实际维持性支出占比大幅提升,平均提升了15%,与地方政府基本呈现出五五分担的情况,这反映出中央政府间接为地方政府承担了一定的维持性服务支出,大大缓解了地方政府的财政压力。

其次对社会性支出进行分析。表3-2为2007年至2018年社会性支出责任配置情况。

表3-2　2007年至2018年央地间社会性支出占比

年份	名义支出比重(%)		实际支出比重(%)	
	中央	地方	中央	地方
2007	8.68	91.32	35.16	64.84
2008	8.82	91.18	30.56	69.44
2009	8.92	91.08	37.59	62.41
2010	8.37	91.63	34.68	65.32
2011	7.65	92.35	34.62	65.38
2012	7.24	92.76	35.61	64.39
2013	6.89	93.11	33.71	66.29
2014	6.92	93.08	32.87	67.13

(续表)

年份	名义支出比重（%）		实际支出比重（%）	
	中央	地方	中央	地方
2015	6.18	93.82	33.94	66.06
2016	5.97	94.03	28.86	71.14
2017	5.82	94.18	20.87	79.13
2018	7.56	92.44	26.78	73.22
均值	7.42	92.58	32.10	67.90

数据来源：根据财政部网站2007年至2018年全国财政决算数据整理。

社会性支出指政府为促进社会福利和提高公众生活质量而提供的公共产品，体现政府的社会职能，由教育、科学技术、文化体育与传媒、社会保障与就业、医疗卫生、节能环保、城乡社区以及住房保障支出共同构成。社会性服务高度分权，地方政府的基本公共服务支出责任过重。社会性事权是三类事权中最贴近民生生活的，应该最受重视。但就名义层次而言，地方政府几乎承担了全部的支出，占比达到九成以上，地方政府财政压力过大。社会性支出本身就作为财政支出的大头，地方政府又承担了超过九成的支出，其财政压力过大，财政事权下沉严重。

在实际支出层面，考虑了中央对地方政府的转移支付因素之后，可以看到中央支出占比有所提升，相对名义支出平均提升24.68%。虽然经过重新测算后，中央政府的占比有了大幅提升，但占比依然偏低，与地方政府平均相差35.80%，地方政府占比达到中央政府的近两倍，中央实际支出占比不到三分之一。中央政府对社会性事权支出明显不够，即使考虑了转移支付的因素之后，依然只占据很少一部分。社会性事权是最为重要的一环，事关民生大计，中央政府理应承担更多的支出责任。然而不论是名义支出还是实际支出层面，中央政府都没能给予更多的支持，地方政府的财政压力过大，财政事权与支出责任过重。

最后对经济性支出进行分析。表 3-3 为 2007 年至 2018 年经济性支出责任配置情况。

表 3-3　2007 年至 2018 年央地间经济性支出占比

年份	名义支出比重（%）		实际支出比重（%）	
	中央	地方	中央	地方
2007	26.50	73.50	97.74	2.26
2008	38.96	61.04	99.15	0.85
2009	24.48	75.52	81.25	18.75
2010	21.16	78.84	75.53	24.47
2011	14.70	85.30	73.15	26.85
2012	15.76	84.24	71.70	28.30
2013	14.95	85.05	66.95	33.05
2014	15.45	84.55	67.22	32.78
2015	16.04	83.96	57.24	42.76
2016	16.75	83.25	66.93	33.07
2017	13.19	86.81	54.81	45.19
2018	12.64	87.36	53.51	46.49
均值	19.22	80.78	72.10	27.90

数据来源：根据财政部网站 2007 年至 2018 年全国财政决算数据整理。

经济性服务指政府为提高资源配置效率和维持经济稳定而提

供的公共服务，体现政府的经济职能，等于农林水、交通运输、资源勘探信息、商业服务业、金融监管、国土资源气象、粮油物资储备以及国债还本付息支出等之和。经济性服务存在较强的集权性，中央政府的经济投入较多。仅就名义支出层次而言，中央支出平均占比 19.22%，地方支出占比 80.78%，地方名义支出几乎为中央名义支出的四倍，财政事权下沉严重，地方承担了过多的经济性事权。

在实际支出层面，考虑了中央对地方政府的转移支付因素之后，明显看到央地政府支出占比发生了剧烈的变化。中央占比大幅提升，平均提升 52.88%，12 年间中央政府实际支出平均占比达到了 72.10%，而地方政府则从名义的 80.78% 降到了 27.90%，两者发生了颠倒式的转变。中央政府过多地为地方政府承担了经济性支出责任，对地方经济性事权进行了过多的干预。值得注意的是，经济性事权偏重经济稳定与平衡，会通过转移支付更多地向贫困地区倾斜，但整体上形成中央为地方政府承担过多经济性支出的结果，从而造成了央地两级政府经济性事权与支出责任不匹配的情况。

对三类支出在央地间进行纵向对比分析后，接着横向比较中央与地方政府的三类支出占比。一方面，从名义支出层面分别对央地政府进行分析。图 3-5 为 2007 年至 2018 年中央政府三类名义支出占比。

在名义支出层面，中央政府将大部分支出重心放在了维持性事权方面，平均占比 50.55%，超过所有支出的一半，而社会性支出与经济性支出分别仅占 22.39% 与 27.06%，中央政府的社会职能以及经济职能没有充分发挥,并且社会职能作为最重要的部分却占了最小的比例,中央在三类财政事权与支出责任的分工不均,未能对社会公共服务给予更多的重视。

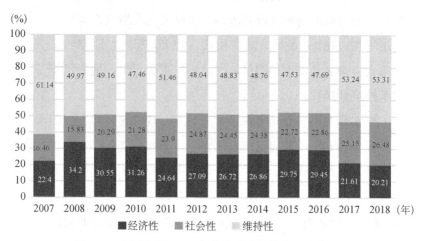

图 3-5　2007 年至 2018 年中央政府三类名义支出占比

（数据来源：根据财政部网站 2007 年至 2018 年全国财政决算数据整理）

图 3-6 为 2007 年至 2018 年地方政府三类名义支出占比。不同于中央政府的占比情况,地方政府作为直接为社会公众提供服务的一级政府,其支出重心放在了社会性支出方面,12 年间平均占比 57.55%,远超另外两类支出,维持性与经济性支出分别平均占比 18.21% 和 24.24%。与中央政府社会性支出占比最少相比,社会性支出责任大部分由地方政府承担,财政压力的确较大,加重了其基本公共服务支出的责任。

另一方面,从实际支出层面分析,需要考虑中央对地方政府的转移支付因素。图 3-7 为 2007 年至 2018 年中央对地方政府转移支付的三类支出占比。

第三章 政府间财政事权和支出责任划分考量：央地间层面

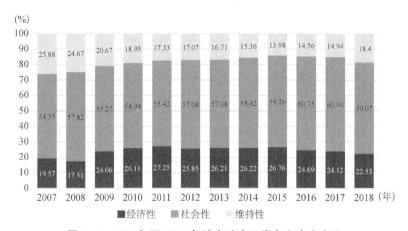

图 3-6 2007 年至 2018 年地方政府三类名义支出占比
（数据来源：根据财政部网站 2007 年至 2018 年全国财政决算数据整理）

中央政府对地方政府的转移支付主要集中在社会性与经济性事权方面。维持性、社会性、经济性支出平均占比分别是 10.68％、43.94％、45.38％。维持性转移支付占比较小，中央对地方政府的社会性以及经济性支出扶持力度相当。三类财政事权

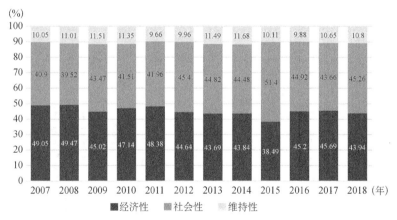

图 3-7 2007 年至 2018 年中央对地方三类转移支付占比
（数据来源：根据财政部网站 2007 年至 2018 年全国财政决算数据整理）

77

中最为关注的是社会性事权,它贴近民生项目,应该成为中央政府支持的重点,而它的转移支付占比与经济性事权的比重几乎持平,说明中央政府过于介入经济性事权中,而对社会性事权的投入不够。中央政府对地方政府三类财政事权的支持力度从高到低排序为经济性事权、社会性事权、维持性事权,与中央政府作为上级政府应该承担的事权责任大小不太吻合。

对转移支付因素进行分析后,接着对中央政府三类实际支出的情况进行分析。图3-8为2007年至2018年中央政府三类实际支出占比。

中央政府的三类实际支出平均占比有所变化,维持性支出有了大幅缩减,从50.55%降至25.77%,社会性支出与经济性支出分别涨幅13.41%与11.36%。重新测算后的数据显示,社会性支出依然占比较小,但在三类财政事权中社会性事权理应成为

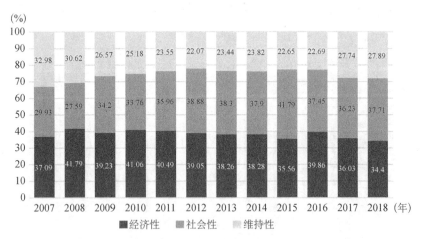

图3-8 2007年至2018年中央政府三类实际支出占比
(数据来源:根据财政部网站2007年至2018年全国财政决算数据整理)

中央政府关注的焦点。然而，它的转移支付占比与经济性事权的比重实际上几乎持平，说明中央政府将大量资金投入到经济性事权中，而对社会性事权的支出力度不够。中央政府的社会性支出和经济性支出占比相差不大，抑制其更好地发挥社会职能，提高基本公共服务的水平。

图3-9为2007年至2018年地方政府三类实际支出占比。

与地方政府三类名义支出呈现出的趋势大致相同，社会性支出依然占据了最大的部分，其平均比例提升到64.83%，占比接近三分之二，维持性支出小幅提升至22.44%，而经济性支出则大幅下降至12.73%。可以看到地方政府承担了过多的社会性事权，在实际支出层面该现象进一步加剧，其基本公共服务支出压力过大。而对于经济性支出责任，地方政府主要依靠中央政府的转移支付，自身支撑能力较低。值得一提的是，各地方政府之间

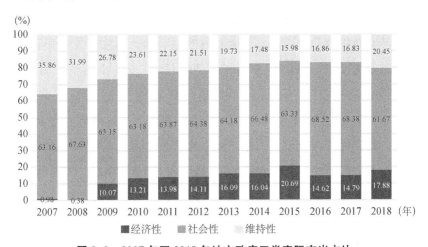

图3-9　2007年至2018年地方政府三类实际支出占比

（数据来源：根据财政部网站2007年至2018年全国财政决算数据整理）

较大的财政实力差距也在一定程度上导致了这种结果,但转移支付作为一种事后的调节手段,在经济性事务中的份额过高,不利于激发地方政府的内生经济发展动力,不利于两级政府财政事权与支出责任的相互协调。

三、央地间功能性支出责任配置

央地政府间的功能性支出责任配置根据预算支出功能分类来进行分析,反映两级政府的各项职能活动,说明两级政府履行具体财政事权的支出责任分工情况。这里选取社会保障、医疗卫生、教育、科学技术、公共安全、节能环保、公共文化和城乡社区这八项重点财政事权来评估。

表3-4为央地政府间社会保障财政事权和支出责任划分情况。

在名义支出层面,地方政府平均承担了95.32%的社会保障支出,而中央政府仅承担了4.68%,体现出地方政府承担了更多的财政事权与支出责任。考虑转移支付后,在实际支出层面,测算结果有了大幅改变,中央政府历年平均支出占比提升了36.98%,达到了41.66%,而地方政府支出占比则下降至58.34%。这说明中央政府转移支付提供了近37%的地方政府支出,帮助地方政府承担了相当部分的支出责任,从而极大地缓解了地方财政压力。社会保障的项目繁多、资金数额大,需要分类界定:外部性范围大,收益范围广且信息复杂程度高,事权和支出责任应划归中央,并由中央委托地方政府办理;外部性广,信息复杂程度中等则由地方政府承担。实际支出层面,依然是地方政府大于中央政府,不过相比名义支出差距大幅缩小,基本符合理论预期,但中央政府应该考虑上收部分地方事权并同时减少转移支付,以独立承担更多的支出责任。

表 3-4 2007 年至 2018 年央地间社会保障支出占比

年份	名义支出比重(%)		实际支出比重(%)	
	中央	地方	中央	地方
2007	6.29	93.71	42.29	57.71
2008	5.06	94.94	40.32	59.68
2009	5.47	94.53	39.69	60.31
2010	4.93	95.07	41.70	58.30
2011	4.52	95.48	42.45	57.55
2012	4.65	95.35	45.72	54.28
2013	4.42	95.58	45.35	54.65
2014	4.38	95.62	44.25	55.75
2015	3.80	96.20	40.46	59.54
2016	4.12	95.88	40.06	59.94
2017	4.07	95.93	38.36	61.64
2018	4.39	95.61	39.32	60.68
均值	4.68	95.32	41.66	58.34

数据来源:根据财政部网站 2007 年至 2018 年全国财政决算数据整理。

表 3-5 为央地政府间医疗卫生财政事权和支出责任划分情况。

名义支出层面,地方政府平均承担了 98.83% 的支出,而中央政府仅承担了 1.17%,体现出地方政府承担了更多的财政事权与支出责任。考虑转移支付后,在实际支出层面,测算结果有了一定的改变,中央政府支出占比提升了 26.60%,达到了

27.77%，而地方政府支出占比则下降至72.23%。这反映出中央间接地承担了地方政府部分支出责任，但是尽管有了近三成的提升，中央政府占比依然远低于地方政府，医疗卫生财政事权和支出责任过多地由地方政府承担，造成了地方过大的财政压力。医疗卫生的外部性范围和信息复杂程度适中，适合作为央地共有财政事权，可由中央分担更多的支出责任。中央政府基于其稳定的财力增长支撑及均衡各地医疗卫生服务的需要，可继续提高其在医疗卫生支出中分担的比重。

表3-5 2007年至2018年央地间医疗卫生支出占比

年份	名义支出比重（%）		实际支出比重（%）	
	中央	地方	中央	地方
2007	1.72	98.28	33.38	66.62
2008	1.70	98.30	30.02	69.98
2009	1.59	98.41	31.88	68.12
2010	1.53	98.47	30.92	69.08
2011	1.11	98.89	27.18	72.82
2012	1.03	98.97	28.27	71.73
2013	0.93	99.07	31.26	68.74
2014	0.89	99.11	10.33	89.67
2015	0.71	99.29	28.57	71.43
2016	0.69	99.31	29.08	70.92
2017	0.74	99.26	25.38	74.62
2018	1.35	98.65	26.98	73.02
均值	1.17	98.83	27.77	72.23

数据来源：根据财政部网站2007年至2018年全国财政决算数据整理。

表 3-6 为央地政府间教育财政事权和支出责任划分情况。

无论是在名义支出还是实际支出层面，中央政府承担的教育财政事权和支出责任都过低，名义上平均承担了 5.40%，考虑转移支付后，其实际平均支出为 15.98%。反观地方政府，名义支出平均占比 94.60%，实际支出平均占比 84.02%。教育作为基本公共服务中的重点项目，事关民生大计，地方政府的教育支出责任较重。教育事权具有比较特殊的性质，本地政府提供的教育服务在将来可能是为其他地区输送人才，该现象在非发达地区更为严重。教育服务有一定的外部性，但限于信息处理的复杂性，需要委托当地政府承担更多的事权。鉴于其外部性以及平衡各地方教育发展的责任，需要中央政府的大力支持，急需提高中央政府教育支出的名义和实际比重。

表 3-6 2007 年至 2018 年央地间教育支出占比

年份	名义支出比重（%）		实际支出比重（%）	
	中央	地方	中央	地方
2007	5.55	94.45	11.04	88.96
2008	5.46	94.54	6.70	93.30
2009	5.44	94.56	18.98	81.02
2010	5.74	94.26	20.30	79.70
2011	6.06	93.94	19.81	80.19
2012	5.19	94.81	17.80	82.20
2013	5.03	94.97	17.65	82.35
2014	5.44	94.56	17.80	82.20
2015	5.17	94.83	16.16	83.84

(续表)

年份	名义支出比重（%）		实际支出比重（%）	
	中央	地方	中央	地方
2016	5.16	94.84	15.96	84.04
2017	5.14	94.86	14.79	85.21
2018	5.38	94.62	14.78	85.22
均值	5.40	94.60	15.98	84.02

数据来源：根据财政部网站2007年至2018年全国财政决算数据整理。

表3-7为央地政府间科学技术财政事权和支出责任划分情况。

名义支出和实际支出层面，央地两级政府间的差距并不大。名义支出上，地方政府占比比中央政府多6.96%，而在实际支出上，中央政府比地方政府占比只低了2.46%。两级政府的差距较小，这说明中央对地方科学技术支持较少。科学技术事权的外部性范围较大，信息复杂程度较高，为兼顾激励相容原则，适合作为央地共有财政事权，尤其是对于一些事权归于地方，但其外部性较大的事权，需要加强中央对地方政府的支持，提高中央政府的科学技术支出占比。

表3-7 2007年至2018年央地间科学技术支出占比

年份	名义支出比重（%）		实际支出比重（%）	
	中央	地方	中央	地方
2007	51.86	48.14	56.06	43.94
2008	50.60	49.40	54.63	45.37
2009	52.24	47.76	55.09	44.91
2010	51.11	48.89	53.18	46.82

(续表)

年份	名义支出比重（%）		实际支出比重（%）	
	中央	地方	中央	地方
2011	50.73	49.27	53.14	46.86
2012	49.64	50.36	51.46	48.54
2013	46.59	53.41	48.39	51.61
2014	45.85	54.15	47.83	52.17
2015	42.27	57.73	43.37	56.63
2016	40.92	59.08	41.66	58.34
2017	38.90	61.10	40.92	59.08
2018	37.47	62.53	39.56	60.44
均值	46.52	53.48	48.77	51.23

数据来源：根据财政部网站2007年至2018年全国财政决算数据整理。

表3-8为央地政府间公共安全财政事权和支出责任划分情况。

在名义支出层面，地方政府平均承担了83.59%的支出，而中央政府仅担了16.41%，体现了地方政府承担了更多的财政事权与支出责任。考虑转移支付后，在实际支出层面，测算结果发生了小幅的改变，中央实际支出占比小幅提升至24.01%，地方实际支出占比为75.99%。公共安全属于多级政府间的财政事权，考虑到其外部性强，信息复杂程度适中的特点，应该以中央政府负责为主，可部分委托地方政府来承担支出责任。其实除了公安事务外，多数公共安全事务都适合上级政府来负责，今后中央政府应大幅提升公共安全的事权和支出责任。

表 3-8　2007 年至 2018 年央地间公共安全支出占比

年份	名义支出比重（%）		实际支出比重（%）	
	中央	地方	中央	地方
2007	17.44	82.56	23.55	76.45
2008	15.98	84.02	21.50	78.50
2009	17.83	82.17	27.14	72.86
2010	15.86	84.14	26.74	73.26
2011	16.45	83.55	26.89	73.11
2012	16.64	83.36	26.44	73.56
2013	16.66	83.34	24.84	75.16
2014	17.68	82.32	25.37	74.63
2015	16.89	83.11	23.73	76.27
2016	15.79	84.21	21.78	78.22
2017	14.84	85.16	20.19	79.81
2018	14.81	85.19	19.93	80.07
均值	16.41	83.59	24.01	75.99

数据来源：根据财政部网站 2007 年至 2018 年全国财政决算数据整理。

表 3-9 为央地政府间节能环保财政事权和支出责任划分情况。

在名义支出层面，地方政府平均承担了 95.22% 的支出，而中央政府仅承担了 4.78%，体现了地方政府承担了更多的财政事权与支出责任。考虑转移支付后，在实际支出层面，测算结果有了大幅的改变，中央政府支出占比提升了 51.55%，达到了 56.33%，而地方政府支出占比则下降至 43.67%。这说明中央政府转移支付为地方政府提供了近一半的支出，中央帮助地方政府承担了相当部分支出责任，有效缓解了地方财政压力。节能环保财政事权实际应属于中央的事务，中央应考虑适当上收节能环保事权并减少转移支付来更合理地发展节能环保事业。

表 3-9　2007 年至 2018 年央地间节能环保支出占比

年份	名义支出比重（%）		实际支出比重（%）	
	中央	地方	中央	地方
2007	3.47	96.53	78.59	21.41
2008	4.56	95.44	71.68	28.32
2009	1.96	98.04	59.55	40.45
2010	2.85	97.15	59.10	40.90
2011	2.81	97.19	61.46	38.54
2012	2.15	97.85	67.44	32.56
2013	2.92	97.08	52.51	47.49
2014	9.03	90.97	53.28	46.72
2015	8.34	91.66	46.95	53.05
2016	6.24	93.76	51.39	48.61
2017	6.24	93.76	38.57	61.43
2018	6.79	93.21	35.46	64.54
均值	4.78	95.22	56.33	43.67

数据来源：根据财政部网站 2007 年至 2018 年全国财政决算数据整理。

表 3-10 为央地政府间文化体育与传媒财政事权和支出责任划分情况。

地方政府承担了较多的文化体育与传媒财政事权和支出责

任。名义支出层面,中央政府平均占比9.61%,地方政府平均占比90.39%;实际支出层面,中央政府平均占比19.82%,地方政府平均占比80.18%。经过转移支付调节后,中央政府占比有一定的提升,说明了中央政府对地方公共文化发展的支持。文化体育事务多是具有市场属性的事务,政府应减少直接支出,逐步交给市场和社会,多采取购买服务等方式间接支持。

表3-10 2007年至2018年央地间文化体育与传媒支出占比

年份	名义支出比重(%)		实际支出比重(%)	
	中央	地方	中央	地方
2007	14.16	85.84	24.95	75.05
2008	12.83	87.17	23.07	76.93
2009	11.11	88.89	23.02	76.98
2010	9.73	90.27	20.48	79.52
2011	9.97	90.03	21.97	78.03
2012	8.53	91.47	21.81	78.19
2013	8.04	91.96	20.89	79.11
2014	8.29	91.71	18.89	81.11
2015	8.84	91.16	18.36	81.64
2016	7.84	92.16	15.80	84.20
2017	7.99	92.01	14.42	85.58
2018	7.95	92.05	14.16	85.84
均值	9.61	90.39	19.82	80.18

数据来源:根据财政部网站2007年至2018年全国财政决算数据整理。

表3-11为央地政府间城乡社区财政事权和支出责任划分情况。在名义支出层面,地方政府平均承担了99.82%的支出,而

中央政府仅承担了 0.18%，体现了地方政府承担了更多的财政事权与支出责任。考虑转移支付后，在实际支出层面，测算结果并没有发生较大的改变，中央实际支出占比 2.36%，地方实际支出占比 97.64%。无论是名义支出层面还是实际支出层面，地方政府都承担了绝对的支出责任，这是因为城乡社区的外部性限于所在辖区，信息处理复杂程度较高，适合作为地方政府的财政事权和支出责任。城乡社区服务虽然属于地方财政事权，但事关民生以及人民幸福，各地区之间差异较大，中央可以适当提高转移支付比例，以平衡各地区的发展。

表 3-11 2007 年至 2018 年央地间城乡社区支出占比

年份	名义支出比重（%）		实际支出比重（%）	
	中央	地方	中央	地方
2007	0.19	99.81	4.11	95.89
2008	0.34	99.66	5.83	94.17
2009	0.08	99.92	1.87	98.13
2010	0.17	99.83	2.72	97.28
2011	0.15	99.85	1.88	98.12
2012	0.20	99.80	4.91	95.09
2013	0.17	99.83	1.14	98.86
2014	0.13	99.87	0.71	99.29
2015	0.07	99.93	0.85	99.15
2016	0.11	99.89	0.82	99.18
2017	0.11	99.89	1.64	98.36
2018	0.39	99.61	1.81	98.19
均值	0.18	99.82	2.36	97.64

数据来源：根据财政部网站 2007 年至 2018 年全国财政决算数据整理。

第三节 央地间支出责任划分对基本公共服务均衡供给的影响

《关于推进中央与地方财政事权和支出责任划分改革的指导意见》从总体上部署了推进央地间财政事权和支出责任划分的改革。其指出合理的财政事权与支出责任划分,有助于政府高效提供基本公共服务;在总体要求和划分原则上都紧密联系基本公共服务,围绕基本公共服务做出各项部署;在改革的主要内容上对央地政府在提供基本公共服务方面做了详细阐述。因此,有必要测算央地间支出责任划分对基本公共服务均衡供给的影响效应。

一、基本公共服务均等化指数测算

运用泰尔指数对我国基本公共服务均等化进行测算,泰尔指数越低,反映出均等化程度越高。

泰尔指数的具体计算公式为:

$$T = \sum_{i=1}^{n} \frac{p_i}{P} \times \log\left(\frac{p_i}{P} \Big/ \frac{n_i}{N}\right) \qquad (3.1)$$

T 为泰尔指数,p_i 为选取的样本单位,n_i 为样本单位的数值,N、P 为总体数值。

泰尔指数可以分解为两部分:一部分用来测算区域间差异;另一部分用来测算区域内差异。其分解结果为:

$$T_{总体} = T_{区域间} + T_{区域内} \qquad (3.2)$$

其中，区域间差异为：

$$T_{区域间} = \sum_{i=1}^{n} \frac{p_i}{P} \times \log\left(\frac{p_i}{P} \bigg/ \frac{n_i}{N}\right) \qquad (3.3)$$

区域内差异为：

$$T_{区域内} = \sum_{i=1}^{n} \sum_{j=1}^{n} \frac{p_i}{P} \frac{p_{ij}}{p_i} \times \log\left(\frac{p_{ij}}{p_i} \bigg/ \frac{n_{ij}}{n_i}\right) \qquad (3.4)$$

各变量含义如表 3-12 所示。

表 3-12 泰尔指数各变量含义

变量	含义
p_{ij}	各地方各项基本公共服务支出金额
p_i	各区域各项基本公共服务支出金额
P	全国各项基本公共服务金额
n_{ij}	各地方常住人口数，其中教育人口数为各地方在校人数
n_i	各区域常住人口数，其中教育人口数为各地方在校人数
N	全国常住人口数，其中教育人口数为各地方在校人数
i	i＝{1, 2, …, 31}，代表 31 个地方政府
j	j＝{1, 2, 3}，代表东、中、西部三个区域

本书选取了教育、科学技术、公共文化、社会保障、医疗卫生、节能环保和城乡社区七个项目作为基本公共服务的代表。表 3-13 为七个项目的基本公共服务均等化指数。

表 3-13 2007 年至 2016 年基本公共服务均等化指数

泰尔指数		2007	2008	2009	2010	2011	2012	2013	2014	2015	2016
教育	区域间	0.010	0.007	0.007	0.007	0.006	0.003	0.004	0.004	0.004	0.004
	区域内	0.030	0.027	0.026	0.027	0.027	0.024	0.023	0.025	0.024	0.024
	总体差异	**0.040**	**0.034**	**0.032**	**0.034**	**0.034**	**0.028**	**0.027**	**0.029**	**0.028**	**0.028**
科学	区域间	0.081	0.074	0.086	0.080	0.068	0.062	0.057	0.046	0.053	0.051
	区域内	0.106	0.091	0.117	0.098	0.085	0.076	0.067	0.079	0.079	0.090
	总体差异	**0.187**	**0.166**	**0.203**	**0.178**	**0.153**	**0.138**	**0.124**	**0.125**	**0.132**	**0.140**
文化	区域间	0.008	0.009	0.010	0.010	0.009	0.010	0.008	0.008	0.007	0.007
	区域内	0.073	0.058	0.051	0.046	0.040	0.051	0.048	0.046	0.047	0.049
	总体差异	**0.081**	**0.067**	**0.062**	**0.056**	**0.049**	**0.061**	**0.057**	**0.054**	**0.054**	**0.057**
社保	区域间	0.000	0.000	0.002	0.001	0.002	0.002	0.002	0.002	0.001	0.002
	区域内	0.062	0.056	0.050	0.046	0.039	0.037	0.032	0.030	0.028	0.039
	总体差异	**0.062**	**0.057**	**0.052**	**0.047**	**0.041**	**0.039**	**0.033**	**0.032**	**0.030**	**0.041**

第三章 政府间财政事权和支出责任划分考量：央地间层面

（续表）

泰尔指数		2007	2008	2009	2010	2011	2012	2013	2014	2015	2016
医疗	区域间	0.005	0.004	0.001	0.002	0.001	0.001	0.001	0.001	0.001	0.001
	区域内	0.047	0.034	0.025	0.019	0.012	0.011	0.009	0.008	0.008	0.009
	总体差异	**0.053**	**0.038**	**0.026**	**0.020**	**0.014**	**0.012**	**0.010**	**0.009**	**0.009**	**0.011**
环保	区域间	0.018	0.010	0.007	0.004	0.005	0.004	0.003	0.004	0.006	0.006
	区域内	0.052	0.038	0.027	0.023	0.036	0.033	0.031	0.043	0.048	0.054
	总体差异	**0.069**	**0.048**	**0.035**	**0.027**	**0.042**	**0.037**	**0.034**	**0.047**	**0.054**	**0.060**
城乡	区域间	0.045	0.028	0.039	0.028	0.024	0.020	0.016	0.014	0.016	0.018
	区域内	0.095	0.093	0.112	0.087	0.091	0.090	0.090	0.082	0.082	0.092
	总体差异	**0.140**	**0.121**	**0.151**	**0.115**	**0.115**	**0.110**	**0.106**	**0.096**	**0.098**	**0.109**

数据来源：根据财政部以及各省财政厅网站 2007 年至 2016 年的财政决算数据、全国人口普查数据整理计算得出。

图 3-10 为各项基本公共服务均等化指数趋势图。

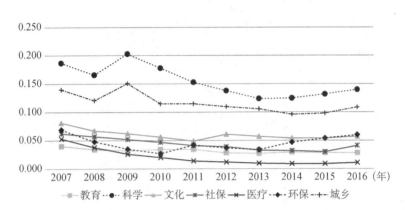

图 3-10　2007 年至 2016 年基本公共服务均等化指数

结合财政事权和支出责任划分与基本公共服务水平的内在逻辑关系，假设合理划分财政事权和支出责任，中央政府将上收部分财政事权，承担起更多的支出责任，那么地方政府的财政压力就会有所减轻，有更多的财力去提供基本公共服务，从而使全国基本公共服务水平均有所上升。基于此，下文进一步分析央地间财政事权和支出责任划分对基本公共服务均衡供给的影响。

二、央地间支出责任划分对基本公共服务均衡供给的影响

测算出我国基本公共服务均等化指数后，本章进一步分析央地间支出责任划分对基本公共服务均衡供给的影响效应。

表 3-14 为选取的变量及其含义。

表 3-14 变量选择

变量类型	变量名称	变量代码	变量含义
被解释变量	基本公共服务均等化指数	JD	我国基本公共服务均等化指数
解释变量	地方支出	DF	地方各项基本公共服务实际支出
	中央支出	ZY	中央各项基本公共服务实际支出
	转移支付	TR	中央对地方各项基本公共服务转移支付

构建模型：$JD = \alpha DF + \beta ZY + \gamma TR + \mu$。

经过 Hausman 检验可以看出 P 值远低于 0.05，拒绝原假设，采用固定效应模型。

固定效应模型结果（见表 3-15）可以看出，$\overline{R}^2$ 值为 0.95，说明模型拟合度好，解释性强。三个解释变量的 P 值均小于 0.01，即在 1% 的显著水平下对被解释变量的作用效果均显著。

表 3-15 固定效应模型结果

变量	检验结果
DF	-0.002 4*** (-4.435 0)
ZY	-0.021 5*** (-5.037 2)
TR	0.020 7*** (4.299 9)
C	0.089 6*** (24.498 5)
$\overline{R}^2$	0.947 5

注：*** 代表在显著性水平 1% 下显著。

实证结果为：$JD=0.089-0.002DF-0.021ZY+0.020TR$

从表 3-15 可以看出，中央与地方政府实际支出与基本公共服务均等化呈负相关，说明提高央地两级政府支出可以降低基本公共服务均等化指数，基本公共服务指数越低说明基本公共服务均等化程度越高。从系数来看，ZY 的系数大于 DF，说明增加中央政府的实际支出对提升基本公共服务均等化程度有更大的作用。转移支付与基本公共服务均等化指数成正比，减少中央对地方的转移支付会降低基本公共服务均等化指数，其系数与中央实际支出基本相同。

实证结果与理论逻辑推理相符合，现行基本公共服务大半由地方政府承担支出责任，一味地增加地方政府事权与支出责任并不能最有效地提升基本公共服务均等化水平，增加中央政府的支出才能更有效地实现基本公共服务均等化。因而应当相应减少地方政府的财政事权与支出责任，将部分事权和支出责任收归中央，同时减少转移支付并将减少部分转变为中央的支出责任，从而最大限度地提高基本公共服务的供给效率。

第四节 央地间财政事权和支出责任错配根源

通过评估我国央地政府间财政事权和支出责任划分效应，央地间财政事权和支出责任错配的情况显而易见，产生较多事权划分不够清晰、部分事权划分不合理、一些事权执行不规范等问题。央地间财政事权和支出责任错配的原因主要有以下四个方面。

一、"政府"与"市场"边界不清，财政事权缺乏规范性约束

根据公共产品层次性理论，各级政府能够更有效率、更加公平合理地提供公共产品和服务。在我国实践操作中，政府部门大包大揽地将自己的调控范围扩展到经济社会的各个方面，而对于一些事关民生的基本公共服务却并没有提供到位。一方面，政府依托自身行政威权，强势干预原本应交由市场负责的事务，无法发挥市场的"决定性"作用，阻碍了竞争机制的自由运行，使得资源浪费，效率低下，这就是指政府的"越位"。另一方面，在医疗、教育、社保以及科学技术等方面，这些事务事关人民最基本的权益，理应由政府承担最主要的责任，但由于其费时耗力，效率低下，政府未能投入足够的资源去进行管理，以至于体制不够完善，基础设施不够健全，不能有效地解决人民生活中的困难，这就是指政府的"缺位"。政府的"越位"与"缺位"，即未能清楚划分"政府"与"市场"的边界，未能明确分工，政府与市场职能未能清晰定位，从而财政事权和支出责任的划分从源头起便无法有效的划分。现阶段政府包揽了许多不属于其的事权，其实市场亦能有效地提供部分公共产品，国家发布的相关文件中也指出应让市场承担相应的事务。政府间财政事权合理划分的前提是需要明确"政府"与"市场"的边界，确定其相应职责，充分发挥市场的决定性作用，从而提高公共产品的供给效率。

我国现行财政事权的划分主要由中央政府来决定，中央政府依据其政治地位通过发布文件等方式来确定各级政府间的财政事权，不能够真正行之有效、公平合理确定各级政府之间的财政事权和支出责任。我国政府间财政事权和支出责任划分缺少必要的法律规范性文件，存在着一定的主观性与偶然性，从而政府间的谈判成本与博弈机会也会相应增加。"政府"与"市场"之间的边界不明确，两者不能合理清晰分工。

二、政府间财政事权划分不清晰

目前政府间财政事权没有明确的划分，各级政府间的一些财政事权互相重叠、部分财政事权互相推诿、某些财政事权层层下移。政府间财政事权划分不清晰的特征主要有三个。第一个特征是政府职责同构。地方政府承担的事权同中央政府大致相同，可以说是中央政府的翻版，每一级政府主管的事务相似度极高，没有明确的辨识度，这样会导致同一事务各级政府共同管理，容易造成责任不清、相互竞争、互相推诿以及所涉事务无处问责的问题，使得政府管理处于低效，难以达到预期的目标。第二个特征是政府间的财政事权划分不稳定。对于一项财政事权的认定有极大的偶然性与主观性，这不利于有效的管理。尤其是上级政府依托其行政权力，根据自身需求适时调整，缺乏一个明确的规定与标准。低一级政府的话语权相对较弱，高一级政府的决定权过大，映射到中央与地方关系上，即中央政府拥有绝对的决定权，而地方政府只能被动承受。这样财政事权划分的不稳定情况，不利于政府的有效管理以及政策目标的实现。第三个特征是财政事权重心下沉。上级政府依托其自身权威，不断将事权层层下放，给低一级的政府带来了巨大的财政压力，而低一级的政府没有能力去获取支撑其财政支出的财政收入，只能依靠上级政府的转移支付，这样有悖于转移支付的初衷，不利于转移支付项目的合理划分与运用，难以有效调节各级政府的财政状况。

三、政府间财政事权与支出责任不适应

现行政府间财政事权与支出责任的划分缺乏一个科学合理的体系保证其划分的准确性与实用性。财政事权划分出现了混乱矛盾的状况，从而导致支出责任相应地陷入一种举步维艰的困境当中。由于事权是前提，支出责任根据事权的变化而变化，财政事权划分的不稳定性造成了相应的支出责任分工的不稳定。就目前来看，地方政府承担了过多的财政事权，同时其涵盖财政事务的范围与中央政府结构大致相同，可是地方政府都在为这些事务买单，承担了很多不属于它的支出责任。政府间的财政事权与支出责任两者之间互不适应，主要体现在两个方面。一是属于中央的事权却由地方政府承担支出责任，而且随着事权的层层下放，越是低一级的政府，承担的财政事权越多，其承担的支出责任就越多。二是属于地方政府的事权，却由中央政府来承担支出责任。由于转移支付制度的不完善性，中央政府通过转移支付承担了地方政府的部分支出，尤其是专项补助的部分，数目庞大且不可挪用，实则是一种低效率的调控方式。现行财政事权与支出责任的不适应引发了各级政府之间财政事权与支出责任划分的混乱状

况，不利于政府有效地提供公共产品和服务。

四、政府间财权财力与转移支付制度不完善

伴随着财政事权层层下放的情形，财权却不断地被上收，中央政府的财权财力不断提升。纵观近年来财政收支情况，中央政府占据了约50%的全国财政收入，但在不考虑转移支付的情况下其财政支出仅占全国份额的17%左右；即便考虑了转移支付因素后，央地政府间财政支出的划分依然在四六左右。央地政府间的财政收入与财政支出呈现出不匹配的状况，地方政府的财政收入主要是依靠央地间的共享税。现行财政体制没有能够理顺中央与地方的收入关系，地方政府增加财政收入途径欠缺，无法支撑其庞大的财政支出压力以及层层传递下来的财政事权，地方政府很大一部分的可支配资金来源于中央政府的转移支付。转移支付是解决地方政府财政压力过大的主要方式，但其制度运行存在一些缺陷。专项转移支付与一般性转移支付作为其两种分类，其分配比例不够合理。专项转移支付因其特殊的性质，专项专用、不可挪用，专项名目繁多，资金分散，却又涉及范围极广，且财政资金偏向部门化分配，中央对专项转移支付的监督与管理的难度较大。一般性转移支付可以增强地方政府的自主性，但这一部分的规模还有待扩大，才能让地方政府把钱花在其需要承担的地方。在这样的情况下，尽管中央政府替地方政府承担了部分财政事权和支出责任，但这并不是合理有效的承担与调节，很难从根本上解决央地间财政事权和支出责任的问题与矛盾。

第四章

政府间财政事权和支出责任划分实践比较：四个典型国内城市

第四章 政府间财政事权和支出责任划分实践比较：四个典型国内城市

政府间财政事权和支出责任划分除了关注央地间外，还需延伸到地方政府层面。各级地方政府对接央地间财政事权和支出责任划分改革政策，都在针对性地制定符合区域特色的改革方案及进行改革实践。通过分析地方政府的财政事权和支出责任划分改革策略及效果，可为此类改革调整提供评判依据。

北京、天津、广州和深圳的城市影响力、经济社会发展水平、财政综合实力等接近，本章选取这四个与上海处于同一档次的国内大都市作为参照，追踪它们的财政事权和支出责任划分改革动态，分析其财政事权和支出责任配置格局，从中归纳出共性与个性问题，以期对上海相关改革提供实践经验支撑。①

第一节 北 京 市 样 本

一、北京市与区财政事权和支出责任划分改革动态追踪

十八届三中全会后，北京市顺应"建立事权和支出责任相适应的制度"的改革要求，针对市与区县事权与支出责任不够清晰、转移支付管理有待创新、专项转移支付资金集成度和统筹性不足、体制划转补助事项与市级支出责任事项存在重叠等问题，提出统筹事权和资金配置、完善财政转移支付制度的改革方向。具体改革路线图见表4-1。

---

① 选取的四个城市的财政转移支付明细数据的编制尚未达到上海市的标准，存在数据缺失或公开申请无法获取。如深圳的市对区转移支付有100多项，没有进行归类；向北京市财政局公开申请的市级转移支付明细数据不能提供。为保持统一的可比性，在数据分析时一律采用名义支出比重与上海市做比较。

表 4-1　北京市与区财政事权和支出责任划分改革动态追踪

时间	改革政策梳理
2014	充分考虑公共事项的受益范围和管理效率，梳理市和区县两级事权和支出责任。研究完善事权和支出责任相适应的财政体制，提高资源配置效率；改革完善转移支付制度 完善一般性转移支付增长机制，将人口、产业、资源等指标纳入转移支付资金分配的考虑因素，发挥转移支付对重要领域的引导支撑作用；完善市对区县专项转移支付管理办法，清理、整合、规范专项转移支付资金，统筹资金用于全市环境整治，突出提升环境质量；加强对区县专项转移支付资金的监督、跟踪和评价，提高资金绩效水平
2015	在教育、农业等领域正式启动市以下事权和支出责任划分试点 建立一般性转移支付动态调整机制，通过"减专项、增一般、调结构"，将一般性转移支付占比提高到70%，将专项转移支付项目压缩至54项，单独编列转移支付预算，将市对区专项转移支付资金纳入预算执行动态监控范围
2016	进一步落实财政事权和支出责任的划分改革，在公共安全领域开展事权和支出责任划分试点 完善转移支付制度体系，制定《关于改革和完善市对区转移支付制度的实施意见》，明确建立一般性转移支付稳定增长机制等22条措施，增强各区资金统筹能力。出台《北京市专项转移支付管理办法》，规范专项转移支付预算编制、审核和分配等管理
2017	以城市副中心为试点，厘清市级、区级事权和支出责任，加快形成合理授权、依法规范、运转高效的财政事权和支出责任划分模式、逐步完善市对区财政管理体制 发挥市对区转移支付资金引导作用；发挥转移支付作用，引导促进各区疏解非首都功能；继续清理整合专项转移支付项目，逐步压缩专项转移支付资金数量和规模；以目标为导向，改革市对区大气污染防治转移支付资金管理，将资金分配与改善空气质量工作成效挂钩，调动各区统筹使用资金的积极性

资料来源：根据北京市2014年至2017年一般公共预算支出决算报告、政府年度工作报告整理汇编。

综上，北京市与区财政事权和支出责任划分改革在整体把握大方向的前提下，采用试点改革的方式，在个别财政事权领域先行先试，后在城市副中心以区域的形式展开试点，同时将完善转移支付制度作为调节市与区支出责任分工的辅助手段。

二、北京市与区财政事权和支出责任配置评估

1. 市与区的总体性支出责任配置

由图4-1可见，2007年至2017年，全市一般公共预算支出中市级平均比重是41.85%，区级平均比重是58.15%，表明市级基本承担起其公共服务支出责任。相对于市级控制约55%的财力而言，市级可以适度上收部分公共服务支出责任，或下沉部分财力到区级。

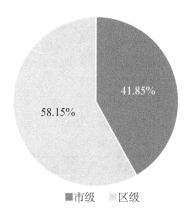

图4-1　2007年至2017年北京市与区的总支出平均比重

（资料来源：根据2008年至2018年北京市、市本级的一般公共预算支出预算表的数据整理）

2. 市与区的结构性支出责任配置

表 4-2 显示 2007 年至 2017 年间,市与区在三类财政事权的支出中,维持性支出方面市级平均承担了 40.70%,区级平均承担了 59.30%;社会性支出方面市级平均承担了 44.17%,区级平均承担了 55.83%,经济性支出方面市级平均承担了 52.55%,区级平均承担了 47.45%。除经济性事权以市级承担为主,维持性和社会性事权均由区级承担更多的支出责任。北京作为政治中心,市级政府在维持性支出上的投入力度显然不够,市级政府在治安、国防、外交、行政事务上的管理能力要强于区级政府。市级在经济性事权中的投入偏重,而本应承担最多支出责任的社会性事权相对不足。

表 4-2　2007 年至 2017 年市与区三类财政事权支出的平均比重

类别	支出比重(%)	
	市级	区级
维持性支出	40.70	59.30
社会性支出	44.17	55.83
经济性支出	52.55	47.45

资料来源:根据 2008 年至 2018 年北京市、市本级的一般公共预算支出预算表,市对区一般公共预算转移支付预算表的数据整理。

3. 市与区的功能性支出责任配置

表 4-3 显示 2007 年至 2017 年间,北京在重点财政事权上支出责任划分情况。

第四章 政府间财政事权和支出责任划分实践比较：四个典型国内城市

表4-3 2007年至2017年市与区的重点财政事权支出的平均比重

项目	属性	支出比重（%）	
		市级	区级
社会保障	市区共有	30.15	69.85
医疗卫生	市区共有	41.45	58.55
教育	以市为主	45.72	54.28
科学技术	以市为主	81.61	18.39
公共安全	以市为主	46.72	53.28
节能环保	以市为主	59.05	40.95
公共文化	以区为主	67.81	32.19
城乡社区	以区为主	29.12	70.88

资料来源：根据2008年至2018年北京市、市本级的一般公共预算支出预算表，市对区一般公共预算转移支付预算表的数据整理。

社会保障和医疗卫生作为市区共有财政事权，市级分别平均承担了30.15%和41.45%，可见市级所负担的比重偏低，区级的支出责任压力较大。

教育、科学技术、公共安全和节能环保作为以市为主的财政事权，市级在教育和公共安全上分别平均承担了45.72%和46.72%，区级政府的负担过重；市级承担了59.05%的节能环保支出责任，可适度提高；市级在科学技术上平均负担比例高达81.61%，符合北京建设科技创新中心的需要，体现以市为主的格局。

公共文化和城乡社区作为以区为主的财政事权，区级在公共文化和城乡社区事权上分别平均承担了32.19%和70.88%。在公共文化上，市级政府介入过多，应让位于区级负责为主；而在城乡社区上，区级政府担当起了管理城乡社区的主体角色，但仍有上升空间。

综上，在总体性支出责任配置格局上，市级政府的支出责任分担比例基本合理；在结构性支出责任配置格局上，市级过于偏重经济性事权的投入，而在维持性事权与社会性事权的投入有待提升；在功能性支出责任配置格局上，科学技术、城乡社区上的市区支出责任分担比例合理，社会保障、医疗卫生、公共安全的市级分担比重偏低，公共文化中市级的承担比例过大，节能环保中市级可加大投入比重。

第二节 天津市样本

一、天津市与区财政事权和支出责任划分改革动态追踪

天津市 2014 年启动真正意义上的市与区财政事权和支出责任划分改革，具体改革路线图见表 4-4。

表 4-4 天津市与区财政事权和支出责任划分改革动态

时间	改革政策梳理
2014	按照事权与支出责任相适应的原则，推进市级事权下放和资金匹配，启动北辰区城市建设管理体制改革试点，对土地整理、建设养护等事权实行属地管理，按照支出责任匹配相应财力 按 20% 比例压缩专项转移支付，相应增加一般性转移支付，由区县统筹安排使用，市有关部门由项目管理转为目标管理

(续表)

时间	改革政策梳理
2015	进一步发挥市级统筹协调和区县属地管理优势,推进市级事权下放和财力下沉,实施北辰区城市建设管理体制改革试点,启动和平区历史文化街区改造提升工程,推动静海子牙园建设融资体制改革,开展土地整理事权下放调研测算 按照"增一般、减专项、提绩效"的思路,清理规范专项转移支付,资金比例由 42.8％压减到 19.4％,将教育文化、城乡低保等经费类、普惠类专项转移支付,转为一般转移支付。同时,完善一般性转移支付增长机制,加大向困难区县和社区、农村等基层组织倾斜力度。此外,将城市建设、住房保障、基础教育、基层卫生、民政事务、就业帮扶等事权下放区县管理,充分发挥属地管理优势;且将下放事权对应的预算资金作为一般性转移支付,由区县统筹安排、自主管理
2016	将区县法院、检察院事权上划市级,运行经费由市财政统一保障
2017	加快推进市区两级财政事权与支出责任划分改革,实行市级事权下放和财力下沉,通过有效授权合理确定区级财政事权,提高公共产品和公共服务质效 进一步清理整合专项转移支付,完善一般性转移支付机制,建立转移支付与人口迁移挂钩的机制,加大向生态功能区、财力困难区、社区和农村倾斜力度。正式出台《关于推进财政事权与支出责任划分的改革方案》,见图 4-2

资料来源:根据天津市 2014 年至 2017 年一般公共预算支出决算报告、政府年度工作报告整理汇编。

综上,天津在市与区财政事权和支出责任的划分改革上强调对区县职能的调动,在保障市级政府统筹协调的基础上,最大限度发挥区县的属地管理优势,辅之转移支付机制的完善,以为区级政府提供充足的财力支撑。天津市已正式出台了具体的改革方案,为接下来的改革走向提供了指南。

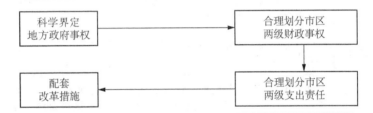

科学界定地方政府事权
1. 法律明确的地方政府事权
2. 中央委托地方政府行使的财政事权
3. 中央与地方政府共同的财政事权
4. 按照市场经济体制要求调整的财政事权

合理划分市区两级财政事权
1. 明确市级财政事权 适度强化市级财政事权，将法院检察院、跨区域重大疾病防治、高等教育、基础科学研究、环保监察等基本公共服务列入或集中到市级
2. 明确区级财政事权 将基本医疗服务、社会救助、农村道路建设等地域信息性强、外部性较弱、直接面向基层、与当地居民密切相关、由区人民政府提供更方便有效的基本公共服务确定为区级财政事权
3. 将社会治安、义务教育、高中教育、职业教育、公立医院、重大公共卫生专项、公共文化、就业、优抚安置、水利工程、粮食安全、市政基础设施和公用事业等具有地域管理信息优势但对其他区域影响较大的公共产品和服务确定为市与区共同财政事权
4. 动态调整市区两级财政事权划分 根据中央各领域改革进程及财政事权划分结果，结合该市实际，动态调整市区两级财政事权

合理划分市区两级支出责任
1. 明确市级支出责任 属于市级的财政事权，由市财政安排经费，不得要求各区安排配套资金 市级财政事权委托区级行使的，通过市级专项转移支付安排相应经费
2. 明确区级支出责任 属于区级的财政事权，原则上由区级通过自有财力安排，市级一般不安排补助 区级财政事权如委托市级行使，区政府应负担相应经费
3. 合理划分市与区共同支出责任 根据基本公共服务的属性，对体现国民待遇和公民权利、涉及全市统一市场和要素自由流动的财政事权研究制定全市统一标准，并由市区按比例承担支出责任；对受益范围较广、信息相对复杂的财政事权，根据财政事权外溢程度，由市区两级按比例或市级给予适当补助方式承担支出责任；对市级和各区有各自机构承担相应职责的财政事权由市区两级各自承担相应支出责任
4. 动态调整市区两级支出责任 按市区两级财政事权动态调整结果，在保持现有市区两级财力格局总体稳定的基础上，以事权动态调整带动财力重新配置，及时调整市区两级支出责任

配套改革措施
1. 推进政府部门职责调整（一项财政事权归一个部门牵头负责）
2. 推进财政体制改革 适时调整市对区财政收入划分，进一步完善转移支付制度
3. 推进财政投入方式改革（吸引社会资本进入）
4. 推进相关领域（教育、社保、医疗）改革

图 4-2 天津市与区财政事权和支出责任划分改革方案

二、天津市与区财政事权和支出责任配置评估

1. 市与区的总体性支出责任配置

由图 4-3 可见,2007 年至 2017 年间,全市一般公共预算支出中市级的平均比重是 42.12%,区级的平均比重是 57.88%,市级基本负担起公共服务支出责任。但相对于市级仅控制约 38% 的财力而言,市级政府的支出责任略显过重。天津形成这样的财力与事权分配格局主要是由于在市与区的财政关系中,大部分财力与事权责任都下沉到区级承担。今后市级可适度上收部分核心公共服务支出责任,由市级层面来统筹,并相应提升市级的财力平衡能力。

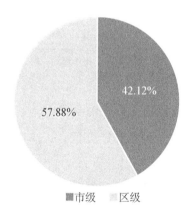

图 4-3 2007 年至 2017 年天津市与区的总支出平均比重

(资料来源:根据2008 年至 2018 年天津市、市本级的一般公共预算支出预算表的数据整理)

2. 市与区的结构性支出责任配置

表 4-5 显示 2007 年至 2017 年,天津市与区在三类财政事权

的支出中，维持性支出上市级平均承担了 42.96%，区级平均承担了 57.04%；社会性支出上市级平均承担了 40.63%，区级平均承担了 59.37%；经济性支出上市级平均承担了 48.46%，区级平均承担了 51.54%。三类财政事权均为区级的平均负担比例大于市级，这主要源于天津将大部分事权交给区级来负责，市级财政投入力度应适度加大。市级政府在三类财政事权中本应最重视社会性事权，其支持力度反而最小。

表 4-5 2007 年至 2017 年市与区三类财政事权支出的平均比重

类别	支出比重（%）	
	市级	区级
维持性支出	42.96	57.04
社会性支出	40.63	59.37
经济性支出	48.46	51.54

资料来源：根据 2008 年至 2018 年天津市、市本级的一般公共预算支出预算表，市对区一般公共预算转移支付预算表的数据整理。

3. 市与区的功能性支出责任配置

表 4-6 显示 2007 年至 2017 年间，天津市在重点财政事权上支出责任的划分情况。

社会保障和医疗卫生作为市区共有财政事权，市级的平均承担比例分别为 69.02% 与 38.27%，可见市级负责了大部分的社会保障事务，而在医疗卫生上的投入过低。

教育、科学技术、公共安全和节能环保适合以市为主的财政事权。市级在教育支出上的平均分担比例为 32.47%，公共安全上的平均分担比例为 48.25%，这两项事权的投入比重明显偏低，

表 4-6 2007 年至 2017 年市与区的重点财政事权支出的平均比重

项目	属性	支出比重（%）	
		市级	区级
社会保障	市区共有	69.02	30.98
医疗卫生	市区共有	38.27	61.73
教育	以市为主	32.47	67.53
科学技术	以市为主	56.24	43.76
公共安全	以市为主	48.25	51.75
节能环保	以市为主	70.29	29.71
公共文化	以区为主	60.50	39.50
城乡社区	以区为主	30.09	69.91

资料来源：根据 2008 年至 2018 年天津市、市本级的一般公共预算支出预算表，市对区一般公共预算转移支付预算表的数据整理。

导致区级的支出责任过重。市级在科学技术上的平均承担比重达到 56.24%，还可适度增加投入。市级在节能环保上平均分担了 70.29%，有效地承担起支出责任。

公共文化和城乡社区适合以区级为主的财政事权。区级在公共文化和城乡社区事权上分别平均承担了 39.50% 和 69.91%。在公共文化上，市级政府介入过多，而城乡社区事务可适度下移交由区级负责，加强区级政府在城乡社区事权上的主体责任。

综上，在总体性支出责任配置格局上，市级基于其可控的财力而言，相应的支出责任略显偏重；在结构性支出责任配置格局上，市级在三类财政事权上更偏重经济性事权投入，而社会性事权支出占比偏低；在功能性支出责任配置格局上，社会保障、节能环保和城乡社区的市区支出责任分工合理，医疗卫生、教育的市级投入应大幅提升，公共安全、科学技术的市级比重有待提升，公共文化的市级投入可减少。

第三节 广州市样本

一、广州市与区财政事权和支出责任划分改革动态追踪

十八届三中全会后，广州市财政体制改革做到启动早、起步快、抓得实，财政改革初见成效。早在2013年末就将"建立事权和支出责任相适应的制度"列入2014年工作计划，具体改革路线图见表4-7。

表4-7 广州市与区财政事权和支出责任划分改革动态

时间	改革政策梳理
2014	推进事权与支出责任相适应改革，制定《关于建立事权与支出责任相适应制度改革工作方案》，开展了调整市区配套项目摸查。印发《广州市市级财政专项资金管理办法》《广州市市对区财政转移支付管理办法》，进一步规范了市财政专项资金和转移支付资金的设立、分配、使用和监督 制定了关于开展建立事权与支出责任相适应制度的专题调研计划，深入12个区（县）开展建立事权与支出责任相适应制度的专题调研活动，了解各区（县）财政、发改、教育、民政、建设等各部门以及各街镇对建立事权与支出责任相适应制度改革的意见

(续表)

时间	改革政策梳理
2015	印发实施《广州市全面深化财政体制改革总体方案》，细化落实了"建立事权和支出责任相适应的制度"，具体改革方案见图4-4 在广泛调研的基础上，提交《关于推进市区两级政府事权与支出责任相适应改革的报告》；完善现行财政体制，对区属地一般共享收入增长幅度超过全市平均水平的，超出部分奖励标准从市本级分成收入的30%提高至50%，体现强区激励；梳理现有市、区配套项目，力争在目前中央、省分担比例不变的情况下，按照市、区两级支出规模大体不变的原则，压减清理市、区配套项目
2016	走访倾听11个区*的改革诉求的基础上，借鉴北京、天津、深圳等国内主要城市做法，结合中央、省财政事权与支出责任划分改革部署，评估和测算营改增改革和增值税收入分成体制调整对区级财政影响，加大对常住人口较多、财政负担较重区的倾斜，调动市、区发展的积极性
2017	按照"成熟一个、理顺一个"的原则，分年度、分领域逐步推进财政事权和支出责任划分改革，逐步减少并规范市、区共同财政事权。完善市对区财政管理体制，制定实施新一轮市对区财政管理体制方案；继续完善强区激励体制，合理调整激励性转移支付政策；推进"压专项、扩一般"改革，加大市级一般性转移支付力度

资料来源：根据广州市2014年至2017年一般公共预算支出决算报告、政府年度工作报告整理汇编。
注：*2015年5月29日，增城正式撤市设区，并入广州；8月12日，从化正式撤市设区；2015年9月1日，黄埔与萝岗两区正式合并，新黄埔区正式挂牌。广州十一区正式形成。

综上，广州在市与区财政事权和支出责任的划分改革上，采取走访各区，倾听诉求的策略，在充分调研的基础上较早形成了具体的改革方案（见图4-4）。方案以服务于"富区强基"为目标，明确提出如市/区两级政府事权清单和支出责任划分清单等操作性方略。

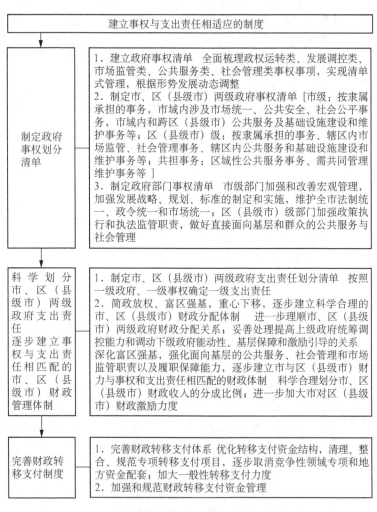

图 4-4　广州市与区财政事权和支出责任划分的改革方案

二、广州市与区财政事权和支出责任配置评估

1. 市与区的总体性支出责任配置

由图 4-5 可见,2007 年至 2017 年间,全市一般公共预算支出中,市级平均比重是 41.40%,区级平均比重是 58.60%,市级基本承担起其公共服务支出责任。而就市级掌握约 46% 的财力而言,市级可适度提升支出比重。

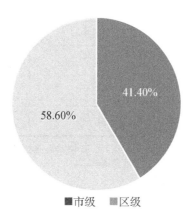

图 4-5　2007 年至 2017 年市与区的总支出平均比重

(资料来源:根据 2008 年至 2018 年广州市、市本级的一般
公共预算支出预算表的数据整理)

2. 市与区的结构性支出责任配置

表 4-8 显示 2007 年至 2017 年,市与区在三类财政事权的支出中,维持性支出上市级平均承担了 33.79%,区级平均承担了 66.20%;社会性支出上市级平均承担了 39.19%,区级平均承

担了 60.71%；经济性支出上市级平均承担了 54.98%，区级平均承担了 45.02%。维持性事权和社会性事权均表现为以"区"为主的低重心趋向，虽然市级分担了超过三分之一的支出责任，但其支持力度仍显不足。经济性事权表现为由市级承担为主，且其平均负担比例分别超出维持性支出的 21.19%、社会性支出的 15.79%。可见，市级政府相对更注重把控经济性事权，而对最应该由市级统筹的社会性事权的投入偏低。

表 4-8　2007 年至 2017 年市与区三类财政事权支出的平均比重

类别	支出比重（%）	
	市级	区级
维持性支出	33.79	66.20
社会性支出	39.19	60.71
经济性支出	54.98	45.02

资料来源：根据 2008 年至 2018 年广州市、市本级的一般公共预算支出预算表，市对区一般公共预算转移支付预算表的数据整理。

3. 市与区的功能性支出责任配置

表 4-9 显示 2007 年至 2017 年，广州在重点财政事权上支出责任的划分情况。

社会保障、医疗卫生原则上均宜作为市区共有财政事权，市级分别平均承担比例为 45.15% 和 42.53%，稍低于区级政府，市级政府承担有所不足，但这样的配置格局距离理论预期也算不上存在过大偏差。

表 4-9　2007 年至 2017 年市与区的重点财政事权支出的平均比重

项目	属性	支出比重（％）	
		市级	区级
社会保障	市区共有	45.15	54.85
医疗卫生	市区共有	42.53	57.47
教育	以市为主	22.94	77.06
科学技术	市区共有	28.07	71.93
公共安全	以市为主	35.13	64.87
节能环保	以市为主	48.06	51.94
公共文化	以区为主	63.89	36.11
城乡社区	以区为主	43.30	56.70

资料来源：根据 2008 年至 2017 年广州市、市本级的一般公共预算支出预算表，市对区一般公共预算转移支付预算表的数据整理。

教育、科学技术、公共安全和节能环保原则上应当由市级承担为主。市级在这四项财政事权上分别平均承担了 22.94％、28.07％、35.13％、48.06％，可见这些应由市主导的财政事权反而大部分落在区级头上负责。教育、科学技术事权中市级承担比例不足三分之一，区级的支出压力较大；公共安全和节能环保中的市级分担格局也不比前两项乐观多少，市级将本应自己主导的财政事权和支出责任过度推诿给区级政府。

公共文化和城乡社区原则上应以区级承担为主导。区级在公共文化和城乡社区上分别平均承担了 36.11％ 和 56.70％。区级政府在公共文化上的投入明显不足，在城乡社区事务上的主体责任还需进一步加强。

综上，在总体性支出责任配置格局上，市级基于其持有的财力而言，基本承担其应有的支出责任；在结构性支出责任配置格局上，市级在三类财政事权中更偏重经济性事权，而对社会性、维持性事权的投入偏低；在功能性支出责任配置格局上，多数重点财政事权上的市与区支出责任分工表现欠佳，与理论预期偏差较大，亟待进行支出责任划分调整。

第四节 深圳市样本

一、深圳市与区财政事权和支出责任划分改革动态追踪

深圳自2014年起全面贯彻落实十八届三中全会深化财税体制改革的决策部署，主动谋划，大胆创新，具体改革路线图见表4-10。

表4-10 深圳市与区财政事权和支出责任划分改革动态

时间	改革政策梳理
2014	制定了《深圳市深化财税体制改革率先建立现代财政制度的实施方案》等"1+3"文件，着力推动建立现代财政制度
2015	进一步明晰市区两级事权和支出责任，研究建立事权与支出责任相适应的第五轮市区财政体制
2016	深入做好中央财税体制改革影响分析、市区财力测算、事权和支出责任研究，着力构建市区事权与支出责任相匹配的体制机制 按照简政放权、放管结合、优化服务的要求，积极配合做好强区方案设计工作，对强区放权拟下放的事权（政府投资、规划国土管理、城市管理、水务、交通运输、社会管理等），认真分析测算"十三五"期间的支出和保障需求 拟定第五轮市区财政体制改革方案，切实增强区级政府治理能力和财政保障能力，强化落实区级预算主体责任，充分调动市区两级积极性

(续表)

时间	改革政策梳理
2017	结合强区放权下放的公共服务事权和行政资源，加大财力下放力度，提升区级财政保障能力和公共服务供给能力，促进基本公共服务均等化和特区一体化

资料来源：根据深圳市2014年至2017年一般公共预算支出决算报告、政府年度工作报告整理汇编。

综上，深圳在财政事权和支出责任的划分改革上侧重"强区放权"，通过事权、财权的下放，体制机制的理顺，充分给予了基层自主权和发展动力。

二、深圳市与区财政事权和支出责任配置评估

1. 市与区的总体性支出责任配置

由图4-6可见，2007年至2017年间，在全市一般公共预算支出中市级平均比重是59.13%，区级平均比重是40.87%，市级有效地承担了其支出责任。考虑到市级控制了约63%的财力，其满足自身支出责任的压力不大，但平衡各区间公共服务支出水平的能力相对不足。

2. 市与区的结构性支出责任配置

表4-11显示2007年至2017年，市与区在三类财政事权的支出中，维持性支出上市级平均承担了41.07%，区级平均承担了58.93%；社会性支出上市级平均承担了51.78%，区级平均承担了48.22%；经济性支出上市级平均承担了82.53%，区级平均承担了17.47%。除维持性事权表现为一定程度以区为主，

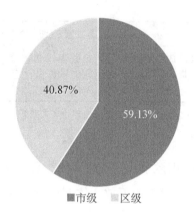

图 4-6　2007 年至 2017 年市与区的总支出平均比重

（资料来源：根据 2008 年至 2018 年深圳市、市本级的一般公共预算支出预算表的数据整理）

表 4-11　2007 年至 2017 年市与区三类财政事权支出的平均比重

类别	支出比重（%）	
	市级	区级
维持性支出	41.07	58.93
社会性支出	51.78	48.22
经济性支出	82.53	17.47

资料来源：根据 2008 年至 2018 年深圳市、市本级的一般公共预算支出预算表，市对区一般公共预算转移支付预算表的数据整理。

社会性和经济性事权均以市级政府承担为主，而且维持性事权中 41.07％的承担比例也不低。观察市级政府在三类财政事权上的分担比重差距，发现市级几乎独揽了经济性事权，其承担比例超出维持性事权的 41.46％、社会性事权的 30.75％，这样显著的差距反映出市级更关注经济投资,应降低经济性支出,而相应加大对维持性事权与社会性事权的投入。

3. 市与区的功能性支出责任配置

表 4-12 显示 2007 年至 2017 年,深圳在重点财政事权上支出责任的划分情况。

表 4-12　2007 年至 2017 年市与区的重点财政事权支出的平均比重

项目	属性	支出比重(%)	
		市级	区级
社会保障	市区共有	41.62	58.38
医疗卫生	市区共有	43.22	56.78
教育	以市为主	42.42	57.58
科学技术	以市为主	78.47	21.53
公共安全	以市为主	36.39	63.61
节能环保	以市为主	77.13	63.61
公共文化	以区为主	54.21	45.79
城乡社区	以区为主	39.87	60.13

资料来源:根据 2008 年至 2017 年深圳市、市本级的一般公共预算支出预算表,市对区一般公共预算转移支付预算表的数据整理。

社会保障和医疗卫生原则上均宜作为市区共有财政事权,市级的平均承担比例分别为 41.62% 和 43.22%,稍低于区级政府,市级政府负担程度略显不足。

教育、科学技术、公共安全和节能环保原则上属于以市级承担为主的财政事权。市级政府在这四项财政事权上分别平均承担了 42.42%、78.47%、36.39%、77.13%,可见这些应由市级主导的财政事权中,市级仅在科学技术、节能环保上承担了比较适合的支出责任,而其他两项财政事权均下沉,以区级承担为主。

公共文化和城乡社区原则上归属于以区级为主的财政事权。区级在公共文化和城乡社区上分别平均承担了 45.79% 和 60.13%。在公共文化中市级介入过多,而城乡社区中以区为主的格局较明晰,应更好地发挥区级政府管理城乡社区的天然优势。

综上,在总体性支出责任配置格局上,市级有效地负担起其支出责任;在结构性支出责任配置格局上,市级过于偏重经济性事权,可适度提升维持性、社会性事权的投入;在功能性支出责任配置格局上,节能环保、科学技术的市区支出责任分工较为合理,其他重点财政事权的支出责任划分需要进一步优化。

第五节 国内大都市改革对上海的启示

一、国内大都市的财政事权和支出责任划分改革方案借鉴

通过追踪国内四个大都市的改革动态,可见这些城市按中央的部署各自推行着改革举措,各有特色,也存在共性,如表 4-13 所示。

表 4-13　国内四市的改革动态梳理

项目	改革要点	共性	是否有具体的改革方案
北京	推行试点（个别事权领域/城市副中心）	北京、天津、深圳（减专项，增一般）天津、广州、深圳（充分发挥区级职能）	否
天津	市级统筹协调，区县属地管理		是
广州	富区强基（事权和支出责任清单）		是
深圳	强区放权		否

梳理四个城市的改革动态，可供上海借鉴之处有以下三点。

第一，上海在市与区在财政事权和支出责任划分的改革进程中，可借鉴北京在城市副中心开展试点的方式。

第二，针对天津和广州出台的改革方案，对比上海出台的《上海市人民政府关于推进市与区财政事权和支出责任划分改革的指导意见》改革方案，吸收适应上海实际情况的部分。特别是广州提出制定事权和支出责任划分清单具备较大的现实价值，上海应在借鉴广州的做法基础上形成更优化的方案，制定出较为详细的划分清单。

第三，北京、天津、深圳一直在强调转移支付机制的完善，转移支付作为优化市区支出责任分工的辅助工具，重要性不言而喻。上海一直对转移支付的改革较为重视，以后应继续如北京、天津、深圳一样，沿着"减专项，增一般"的方向来优化转移支付结构。

二、国内大都市的财政事权和支出责任配置格局启示

总体上看，北京、天津、广州的支出责任均主要由区级政府

来承担，市级政府的分担力度相对不足。在四个样本中，深圳市与区的总体性支出责任分工格局表现不错，上海可通过改革向其靠拢。

结构上看，维持性支出上，北京、天津、广州和深圳的支出责任主要由区级政府承担；社会性支出上，北京、天津、广州的区级政府分担更多的支出责任，深圳的支出责任主要由市级政府承担；经济性支出上，天津的支出责任主要由区级政府承担，北京、广州和深圳则主要依赖市级政府来分担。单独观察四个城市的市级政府在三类支出中的分担比例，均表现出市级与区级分工中市级更偏重经济性事权，特别是深圳的表现最为明显，背离了市级政府对三类财政事权的分担应更偏重社会性事权的原则。上海的市级政府在维持性事权的分担比例上可参考这四个城市的做法，但在社会性事权上的承担比例可借鉴深圳的做法。

功能上看，北京在市区分工上表现较佳的是科学技术和城乡社区，天津在市区分工上表现较佳的是社会保障、节能环保和城乡社区，广州在重点财政事权领域整体表现一般，深圳在市区分工上表现较佳的是科学技术、节能环保。上海可参照北京和深圳的科学技术做法，但在社会保障、节能环保上参照天津。

第五章

上海市与区财政事权和支出责任划分的演变

第五章 上海市与区财政事权和支出责任划分的演变

上海市与区财政事权和支出责任的划分根植于分税制财政体制改革实践，大致可划分为1994年至2003年的分税制初步建立期、2004年至2007年的分税制完善阶段、2008年至2012年的财政体制定位于基本公共服务均衡阶段和2013年至今的现代财政制度构建阶段四个时期。本章拟对这四个历史阶段进行考察，分析各个时期的改革特色，归纳上海市与区财政事权和支出责任的演变轨迹。

第一节 分税制初步建立期：1994年至2003年

1994年实行的分税制初步构建了中央与地方相对明确的财政体制基本框架，其核心是为了有效理顺中央与地方政府之间在事权和财权上的关系，通过划分税权，按照税种将各项税收划分为中央税、地方税和共享税进行管理。

为顺应全国财政体制改革的要求，上海市同年发布了《关于市与区县实行分税制财政管理体制的决定》（简称《决定》），《决定》中对市与区县的事权和财权划分做出规定，如表5-1所示。

《决定》中还规定了区县对市的财政上缴和市对区县的税收返还。区县对市财政上缴基数的确认在核实区县财政收入的基础上，各区县1993年分税制上缴基数按照原财政包干体制计算的1993年上缴基数来确定。市对区县税收返还基数的确定，在核实1993年区县财政收入以及税制改革和各级财政收入划分的基础上，核定以1993年市从区县净上划的收入数额（消费税+增值税 75%＋非银行金融企业所得税）作为基数，超过的部分由中央按照全国增值税和消费税的平均增长率 1∶0.3 的比例返还。中央返还以后，各区县可在市财政按照因素法调节后得到相应的返还。如果反而是 1993 年的基数超出了 1994 年后市从区县净上划的收入，则要相应扣减税收返还基数。

表 5-1　市级与区县级事权和财权划分

事权划分	市级	主要承担产业结构调整，市级大中型城市建设工程，市级行政管理所需经费和市管各项事业的发展经营。具体包括市级基本建设支出、市属国有企业的技术改造和新产品试制费、市级城市维护建设经费、市级工交商事业费、市级财政安排的支农支出、市级公检法支出、市级行政支出、市级科教文卫事业费、市级价格补贴和其他支出
	区县级	主要承担区县级工交商事业费、区县财政安排的支农支出、区县级科教文卫事业费、抚恤和社会福利救济费、区县级公检法支出、区县级行政支出、区县级城市维护建设经费、区县级价格补贴和其他支出。同时，在保证经常性开支的基础上，适当安排区县经济发展必要的建设性支出
财权划分	市级固定收入	城镇土地使用税、耕地占用税、证券交易印花税
	区县固定收入	盐的资源税归县；个人所得税、房产税、车船使用税、屠宰税、农业税以及"三资"企业税收中属于市级收入以外的税收，均为区县级固定收入
	市和区按隶属归属地收入	属于地方的所有税收收入中，地方分享的 25%增值税、营业税、印花税（不包括证券交易印花税）、农业特产税、契税、固定资产投资方向调节税、城市维护建设税、土地增值税、地方企业所得税、地方企业上缴利润、外商投资企业和外国企业所得税等按照企业隶属关系划分为市级收入和区县级收入

1995年5月，上海市委本着简政放权的原则提出"两级政府、三级管理"的新型城市管理模式，区政府要向街道放权，加强街道这个管理层级。2000年4月，上海市人民政府发布《关于进一步完善"两级政府、三级管理"体制的若干意见的通知》，按照"事权、财权下放与政策规范运作相结合，管理重心下移与财力适度下沉相结合，产业定位与政策导向相结合，规划协调与分类指导相结合"的原则，逐步下放权力，理顺条块关系，加强基层政权建设，下移城市管理的重心。

2002年我国实行所得税分享改革，上海市也同步开展，实行所得税收入中央、市、区（县）分级分享改革。市财政安排市级财力，对经济基础相对较差、人均财力相对较低、所得税收入基数相对较少的区（县）予以适当补助。

分税制的实行使得区县财政收入占全市财政收入的比重从分税制前1993年的38.2%提高到2003年的63.03%，市区两级财政收入比例失衡。事实上，市级不仅承担了上缴中央的主要责任，还承担了大部分的包括托底保障和农村税费改革，医疗、养老、失业等基本社会保险和文教科卫等各项社会改革支出，大型基础设施建设以及投融资改革的资本金投入等责任。而市区收入的失调直接导致市级财政的公共服务能力和调控能力被减弱，不利于统筹区域错位发展、打破城乡二元、实现公共服务均等化。

归纳这一阶段，尽管中央是按"事权与财权相匹配"的原则来设计分税制财政体制改革，但当时关注的重点是财力如何在央地间分配，而对支出责任的划分相对粗糙，基本以行政权威来决定各级政府的支出责任归属。在这种情形下，上海财税改革的核心也在于财力如何在市与区县间合理分配,并未拟定市与区县的财政事权的详细划分方案。在"两级政府、三级管理"城市管理模式下,为了调动区县发展区域经济的积极性,区县分享到更多的新增财力。与此同时,市级层面原有的一些支出责任并未进行相应调整,结果导致市级财政出现财力缺口,直接影响到市级政府的财政能力。可见,由于市与区县间的事权分工不明确、不稳定,造成财力分配演变为市与区县间的博弈,事权与财权分配处于失衡状态,使得市级在平衡区域公共服务上作用有限。

第二节 分税制完善阶段:
2004 年至 2007 年

分税制实施以后,市级政府面临收入比例降低和支出负担加重的双重压力。为缓解市级财力不足,理顺市与区县两级财政关系,2004 年上海市政府出台了《关于市与区县财税体制改革的实施意见》,开始分步推进以"税收属地征管、地方税收分享"为目标模式的市与区县财税管理体制改革。在税收征管体制上,将原按企业产权隶属关系划分的市与区县两级税收征管体制,调整为部分企业脱钩产权隶属关系。除了银行、保险、交易所三个行业以及冶金、交通、烟草、高化、石化、通讯、汽车、电力等系统的涉及国计民生的特定行业(企业)由市级集中税收征管外,其他企业全部实行税收属地征管。在财政管理体制上,原市级税收集中征管企业的税收地方收入部分归属市级财政收入,税收属地征管企业的税收地方收入部分,分税种按固定比例由市与区县两级财政分享。其中：增值税、营业税、城建税、企业所得税，市与区县按 40％：60％ 比例分享；个人所得税，市与区县按 30％：70％ 比例分享；契税，市与区县按 15％：85％ 比例分享；耕地占用税、城镇土地使用税全部归属市级财政；房产税、印花税等其他地方税种收入全部归属区县级财政。

2004 年，在浦东新区先行先试，实行"税收属地征管、地方税收分享"的财税管理体制改革目标模式。次年，在浦东新区试点成功的基础上，各区县实行四种形式的"分类指导、差别政策"财税体制改革，即为"11863 计划"，具体内容如表 5-2 所示。

表 5-2 "11863 计划"的具体内容

第一个"1"	对浦东新区实行"税收属地征管、地方税分享、特定大型企业集中征管"的财税管理体制
第二个"1"	对崇明县根据崇明生态建设的要求，实行"税收托管、地方税收全留，公共项目补养、生态专项扶持"的财税体制
"8"	对嘉定、青浦、松江、南汇、奉贤、金山、闵行、宝山八个郊区，根据"工业向园区集中"的要求，实行"税收委托征管、地方税收增量全返、专款专用"的财税体制
"6"	对黄浦、卢湾、徐汇、长宁、静安、虹口六个中心城区，按照中心城区集聚发展现代服务业的政策导向，实行"特定行业税收委托征管、地方税收增量全返"的财税体制
"3"	对闸北、普陀、杨浦三个区，作为中心城区产业结构调整的空间，实行"特定行业税收托管、地方税收增量全返，特定市级企业地方税收全返，专款专用"的财税政策

2006 年，其他的 11 个区县也按照改革目标模式全部实施到位。分三步实施的区县财税管理体制改革有序衔接、不断完善，有效保证了全市财政收入的持续平稳增长，逐步稳定了市级收入

占全市财政收入的比例,增强了市级的调控能力。与此同时,市级集中的收入增量通过体制安排下沉到区县,保障了区县提供辖区内公共服务的财力。

2007年,在2004年至2006年分步推进实施市与区县财税管理体制改革的基础上,上海市结合推行"乡财区(县)管"试点,分步推进区县以下财政管理体制改革,逐步加大市对区县转移支付力度,转移支付结构更趋合理,重点公共支出项目保障标准大幅提高;加大区县级统筹力度,逐步将医疗卫生、义务教育等事关民生的公共服务纳入区县本级统筹范围,努力在辖区内构建均等化公共服务保障体系。①

这一阶段,中央层面的主导思想是通过加大转移支付力度,来缓解基层政府的支出责任压力,仍然是想通过财力的微调来确保地方的事权与财力基本匹配,而忽略了如何理顺政府间的支出责任分工。上海市级政府面临财力不足的困境,采取了"税收属地征管、地方税收分享"的新财税体制,一举使得市级可控财力达到预期水平,提升了市级的公共服务能力。但这段时间改革的重点仍停留在财力调整,对于市级与区县级政府究竟应该履行哪些具体的财政事权及相应的支出责任归属并未引起重视。

第三节 财政体制定位于公共服务均衡阶段:2008年至2012年

2008年起,上海将财政体制改革的目标定位于"促进区县

---

① 部分引自《上海市财政改革与发展"十二五"规划》。

城乡间基本公共服务均等化",重点强调完善转移支付及区县以下财政体制。

一是完善市对区县的转移支付制度。按照"加快形成统一规范的转移支付制度"要求,全面改革市对区县的转移支付制度。在总量上,转移支付总额逐年增长到 2012 年的 335.7 亿元;在结构上,持续增加一般性转移支付的比重,至 2012 年已达到 94.52%。此外,2011 年起,市对区县转移支付类别由之前的一般性、体制性、专项三大类,调整为一般性和专项两大类,同时将一般性转移支付类细化,下设均衡性转移支付和体制性转移支付;在保障领域上,由计划生育、义务教育等七个具体事项,拓展到三农、教育、卫生、文化、社会保障、生态补偿、公共安全、城市维护和社区管理等方面,保障领域进一步扩大,同时聚焦重要民生项目的财力保障,如推进新型农村社会养老保险全覆盖、提高城市和农村居民最低生活保障补助标准、落实万人就业、社区助老、完善教育均衡性转移支付办法、加强对大型居住社区建设的财力保障等;在资金分配上,采取以各区县土地面积、粮食产量、常住人口等客观因素为依据的分配公式,并将转移支付增量资金的分配重点向人口导入区和财力困难区县倾斜,促进城乡一体化发展。

二是继续推进区县以下财税体制改革。第一,调整中心城区街道招商职能。深入拓展"乡财县管",加强激励考核,在 81 个乡镇开展试点,切实规范 81 个试点乡镇的财政管理,缓解其财力上的困难。与此同时,在 69 个中心城区街道稳步推行经费归本级保障的模式,引导街道一级更加重视社会管理,有效地提供公共服务。此外，加强街道对企业跨区迁移的管理，促进企业的有序流动。第二，推动区县经济发展方式的转变。督促区县梳理、整合和规范对企业的财政扶持政策，重点聚焦现代服务业、高新技术企业和先进制造业，有效增强财政资金促进经济发展的调节作用。适度提高区县财政在与制造业和服务业发展密切相关的税种收入上的分享比例，适度降低区县财政在与土地、房产直接相关的税种收入上的分享比例，引导区县根据区域发展功能定位，集约利用土地资源，减少对房地产的依赖。第三，促进市与区县的联动发展。对部分与区县产业发展密切相关的市级集中税收征管企业，实施税收属地征管和税收委托征管的模式，并同步建立部分财力分享机制，进一步调动了区县培育发展优势特色企业产业链、推动区域资源整合和产业集聚、提升区县产业能级的积极性。

　　这一阶段中央层面的改革重心是优化转移支付结构及完善省以下财政体制，以基本公共服务均等化作为财政体制改革的重要目标。上海也顺应这一改革要求，通过完善市对区县的转移支付，来确保各区县具备履行基本公共服务事权的财力。这里仍然寻求财力与事权在整体上基本匹配，对于事权划分中的市级事权、区县级事权、市区共有事权较少关注。虽然市对区县的转移支付提升了区县的公共服务水平，但对于转移支付安排上究竟是市级事权委托区县承担、市区共有事权中市级分担部分，抑或市级弥补区县财力缺口，很难有个明确的界定。在没有弄清市区间财政事权分工的前提下，仅凭市区间财力的调整则无法理顺市区的财政关系，也制约了上海财税体制的深化改革。

第四节 现代财政制度构建阶段：2013年至今

十八届三中全会首次将深化财税体制改革列为我国全面深化改革的重点之一，强调"财政是国家治理的基础和重要支柱"，提出建立现代财政制度。其中，"建立事权和支出责任相适应的制度"作为现代财政制度的三大支柱之一，它构成上海推进市区财政事权和支出责任划分改革的顶层设计。从改革时间线索来看，具体实践做法如下所述。

2014年起，上海选择基础设施、社会保障等重点领域先行先试，推行市与区事权和支出责任划分改革，有效调动区县的积极性。

2015年起，上海进一步优化市与区县基本公共服务的事权和支出责任划分。加大财力向基层倾斜力度；健全区县政府对街道经费支出部门预算管理和全额保障机制，强化落实区县、乡镇在加强基层建设财政保障方面的主体责任；逐步建立市级统筹和区县投入相结合的义务教育投入机制；提高市级财政在郊区重大公共基础设施建设上的支出比例，缓解区级财政的支出压力。

2016年，贯彻国务院《全面推开营改增试点后调整中央与地方增值税收入划分过渡方案》，上海进一步在基数核定、财力分享等方面向区级倾斜；结合推进收入分配改革和完善社会保障体系，进一步深化市区两级政府事权和支出责任划分改革，适度加强市级财政支出责任。

2017年，上海市政府为加快构建权责清晰的财税管理体制，发布了《市政府关于推进市与区财政事权和支出责任划分改革的指导意见》（简称《意见》），可将市区财政事权和支出责任的划分改革大致总结为以下三个要点。

一是推进市与区财政事权划分。首先，明确市级财政事权。坚持"基本公共服务的普惠性、保基本、均等化"方向，加强市级政府在推动区域协调发展、维护全市统一市场以及体现社会公平正义等方面的财政事权。其次，明确区级财政事权。强化区级政府对管辖区域内公共服务、社会管理等方面的财政事权，将地域信息性较强，直接面向基层、量大面广、与当地居民密切相关、由区级政府提供更有效和方便的基本公共服务确定为区级财政事权。最后，合理确定市与区的共同财政事权。按照财政事权的属性和划分原则，逐步规范市与区共同财政事权，并依据基本公共服务的受益范围和影响程度，按照事权构成要素、实施环节，分解细化市级与区级各自应该承担的职责，避免由于职责不清造成交叉重叠和相互推诿。

二是完善市与区支出责任划分。市级财政事权由市级承担支出责任，区级财政事权由区级承担支出责任，市与区共同财政事权则按照不同的实际情况，分别按照要求划分支出责任。

三是健全保障和配套措施。具体体现在推进政府职能转变和职责调整，带动教育、医疗和社会保障等领域改革，推进财政管理体制改革，建立财政事权划分处理争议机制，指导督促区政府切实履行财政事权。

2018年，围绕建立权责清晰的财政体制，上海研究拟定《基本公共服务领域市与区财政事权和支出责任划分改革方案》，聚焦于教育、就业和社会保险、社会服务、卫生、养老、住房保障、文化、体育、残疾人服务、退役军人服务十个领域的基本公共服务，规范和明确市与区财政事权和支出责任划分，促进细分领域的权责相适应。同时，结合财政事权和支出责任划分、财政收入配置等改革进程，进一步完善市对区转移支付制度，建立健全以一般性转移支付为主，专项转移支付为辅的转移支付体系，并参照国家相关举措，在一般性转移支付下设立共同财政事权分类分档转移支付。此外，出台上海环境保护税收入划分改革方案，从体制上引导各区加强环境保护和治理，加强中小河道综合治理、区域环境综合整治、基础设施建设等重大项目的财力保障，以及加大对教育、医疗卫生、社会保障、公共安全、文化体育、三农等民生领域的转移支付力度，促进基本公共服务均等化和城乡协调发展。

2019年，上海出台实施《基本公共服务领域市与区财政事权和支出责任划分改革方案》，进一步明确市与区财政事权和支出责任划分，规范支出责任分担方式，加快形成市/区两级政府各司其职、各负其责、各尽其能、运转高效的财政体制。结合财政事权和支出责任划分改革，进一步完善市对区转移支付制度，整合规范专项转移支付，优化完善一般性转移支付，加大对重点领域和区域的聚焦支持力度，着力从财政体制上引导和支持各区充分发挥比较优势，实现区域协调发展。鼓励和支持各区结合实际先行先试区以下财政体制改革，努力为全市改革提供可供复制推广的经验借鉴。深化推进税制改革创新，加快构建税收法定、税负公平、调节有度的税收制度体系，主要涉及三个方面：一是按照国家统一部署，深化对国际最高开放标准、先行先试的研究，加快构建与上海自由贸易港"境内关外"功能定位相适应的税制安排；二是密切跟踪国家重大税制改革立法进程，深化对增值税、消费税、企业所得税、个人所得税和房地产税等重点税制改革的专题调研；三是结合加快健全地方税体系，统筹推进非税收入改革，切实理顺税费关系，为全面落实"减税降费"政策创造更加有利的体制条件。

这一阶段，中央提出"建立事权与支出责任相适应的制度"是构建现代财政制度的重要支柱，特别是2016年《关于推进中央与地方财政事权和支出责任划分改革的指导意见》和2018年《基本公共服务领域中央与地方共同财政事权和支出责任划分改革方案》这两份文件，从顶层设计的角度明确表示，政府间财政事权与支出责任划分是现代财政制度有效运作的基础，也是后续政府间财权配置和转移支付安排的设计依据。此外，中央开始强调深化税制改革、建立健全地方税体系等财权配置议题。中央的改革进程为上海深化财税体制改革指明了方向，上海市也为此做出了相应的战略安排：2017年至2018年，上海承接国家安排的国防、国家安全、外交、公共安全等领域的央地间财政事权和支出责任划分改革任务，同步调整上述范畴市与区财政事权和支出责任划分，2019年至2020年，按照国家统一部署，上海承接教育、医疗卫生、环境保护、交通运输等领域财政事权和支出责任改革任务，同步调整上述领域市与区财政事权和支出责任划分，并加快其他相关领域的改革进度，力争在2020年前完成对重要领域的布局，基本形成市与区财政事权和支出责任划分框架。同时，结合财政事权和支出责任划分改革，以切实做到市/区财权与事权相匹配为目标，上海针对政府间财权配置和财力分配进行相应的部署，包括推进税制改革创新、完善税收制度体系、加快建立健全地方税体系和进一步优化市对区转移支付制度等。

第五节　四个阶段的总结

分税制虽然按照"事权与财权相匹配"的原则进行制度设计，一定程度上改善了我国政府间财政关系，但实际运行中追求的却是"两个比重"的上升，呈现出财权财力层层集中、事权逐步下移的态势，导致基层政府财政困难与公共服务能力低下。在这一体制背景下，上海市政府基于调动区县积极性的考虑，将财力下沉到区县一级，但由于市级与区县级的事权划分尚不明晰，事权调整未能同步跟进财力的变化，以至于市与区县财政失衡，市级的公共服务能力锐减。

之后在财力与事权相匹配的政策思路引导下，改革的重点是调整政府间财力分配及优化转移支付，以确保各级政府具有提供公共服务的财力，仍然没有注重政府间财政事权合理划分的问题。上海通过"税收属地征管、地方税收分享"的方式来集中部分财力，并以此来提升市级政府公共服务能力及缩小区县间的公共服务差距。在财政体制改革重要目标定位于公共服务均等化的要求下，市级主要围绕转移支付改革来均衡各区县的公共服务水平，财力向经济相对落后的区县倾斜，其实质仍然是延续财力与事权匹配的政策思路。

十八届三中全会提出构建现代财政制度，强调事权与支出责任相适应，是理顺政府间财政关系的一次重大制度创新。财政事权和支出责任划分的顶层设计为上海的相关改革指明了方向，上海也针对市/区财政事权和支出责任划分问题进行深入研究，初步拟定了市/区财政事权和支出责任划分方案。十九大明确提出建立"权责清晰、财力协调、区域均衡"的财政体制，这预示着合理划分各级政府的财政事权和支出责任以及确保政府间财权事权相匹配，成为深化财税体制改革的重点。这既是推进国家治理体系和治理能力现代化的客观需要，也是后续政府间财权配置和转移支付安排的设计依据。

下一步改革的重点和难点是加快制定并出台分领域的市/区财政事权和支出责任划分改革方案，条件成熟一项，推进实施一项，加快构建权责清晰、财力协调、区域均衡的市与区财政事权和支出责任划分框架体系。这些不是财政一家可独立完成的，需要市/区政府和各职能部门的协调配合，牵涉的利益调整幅度大、任务重。在清单明确并落实后，再设计出合理的市与区的财权配置格局，着力保障市/区两级政府的财政自生能力，相应地优化市对区财政转移支付机制，并辅以上海特色地方税体系构建、财权事权法治化建设、预算管理体制改革等其他配套措施，促进形成稳定的市/区两级政府财政事权、支出责任和财力相适应的体制机制，为上海构建健全的现代财政制度奠定坚实基础。

第六章

上海市与区财政事权和支出责任划分效应评估

实施分税制以来，上海侧重于优化市与区的财力分配，未能有效调整财政事权和支出责任，以至于出现诸多事权划分不够清晰、部分事权划分不合理、一些事权执行不规范等问题，给上海经济社会治理带来潜在风险。上海近年也选择在基础设施、社会保障、医疗卫生等重点领域先行先试改革，并逐步拓展到大部分核心财政事权。究竟上海市与区财政事权和支出责任划分效应如何，仍需要检验，它对改革实效评估及未来政策调整方向都有重要指导价值。

本章拟评估上海市与区财政事权和支出责任划分效应。先分析市与区支出责任分工对基本公共服务水平的影响效应；再立足于总体性、结构性及功能性支出责任三个层面来分析市与区财政事权和支出责任的具体划分情况；最后剖析造成市与区财政事权和支出责任划分问题的体制性成因。

第一节　市与区财政事权和支出责任划分效应

一、市与区支出责任分工对基本公共服务水平的影响效应

政府间财政事权和支出责任合理划分是政府有效提供基本公共服务的前提和保障。通过构建面板模型来检验上海市与区的支出责任分工对基本公共服务发展水平的效果，以判断现行市与区总体性和结构性支出责任的划分是否合理，以及结构性支出责任中哪一类支出对促进基本公共服务发展水平的效

果最显著。①

(一) 变量及模型描述

选取 2007 年至 2017 年上海 16 个区的财政数据和经济数据,设定相应的面板模型,相关变量设计如下所述。

1. 被解释变量

被解释变量为基本公共服务发展水平（PSL）,该变量是间接测算得到的指标,具体测算步骤如下。

(1) 基本公共服务发展水平评估指标体系构建

依据政府的职能划分,可将政府提供的公共服务主要分为三类,即维持性服务、社会性服务和经济性服务②。从这三类公共服务来设计公共服务水平评价指标,同时借鉴国内学者的公共服务指标体系成果③,结合上海市的实际情况,受限于数据的可获得性,从指标的可操作性、简明性、独立性原则出发,构建出上海公共服务水平评估指标体系。指标体系包括 1 个一级指标即公共服务水平、9 个二级公共服务指标以及 15 个三级公共服务产出指标（见表 6-1）。

---

① 我国 2007 年进行了全面的政府收支分类科目改革,财政支出项目的名称与统计口径都发生了变化,故选择 2007 年为研究的基期,以 2007 年至 2017 年为时间周期。

② 维持性服务包括一般公共服务、国防、公共安全;社会性服务包括教育、科学技术、文化体育与传媒、社会保障与就业、医疗卫生、节能环保、城乡社区;经济性服务包括农林水、交通运输、资源勘探信息、商业服务业、金融监管、国土资源气象、粮油物资储备、国债还本付息等。

③ 豆建民、刘欣:《中国区域基本公共服务水平的收敛性及其影响因素分析》,《财经研究》2011 年第 10 期, 第 37—47 页;俞可平:《关于国家治理评估的若干思考》,《华中科技大学学报》2014 年第 3 期, 第 1—2 页。

表 6-1　上海公共服务水平评估指标体系

一级指标	二级指标归类	二级指标	三级指标	三级指标属性
公共服务水平	社会性服务	医疗卫生	每千人卫生机构床位数	正向
			每千人卫生技术人员数	正向
		基础教育	普通小学生师比	负向
			中学生师比	负向
		公共文化	人均公共图书馆藏量	正向
			人均年观影次数	正向
		社会保障	失业率	负向
			人均社会救助支出	正向
		科学技术	每千人专利申请量	正向
		城乡社区	人均生活垃圾日处理量	负向
			每万人社区机构数	正向
			人均城区建设支出	正向
		环境保护	人均公共绿地面积	正向
	维持性服务	公共安全	每万人生产安全事故伤亡率	负向
	经济性服务	经济成果	地区人均生产总值	正向

社会性服务指标具体来看，医疗卫生服务对于提高市民的身体健康状况至关重要，该指标以每千人卫生机构床位数、每千人卫生技术人员数来反映；基础教育服务可提高市民的文化素质，该指标选取普通小学生师比和中学生师比来衡量；公共文化服务可满足市民的精神需求，该指标主要观察人均公共图书馆藏量和人均年观影次数；社会保障服务有助于促进社会公平和稳定，该指标由失业率和人均社会救助支出两个指标来反映；科学技术服

务可提高市民生活质量，该指标主要表现为每千人专利申请量；城乡社区服务对提高市民的日常生活质量有重要作用，该指标以人均生活垃圾及日处理量、每万人社区机构数及人均城区建设支出来代表（这里特别对人均生活垃圾日处理量做出说明，该指标反映了社区垃圾分类回收水平，数值越低代表社区垃圾分类减量工作做得越好）；环境保护服务有利于建设生态文明，该指标以人均公共绿地面积为代表。

维持性服务指标受限于可获得的数据，用公共安全一个指标来代表。公共安全服务是市民保持安全感的基本条件，以每万人生产安全事故伤亡率为指标。

经济性服务指标同样受限于可获得的数据，且实际操作中难以像社会性服务和维持性服务一样按照预算科目来设定二级指标。故选择以"经济成果"这一表述从总体上代表经济性服务水平，该指标以地区人均生产总值来反映。

（2）基本公共服务发展水平测算方法

第一步，指标值标准化处理。

不同评价指标有不同的量纲，数量级和经济意义上存在差异，故不能直接比较，需要先进行无量纲化处理，采用极值法对指标值进行标准化。

设 $X_{i,t}$ 为上海市的城区 i 在第 t 年某指标的原始值，$Z_{i,t}$ 为无量纲化后的指标值，$X_{\max}$ 和 $X_{\min}$ 分别为各区在 2007 年至 2017 年单项指标的最大值和最小值，由于下文在给指标赋权重的时候会运用到熵权法，为避免数值在计算过程中的无意义，统一将数值正值化，向右平移 H 个单位。为尽可能减少对结果的影响，

H 取 0.001。

对于正向指标,无量纲化计算公式为:

$$Z_{i,t} = \frac{X_{i,t} - X_{\min}}{X_{\max} - X_{\min}} + 0.001 \tag{6.1}$$

对于负向指标,无量纲化计算公式为:

$$Z_{i,t} = \frac{X_{\max} - X_{i,t}}{X_{\max} - X_{\min}} + 0.001 \tag{6.2}$$

第二步,确定指标值权重。

这里采取两种方法对各指标值赋权重。第一种方法参照豆建民和刘欣提出的以各类基本公共服务支出分别占基本公共服务总支出的比重来作为权重系数。[①] 具体操作上,社会性服务指标按各区政府对社会性服务分类下的各个二级指标的财政投入占总支出的比重来分别计算其权重系数,而维持性服务和经济性服务指标下设的二级指标则分别采取直接以按预算科目归类的维持性服务和经济性服务支出分别占总支出[②]的比重来计算权重的简易办法。此外,各二级指标若对应多个三级指标,各三级指标采用算数平均数确定。该方法下计算的城区 i 在第 t 年某项指标权重以 $W1_{i,t}$ 表示。

鉴于此方法计算出的各项指标值权重一定程度上限于政府的主观偏好,为更客观地计算出各指标的权重,故而选取客观赋权

[①] 豆建民、刘欣:《中国区域基本公共服务水平的收敛性及其影响因素分析》,《财经研究》2011 年第 10 期,第 37—47 页。
[②] 为保证所有指标权重总和为 1,这里提及的总支出中不包含不能归属为这三类支出的其他支出。

法中的熵权法再次计算客观权重。熵权法给指标赋权没有依据评价者的主观经验,而是充分挖掘了指标数据所提供的信息,根据熵值来确定每个指标的权重值,得出的综合评价结果较为客观,克服了主观赋权法受人为因素影响大的问题,因此该方法目前在评价领域应用非常广泛。具体分为以下几步。

第一,在数据正值化的基础上,计算某年份下城区 i 的指标 n 的无量纲值占所有城区的该指标无量纲值总和的比重:

$$P_{ni} = \frac{Z_{ni}}{\sum_{n=1}^{15} Z_{ni}} \quad (i=1,2,\cdots,16) \tag{6.3}$$

第二,计算指标 n 的熵值:

$$e_n = -k * \sum_{n=1}^{15} P_{ni} \log(P_{ni}) \tag{6.4}$$

其中,k 与样本数 i 有关,一般令 $k=\dfrac{1}{\ln i}$,则 $e \geqslant 0$。

第三,计算指标 n 的差异系数:

$$g_n = 1 - e_n \tag{6.5}$$

对于指标 n,指标值 Z_{ni} 的差异越大,对方案评价的作用越大,熵值就越小,则 g_n 越大指标越重要。

第四,求权数,这种方法计算出来的城区 i 在第 t 年某项指标权重以 $W2_{i,t}$ 表示:

$$W2_n = \frac{g_n}{\sum_{n=1}^{15} g_n}, \quad (n=1,2,\cdots,15) \tag{6.6}$$

第五，在由上述两种方法计算出各项指标权重结果的基础上，用线性加权法计算综合权重：

$$W_{i,t} = \alpha W1_{i,t} + (1-\alpha)W2_{i,t} (\alpha \text{ 取 } 0.5) \quad (6.7)$$

第三步，计算公共服务水平数值。

将上海市各区历年的基本公共服务水平记为 $PSL_{i,t}$，则：

$$PSL_{i,t} = \sum_{n=1}^{15} W_{i,t} Z_{i,t} \quad (6.8)$$

(3) 上海各区基本公共服务水平测算结果

表 6-2 显示 2007 年至 2017 年上海各区基本公共服务发展水平。

2. 解释变量

核心解释变量为地方政府总体性支出责任（$FE_{i,t}$），用以刻画上海各区的支出责任安排，具体表现为各区人均财政支出／（各区人均财政支出＋市级人均财政支出）。同时，根据政府提供公共服务的职能结构划分对应的结构性支出责任，包含：维持性支出责任（$WCFE_{i,t}$）、社会性支出责任（$SHFE_{i,t}$）和经济性支出责任（$JJFE_{i,t}$），具体公式为各区人均维持性财政支出／（各区人均维持性财政支出＋市级人均维持性财政支出），社会性支出责任和经济性支出责任公式类似[①]。

---

① 维持性支出＝一般公共服务支出＋国防支出＋公共安全支出；社会性支出＝教育支出＋科学技术支出＋文化体育与传媒支出＋社会保障与就业支出＋医疗卫生支出＋节能环保支出＋城乡社区支出＋住房保障支出；经济性支出＝农林水支出＋交通运输支出＋资源勘探信息等支出＋商业服务业支出＋金融监管支出＋国土资源气象支出＋粮油物资储备支出＋国债还本付息支出。

表 6-2　2007 年至 2017 年上海各区基本公共服务水平

区	年份										
	2007	2008	2009	2010	2011	2012	2013	2014	2015	2016	2017
杨浦	0.27	0.29	0.31	0.34	0.37	0.38	0.39	0.39	0.41	0.41	0.42
徐汇	0.38	0.40	0.43	0.45	0.49	0.51	0.52	0.54	0.58	0.57	0.58
浦东	0.31	0.34	0.34	0.30	0.31	0.32	0.33	0.34	0.35	0.38	0.39
静安	0.39	0.43	0.43	0.44	0.46	0.48	0.51	0.54	0.56	0.63	0.65
黄浦	0.45	0.48	0.47	0.59	0.56	0.57	0.59	0.63	0.67	0.73	0.75
松江	0.32	0.35	0.32	0.29	0.28	0.28	0.30	0.33	0.33	0.41	0.43
普陀	0.30	0.32	0.35	0.34	0.35	0.39	0.41	0.44	0.47	0.44	0.46
长宁	0.40	0.42	0.47	0.45	0.48	0.51	0.54	0.56	0.56	0.59	0.59
虹口	0.29	0.33	0.35	0.37	0.38	0.42	0.39	0.47	0.47	0.47	0.51
宝山	0.24	0.26	0.27	0.26	0.26	0.28	0.28	0.29	0.29	0.30	0.32
闵行	0.27	0.33	0.32	0.31	0.32	0.31	0.32	0.32	0.34	0.36	0.36
嘉定	0.32	0.33	0.35	0.31	0.31	0.31	0.33	0.34	0.38	0.40	0.41
青浦	0.20	0.27	0.30	0.25	0.28	0.29	0.31	0.32	0.33	0.36	0.37
金山	0.30	0.31	0.32	0.31	0.34	0.39	0.39	0.40	0.41	0.44	0.45
崇明	0.21	0.26	0.28	0.29	0.34	0.37	0.38	0.37	0.37	0.38	0.39
奉贤	0.28	0.29	0.30	0.27	0.28	0.25	0.29	0.30	0.32	0.32	0.33

数据来源:2007 年至 2017 年上海各区《统计年鉴》《国民经济与发展统计公报》《财政预算执行报告》,部分数据的缺失通过政府"依申请公开"渠道及指标相关系数计算得到。

同时引入外生控制变量,以增强实证结果的可靠性,包括各区人均生产总值(GDP)、人均第三产业值($TGDP$)和人口规模(PP),用以捕捉地区经济发展水平、第三产业发展水平以及人口增长对地方公共服务提供的影响。同时,为消除异方差问题,对各变量均采用常用对数变换处理。

3. 面板模型选取

通常情况下,面板模型有三种类型:混合模型、固定效应模型和随机效应模型。基于选取的上海 16 个区存在个体差异,因而从实际适用的角度看可排除混合模型。采用 Hausman 检验进一步确定面板数据的处理适用固定效应模型还是随机效应模型,设定原假设"H_0:随机影响模型中个体影响与解释变量不相关"。根据 Hausman 检验结果可知,P 值为 0.000 0,故拒绝原假设,采用固定效应模型,即认为代表个体异质性的截距项 α_{it} 与某个解释变量相关。

综上,设定模型如下:

$$PSL_{it} = \alpha_{it} + \beta FE_{it} + \gamma X_{it} + \varepsilon_{it} \quad (6.9)$$

其中,α_{it} 表示个体异质性的截距项,β_i 表示解释变量的影响系数,X_{it} 表示一组控制变量,ε_{it} 表示随机误差项($i=1,2,\cdots,16$;$t=2007,2008,\cdots,2017$)。

(二) 实证结果

1. 总体性支出责任划分对基本公共服务发展水平的效果

如表 6-3 面板数据结果所示,模型 1 检验了上海 16 个区的地方政府总体性支出责任与基本公共服务发展水平的线性关系,由结果可知,地方政府总体性支出责任(FE)与基本公共服务发展水平（PSL）在 1% 显著性水平下显著正相关，FE 每提升 1 个百分点，PSL 将提高 0.657 9 个百分点。这说明目前上海市与区支出责任分工情况对基本公共服务发展水平具有显著的正向效应，可推断出当前的支出责任划分格局较为积极乐观。这也符合直观的经验，上海市作为国内先进的大都市，经济社会治理上处于领先水平，在财政事权和支出责任的划分上也相对较合理，因而对提升基本公共服务发展水平具有明显的作用。根据控制变量系数可知，提高地方经济发展水平亦能促进公共服务水平，而第三产业发展水平和人口规模则抑制公共服务水平的提高。此外，模型 1 的调整 R^2 为 0.937 1，整体拟合效果较好，说明上述结论具有较大的说服力。

表 6-3　总体性支出责任面板数据结果

变量	模型 1	模型 2	模型 3
$FE_{i,t}$	0.657 9*** (10.640 7)	0.861 8*** (9.646 1)	0.452 8*** (5.435 7)
GDP	0.101 0*** (4.517 7)	0.034 8 (1.122 4)	0.068 5* (1.825 8)
$TGDP$	-0.059 3*** (-2.690 6)	0.016 6 (0.573 7)	-0.030 2 (-0.830 2)
PP	-0.070 9*** (-3.840 4)	-0.278 2*** (-7.817 7)	-0.032 1* (-1.735 9)
$Cons$	0.124 7* (1.363 8)	0.988 8*** (6.372 9)	0.072 1 (0.567 7)
调整 R^2	0.937 1	0.971 0	0.850 6

注：(1) 表中数据采用 Eviews 软件计算得到。
　　(2) ***、* 分别代表在显著性水平 1%、10% 下显著。
　　(3) 小括号 ( ) 中数字为 T 统计值。

2. 稳健性检验

为验证模型设定的合理性和实证结果的稳健性,以进一步检验地方政府支出责任对基本公共服务发展水平的影响,稳健性检验通过将上海 16 个区划分为两个样本组并建立相同的固定效应模型,具体以各区人均生产总值水平(GDP)为划分标准,划分情况如表 6-4 所示。

表 6-4　上海市 16 个区样本组划分

第一组	黄浦区、长宁区、浦东新区、静安区、徐汇区、杨浦区、金山区、虹口区
第二组	闵行区、嘉定区、青浦区、普陀区、奉贤区、松江区、宝山区、崇明区

两个样本组的实证结果分别对应表 6-3 中的模型 2 和模型 3,两个样本组中,地方政府支出责任均在 1% 显著性水平下对公共服务水平产生正向影响。划分样本组后,核心解释变量系数符号及显著性都未发生重大变化,由此可推断实证模型通过了稳健性检验,实证结果为稳健可行的。

3. 结构性支出责任划分对基本公共服务发展水平的效果

根据表 6-5 结构性支出责任的面板数据结果可知,维持性($WCFE_{i,t}$)、社会性($SHFE_{i,t}$)、经济性支出责任($JJFE_{i,t}$)与公共服务水平(PSL)均在 1% 的显著性水平下正向相关,当三者分别提高 1 个百分点,可促进公共服务发展水平分别提升 0.222 1 个百分点、0.796 8 个百分点和 0.138 7 个百分点,三个模型的调整 R^2 分别为 0.936 2、0.923 2 和 0.941 7,模型拟合效果较好,实证结果具有说服力。上述结果表明目前上海市与区结构性支出责任分工情况对公共服务水平具有显著促进作用,且在三类支出责任中,社会性支出责任对公共服务水平的正向影响效应最强,其次为维持性支出责任,而经济性支出责任的正向效应最弱,可推断出相较于维持性和经济性支出责任,提升地方政府社会性支出责任划分能够更好地改进基本公共服务供给效果,提高基本公共服务发展水平。

表 6-5 结构性支出责任面板数据结果

维持性支出责任		社会性支出责任		经济性支出责任	
$WCFE_{i,t}$	0.222 1 *** (4.241 1)	$SHFE_{i,t}$	0.796 8 *** (7.625 1)	$JJFE_{i,t}$	0.138 7 *** (4.272 0)
GDP	0.104 6 *** (5.487 1)	GDP	0.079 7 *** (3.961 2)	GDP	0.114 8 *** (5.833 7)
$TGDP$	0.025 3 *** (1.436 5)	$TGDP$	0.012 5 (0.729 9)	$TGDP$	0.013 3 (0.693 6)
PP	0.010 9 * (0.596 6)	PP	-0.065 4 *** (-3.314 7)	PP	0.008 1 (0.493 1)
$Cons$	-0.065 6 (-0.709 2)	$Cons$	-0.206 8 ** (-2.090 6)	$Cons$	-0.005 7 (-0.066 0)
调整 R^2	0.936 2	调整 R^2	0.923 2	调整 R^2	0.941 7

注:(1) 表中数据采用 Eviews 软件计算得到。
(2) ***、**、* 分别代表在显著性水平 1%、5%、10%下显著。
(3) 小括号( )中数字为 T 统计值。

通过构建政府间支出责任划分与基本公共服务发展水平的理论框架,采用固定效应面板模型来考量 2007 年至 2017 年上海市与区的总体性和结构性支出责任划分对基本公共服务发展水平的影响效果。研究表明，总体上看，上海市与区的支出责任划分对基本公共服务供给具有显著的正向效果，说明目前市与区支出责任分工趋于合理，能够有效提升基本公共服务发展水平；结构上看，社会性支出责任划分对基本公共服务发展水平的正向效应最强，维持性和经济性支出责任划分的影响效应次之。

二、市与区财政事权和支出责任划分评估

为进一步评估上海市与区财政事权和支出责任的划分效果，从市与区的总体性支出责任、结构性支出责任和功能性支出责任三个层面来具体分析。为全面考察市与区支出责任划分情况，分为名义支出比重和实际支出比重两个指标。市与区的名义支出反映的是一般公共预算上的市级与区级的本级支出。而市与区的实际支出中，市级层面是指本级支出和对区的转移支付[①]；区级层面是指本级支出扣除市级转移支付后的支出，这意味着市级承担了区级的部分财政支出，体现对区级财政事权和支出责任的分担。考虑转移支付因素后形成的市与区的实际支出比重才能反映出市与区支出责任分工的真实状况[②]。

1. 总体性支出责任划分

由图 6-1 可见，2007 年至 2018 年间，在上海全市一般公共

---

① 市对区级转移支付分为一般性转移支付和专项转移支付，主要用于委托区级政府办理市级财政事权、分担市区的共同财政事权及支持区级政府的部分财政事权。
② 目前相关学术研究主要关注的是纵向政府间名义支出分配情况，而忽略了实际支出的分析会导致观点的片面性。

预算支出总量中,名义上市级政府的平均比重是 35.86%,区级政府的平均比重为 64.14%。这反映出区级政府成为履行上海地方财政事权和支出责任的主体,相对于市级政府控制约 50% 的财力而言,财政事权和支出责任划分存在一定程度以区为主的"低重心"趋向。

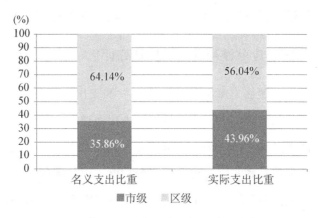

图 6-1 2007 年至 2018 年上海市与区的总支出平均比重

(资料来源:根据 2008 年年至 2019 年上海市、市本级的一般公共预算支出预算表,市对区一般公共预算转移支付预算表的数据整理)

从实际支出比重来看,市级政府平均承担了 43.96%,区级政府平均分担了 56.04%。相对于名义支出,区级政府中 8.10% 的支出实则由市级政府提供资金支持,市与区的总体支出责任划分得到极大的改善。在上海实施"税收属地征管、地方税收分享"政策的作用下,市与区的财政收入比重逐步稳定。2007 年起,上海将财政体制改革目标定位于"促进区县城乡间基本公共服务均等化",市级将集中的财力通过转移支付安排下沉到各区,推动各区基本公共服务均衡发展。在十八届三中全会提出"构建现代财政制度"的指引下,上海进行了市/区事权和支出责任划分改革,寻求市/区的事权与支出责任相适应、财力与事权相匹配的财政体制机制创新。正是这些改革措施使得上海市与区的总体性支出责任格局处于相对合理的状态。

十九大赋予财政体制新的内涵,要求省级政府加强公共服务统筹力度。考虑到市级政府肩负统筹全市经济社会发展的重要职责,市级政府可考虑适当上收部分核心财政事权,减少部分支出责任的下移,减轻区级政府的财政支出压力,充分调动其提供公共服务的积极性。据此,上海市与区的总体性支出责任划分格局尚且乐观,但仍有进一步优化的空间。

2. 结构性支出责任划分

依据政府的职能划分,政府提供的公共服务可主要分为三类,即维持性服务、社会性服务和经济性服务。相应地,政府为提供这三类公共服务履行的财政事权分为维持性事权、社会性事权和经济性事权,而为履行相应的财政事权所形成的财政支出也分为维持性支出、社会性支出和经济性支出。

由表6-6可见,2007年至2018年,上海市与区在三类财政事权的名义支出中,维持性支出上市级平均承担了30.24%、区级平均承担了69.76%;社会性支出上市级平均承担了30.99%、区级平均承担了69.01%;经济性支出上市级平均承担了29.63%、区级平均承担了70.37%。市与区在三类财政事权上均承担了不同程度的支出责任,且均表现为区级政府的分担比例是市级政府的两倍多,市级本身也承担近三分之一的比重。三类财政事权支出存在一定程度的以区为主的"低重心"趋向,尚未出现相对严重的情况。不过，市级政府作为上海建设现代化大都市的主体，按其平均负担比例程度来看仍显不足，难以有效发挥其统筹区域公共服务协调发展的作用。维持性服务存在高度分权，区级政府的"吃饭财政"特征明显；社会性服务高度分权，区级政府的基本公共服务支出责任过重；经济性服务存在较强的集权性，市级政府的经济投入较多。三类财政事权中最令人关注的是社会性事权，它贴近民生项目，应该成为市级政府支持的重点，而它的市级支出占比与经济性事权的比重几乎持平，说明在市与区的财政事权分工中，市级政府过于介入经济性事权中，而对社会性事权的投入不够。

表6-6　2007年至2018年上海市与区三类财政事权支出的平均比重

类别	名义支出比重（%）		实际支出比重（%）	
	市级	区级	市级	区级
维持性支出	30.24	69.76	37.19	62.81
社会性支出	30.99	69.01	40.41	59.59
经济性支出	29.63	70.37	35.95	64.05

资料来源：根据2008年至2019年上海市、市本级的一般公共预算支出预算表，市对区一般公共预算转移支付预算表的数据整理。

考虑市对区级的转移支付后，市级政府对三类财政事权的实际参与度发生变化，大大减轻了区级政府的财政事权支出压力，以区为主的"低重心"趋向变得缓和。实际上维持性支出中的市级平均占比达到37.19%，相对名义支出提升6.95%；社会性支出的市级占比平均为40.41%，相对名义支出提高9.42%；经济性支出的市级占比平均是35.95%，相对名义支出上升6.32%。

市级政府对区级三类财政事权的支持力度从高到低排序为社会性事权、维持性事权、经济性事权，与市级政府作为上级政府应该承担的事权责任大小基本吻合。

总体上看，市级财政对三类财政事权分担的真实平均比重都超过三分之一，并未过度地将支出责任推诿给区级财政去"买单"，市与区的结构性支出责任划分格局相对合理，而三类财政事权间的市级承担比重差距不太明显。若要市级政府在政治、社会、经济职能上更好地有所作为，需进一步优化三类财政事权的分担比重，并依据政府间财政事权划分原则，拉大三类财政事权之间的市级参与比重的差距。具体建议为：市级政府首要侧重社会性财政事权，提高重点民生领域的公共服务水平；加大对维持性财政事权的参与程度，相应减少区级维持性支出，释放区级更多资源用于改善民生；适当支持经济性财政事权，无须过多介入，主要由区级管理经济类事务，可以激励各区政府改善经济环境，促进经济高质量发展。

3. 功能性支出责任划分

市与区的功能性支出责任划分是根据预算支出功能分类来进行分析，反映市区政府的各项职能活动，说明两级政府履行具体财政事权的支出责任分工情况。这里选取社会保障、医疗卫生、教育、科学技术、公共安全、节能环保、公共文化和城乡社区这八项重点财政事权来评估，见表6-7至表6-14。①

社会保障的项目繁多、资金数额大，需要分类界定，但多数

---

① 这里剔除中央与地方的财政事权和支出责任划分后，关注上海地方财政事权中的市与区支出责任分工情况。

项目的外部性范围广，信息复杂程度中等，适合作为市区共有财政事权，但市级可适度承担更多事权和支出责任。表6-7显示所统计的2007年至2018年，社会保障的名义支出比重中市级平均分担了42.75%，区级平均分担了57.25%，这也与市级政府这10年来一直较关注社会保障事业发展的客观实践相吻合。市级政府在养老保险基金、高龄无保障老人社保、城乡居民最低社会保障补贴上投入大量资金，与此同时，结合上海实际情况，推动实施廉租住房租金和中低收入家庭购房贷款贴息政策、万人就业项目、就业"1+3"计划等。从时间趋势上看，名义上市级分担比例从2007年的47.88%波动上升至2017年的52.65%，区级分担比例从2007年的52.12%波动下降至2017年的47.35%。其中，市级分担比例在2008年至2014年一度呈下降的态势，可见这段时期市级对社会保障的投入不够；近两年分担比例有所上升，特别是2017年达到了52.65%，达到统计区间的峰值，主要源于2015年起市级政府加强实施养老保险制度改革，大幅提升社会保障支出。

表6-7 社会保障财政事权和支出责任划分情况

年份	名义支出比重（%）		实际支出比重（%）	
	市级	区级	市级	区级
2007	47.88	52.12	58.32	41.68
2008	51.46	58.54	61.15	38.85
2009	43.66	56.34	54.72	45.28
2010	43.02	56.98	54.91	45.09

(续表)

年份	名义支出比重（%）		实际支出比重（%）	
	市级	区级	市级	区级
2011	40.46	59.54	53.94	46.06
2012	38.92	61.08	52.12	47.88
2013	36.99	63.01	50.32	49.68
2014	33.89	66.11	45.98	54.02
2015	36.67	63.33	48.05	51.95
2016	49.64	50.36	56.02	43.98
2017	52.65	47.35	58.36	41.64
2018	37.76	52.24	44.75	55.25
均值	42.75	57.25	53.22	46.78

资料来源：根据2008年至2019年上海市、市本级的一般公共预算支出预算表，市对区一般公共预算转移支付预算表的数据整理。

考虑市对区的社会保障转移支付后，总体上看，实际上市级平均承担了53.22%的支出比重，相对于区级履行了更多的支出责任，这样的结果基本符合理论预期。从时间趋势上看，实际上市级分担比例从2007年的58.32%波动下降至2014年的45.98%，后又上升至2017年的58.36%；区级分担比例从2007年的41.68%波动上升至2014年的54.02%，后又下降至2017年的41.64%。虽相对于名义支出，表面上市级实际分担比例反而呈现出波动下降，但横向与历年的名义支出比例对比，事实上社会保障转移支付已然分担了10%以上的区级支出责任，除了2014年和2015年，其他年份均表现为市级政府适度承担了更多支出责任。

针对社会保障事权的特性，今后市级政府应逐步上收部分社会保障项目，将企业养老、机关事业单位养老、工伤、失业和生育基金收支缺口弥补等外部性大的项目完全划归市级政府，不断增强市级支出责任。

医疗卫生的外部性范围和信息复杂程度适中，适合作为市区共有财政事权，市级可适度分担更多的支出责任。表6-8显示所统计的2007年至2018年，总体上看，医疗卫生支出中区级分担的名义比重平均达到65.33%，呈现出以区为主的特点。虽自2007年以来市级政府在城镇居民基本医疗保障、农村合作医疗、重大疾病预防控制等基本医疗保障和公共卫生，以及公立医院开办、医疗设备更新等医疗服务上加大投入，但支持力度仍显不够。从时间趋势上看，名义上，市级分担比例从2007年的34.35%波动上升至2018年的42.21%，区级分担比例从2007年的65.65%波动下降至2018年的57.79%。其中，2010年至2014年，市级分担比例一直呈下降趋势，这期间市级政府对医疗卫生的投入过少；近三年市级政府给予了公立医院更多的关注，在医疗卫生上的支出比例又得以上升。

表6-8 医疗卫生财政事权和支出责任划分情况

年份	名义支出比重（%）		实际支出比重（%）	
	市级	区级	市级	区级
2007	34.35	65.65	44.03	55.97
2008	38.18	61.82	46.88	53.12
2009	36.97	63.03	46.91	53.09

(续表)

年份	名义支出比重（%）		实际支出比重（%）	
	市级	区级	市级	区级
2010	37.35	62.65	48.34	51.66
2011	36.68	63.32	50.68	49.32
2012	31.93	68.07	46.63	53.37
2013	30.06	69.94	45.46	54.54
2014	26.70	73.30	39.50	60.50
2015	27.08	72.92	38.58	61.42
2016	36.49	63.51	45.52	54.48
2017	38.04	61.96	45.37	54.63
2018	42.21	57.79	48.94	51.06
均值	34.67	65.33	45.57	54.43

资料来源：根据2008年至2019年上海市、市本级的一般公共预算支出预算表，市对区一般公共预算转移支付预算表的数据整理。

在接受市级的医疗卫生补助后，总体上看，区级实际支出的平均比重大幅下降到54.43%，市区分担比重的格局基本合理。从时间趋势上看，实际上市级分担比例从2007年的44.03%波动上升至2017年的45.37%，区级分担比例从2007年的55.97%波动下降至2018年的48.94%，区级政府的支出责任得到了一定程度的缓解。而除了2011年，其余年份市级分担比重均未达到50%，市级应加强医疗卫生的支出责任。

市级基于其稳定的财力增长支撑及均衡各区医疗卫生服务的需要，可继续提高其在医疗卫生支出中的负担比重，将重大的、紧急的医疗卫生服务划归市级政府承担。

教育服务中重点是义务教育、中等教育及高等教育，它具有全市范围的外部性，应主要归属于市级财政事权，但限于信息管理相对复杂，可部分委托区级政府来组织实施，并通过教育转移支付来保障区级支出的需求。表6-9显示所统计的2007年至2018年，总体上看，教育支出中名义上市级平均承担比重为32.84%，大部分的教育项目都交给了区级负责，区级的教育支出责任较重。尽管市级政府逐步建立健全困难学生资助政策体系、提高生均公用经费标准、启动高水平大学和一流学科专业建设工程等项目，不断提高教育投入，但相比于区级67.16%的平均负担比例，市级政府的负担比例仍然偏低。从时间趋势上看，名义上市级分担比例从2007年的37.24%波动下降至2018年的30.86%，区级分担比例从2007年的62.76%波动上升至2018年的69.14%。其中，2010年到2014年市级分担比例持续性下降，2015年之后略微回升。可见，市级政府自身还未有效承担起教育事权的支出责任。

表6-9 教育财政事权和支出责任划分情况

年份	名义支出比重（%）		实际支出比重（%）	
	市级	区级	市级	区级
2007	37.24	62.76	44.85	55.15
2008	37.41	62.59	46.11	53.89
2009	33.98	66.02	44.76	55.24
2010	34.68	65.32	44.62	55.38

(续表)

年份	名义支出比重（%）		实际支出比重（%）	
	市级	区级	市级	区级
2011	32.88	67.12	47.58	52.42
2012	30.97	69.03	46.47	53.53
2013	30.63	69.37	47.46	52.54
2014	29.65	70.35	47.51	52.49
2015	31.64	68.36	48.87	51.13
2016	32.00	68.00	49.50	50.50
2017	32.14	67.86	48.90	51.10
2018	30.86	69.14	47.85	52.15
均值	32.84	67.16	47.04	52.96

资料来源：根据2008年至2019年上海市、市本级的一般公共预算支出预算表，市对区一般公共预算转移支付预算表的数据整理。

经过市级的教育转移支付调节后，总体上看，市级政府的实际平均负担比重是47.04%，其承担程度仍显不足。从时间趋势上看，实际上市级分担比例从2007年的44.85%波动上升至2018年的47.85%，区级分担比例从2007年的55.15%波动下降至2018年的52.15%。虽相对于名义支出，市级分担比例大幅提升，但均未超过50%，表明教育转移支付的力度有待加强。

鉴于教育服务的外溢性及市级平衡各区教育发展的责任，今后市级层面应将义务教育和高中教育等教育事权完全承担起来，同时加强教育转移支付的力度，逐步提高教育支出的名义和实际支出比重。

科学技术的外部性范围较大,信息复杂程度较高,为兼顾激励相容,原则上适合市区共有财政事权,但基于上海建设具有全球影响力的科技创新中心的需要,目前宜体现以市为主。科学技术支出较为特殊,市对区的转移支付并没有专门的科技项目,所以名义支出与实际支出的比重是持平的。表6-10显示所统计的2007年至2018年,总体上看,科学技术支出中市级平均承担了56.54%,区级平均承担了43.46%,市级政府分担比例高于区级政府13.08%。这也与2007年至今,市级政府一直贯彻实施《上海中长期科学和技术发展规划纲要(2006—2020年)若干配套政策的通知》中"科技专项支出不低于总支出7%"的政策要求,设立自主创新和高新技术产业发展专项资金,落实张江高新技术产业开发区以自主创新为核心的"二次创业"、科技小巨人、专利资助、高新技术成果转化等专项资金密切相关。从时间趋势上看,市级分担比例从2007年的61.91%波动下降至2017年的55.35%,区级分担比例从2007年的38.09%波动上升至2017年的44.65%。市级分担比例达到2009年的巅峰后,就一直下降至2014年的水平,近两年市级财政增加安排和拨付战略性新兴产业发展专项资金,市级分担比例有所回升。

未来在科技发展中,市级政府应主动承担更多科技事权,将重大基础科技研究划归市级政府承担,提升市级政府的投入比重。

表 6-10 科学技术财政事权和支出责任划分情况

年份	名义支出比重（%）		实际支出比重（%）	
	市级	区级	市级	区级
2007	61.91	38.09	61.91	38.09
2008	56.03	43.97	56.03	43.97
2009	69.67	30.33	69.67	30.33
2010	58.71	41.29	58.71	41.29
2011	54.19	45.81	54.19	45.81
2012	53.46	46.54	53.46	46.54
2013	51.03	48.97	51.03	48.97
2014	49.22	50.78	49.22	50.78
2015	49.76	50.24	49.76	50.24
2016	59.00	41.00	59.00	41.00
2017	55.35	44.65	55.35	44.65
2018	60.15	39.85	60.15	39.85
均值	56.54	43.46	56.54	43.46

资料来源：根据 2008 年至 2019 年上海市、市本级的一般公共预算支出预算表，市对区一般公共预算转移支付预算表的数据整理。

公共安全属于多级政府间的财政事权，鉴于其外部性强，信息复杂程度适中的特点，适合以市级政府负责为主，可部分委托区级来承担支出责任。表 6-11 显示所统计的 2007 年至 2018 年，总体上看，公共安全支出中区级政府名义上的平均负担比重达到 67.07%，表现出明显的"低重心"趋向，区级政府的支出压力较大。从时间趋势上看，名义上市级分担比例从 2007 年的 32.91%波动上升至 2018 年的 42.72%，区级分担比例从 2007 年的 67.09% 波动下降至 2018 年的 57.28%，2018 年市级分担比例达到十年来的最高值，但也仅仅为 42.72%，市级政府支出责任明显偏弱。

表 6-11 公共安全财政事权和支出责任划分情况

年份	名义支出比重（%）		实际支出比重（%）	
	市级	区级	市级	区级
2007	32.91	67.09	37.99	62.01
2008	31.57	68.43	37.04	62.96
2009	30.97	69.03	36.96	63.04
2010	31.14	68.86	37.93	62.07
2011	31.97	68.03	40.22	59.78
2012	32.38	67.62	40.75	59.25
2013	31.35	68.65	40.26	59.74
2014	31.09	68.91	39.14	60.86
2015	31.58	68.42	39.08	60.92
2016	33.81	66.19	40.09	59.91
2017	33.67	66.33	39.90	60.10
2018	42.72	57.28	48.48	51.52
均值	32.93	67.07	39.82	60.18

资料来源：根据 2008 年至 2019 年上海市、市本级的一般公共预算支出预算表，市对区一般公共预算转移支付预算表的数据整理。

即便经过市级转移支付后，总体上区级实际的平均负担比重仍然高达 60.18%，而市级层面承担的比例明显偏低。从时间趋势上看，实际上市级分担比例从 2007 年的 37.99% 波动上升至

2018年的48.48%，区级分担比例从2007年的62.01%波动下降至2018年的51.52%。不可否认，公共安全转移支付一定程度上缓解了区级政府的支出负担，但历年市级分担比例仍显偏低。

其实除了公安事务外，多数公共安全事务都适合上级政府来负责，今后市级政府应大幅提升公共安全的事权事责。

节能环保的外部性强，信息复杂程度高，适合主要作为市级财政事权，但可部分委托区级来履行支出责任，形成激励相容机制。表6-12显示所统计的2007年至2018年，总体上看，节能环保支出中市级名义上平均占比54.79%，略高于区级支出比重。市级政府在推进节能减排和环境保护上承担了相应的支出责任，支持工业区的综合环境整治、外环绿化带生态建设、节能技术改造项目及节能产品推广（如汽车、照明产品等），但仍未有效担负起事权主体的角色。从时间趋势上看，市级分担比例从2007年的48.74%波动上升至2011年的61.43%后又降至2017年的42.90%，区级分担比例从2007年的51.26%波动下降至2011年的38.57%后又上升至2017年的57.10%，市级自身在履行节能环保事权上的支出责任偏弱，不过这一状态在2018年得到很大改善。

通过市对区的转移支付后，总体上市级实际支出平均分担比重达到76.01%，相比名义支出提升了21.22%。可见市级已成为节能环保服务的事权主体，很大一部分支出责任是委托区级来完成，此时的划分效果较好。从时间趋势上看，实际上市级分担比例从2007年的74.44%波动下降至2017年的54.25%，区级分担比例从2007年的25.56%波动上升至2017年的45.74%。

虽相对于名义支出，表面上市级实际承担比例反而呈现出波动下降，但横向与历年的名义支出比例对比，节能环保转移支付的调节效果是比较理想的。除了2016年、2017年外，其余年份均超出70%，市级有效承担起节能环保事权的支出责任。

表6-12 节能环保财政事权和支出责任划分情况

年份	名义支出比重（%）		实际支出比重（%）	
	市级	区级	市级	区级
2007	48.74	51.26	74.44	25.56
2008	54.18	45.82	78.69	21.31
2009	53.53	46.47	75.29	24.71
2010	55.18	44.82	74.84	25.16
2011	61.43	38.57	86.63	13.37
2012	57.97	42.03	83.70	16.30
2013	60.28	39.72	87.77	12.23
2014	57.18	42.82	77.23	22.77
2015	56.80	43.20	74.52	25.48
2016	50.00	50.00	66.52	33.48
2017	42.90	57.10	54.25	45.74
2018	59.29	40.71	78.24	21.77
均值	54.79	45.21	76.01	23.99

资料来源：根据2008年至2019年上海市、市本级的一般公共预算支出预算表，市对区一般公共预算转移支付预算表的数据整理。

未来在节能环保的治理上，市级政府实则可将绝大多数事务都承担起来，进一步提升其支出责任比重，更好地履行节能环保事权的主体角色。

文化体育虽具有一定的外部性，但信息复杂程度较高，应以区级政府承担为主。表6-13显示所统计的2007年至2018年，总体上看，公共文化的名义支出比重中市级平均分担46.91％，区级平均分担53.09％，市级政府对区级公益性文化和体育赛事存在一定的介入。从时间趋势上看，名义上市级分担比例从2007年的45.39％波动上升至2017年的62.62％，区级分担比例从2007年的54.61％波动下降至2017年的37.38％。其中，2009年至2014年市级分担比例稳步下降，但2015年至2018年市级又增强了对公共文化的投入，市级所分担的比例现已超过50％，有悖于公共文化作为区级主要事权的属性。

表6-13 文化体育财政事权和支出责任划分情况

年份	名义支出比重（％）		实际支出比重（％）	
	市级	区级	市级	区级
2007	45.39	54.61	49.11	50.89
2008	44.44	55.56	48.50	51.50
2009	46.52	53.48	51.22	48.78
2010	45.09	54.91	50.91	49.09
2011	44.48	55.52	51.74	48.26
2012	42.21	57.79	49.79	50.21
2013	41.82	58.18	48.54	51.46
2014	40.28	59.72	47.22	52.78
2015	48.06	51.94	53.60	46.40
2016	51.54	48.46	57.11	42.89
2017	62.62	37.38	66.07	33.93

(续表)

年份	名义支出比重（%）		实际支出比重（%）	
	市级	区级	市级	区级
2018	50.47	49.53	54.27	45.73
均值	46.91	53.09	52.34	47.66

资料来源：根据2008年至2019年上海市、市本级的一般公共预算支出预算表，市对区一般公共预算转移支付预算表的数据整理。

经过转移支付调节后，总体上看，实际上市级平均承担的比重达到52.34%，与区级的比重基本持平。从时间趋势上看，实际上市级分担比例从2007年的49.11%波动上升至2017年的66.07%，区级分担比例从2007年的50.89%波动下降至2017年的33.93%，反映出市级过多地介入公共文化事权中，不过在2018年这一情况得到缓解。

实际上，除了市级文化传承项目由市级负责外，考虑到区级公共文化的差异化、辖区性及提供效率等，该财政事权应该回归到以区级政府为主的格局。

城乡社区的外部性限于所在辖区，信息处理复杂程度较高，适合作为区级政府的财政事权和支出责任。但市级作为区域统筹主体，可以给予区级适当的补助，以均衡区域间的提供水平。表6-14显示所统计的2007年至2018年，总体上看，城乡社区事务支出中区级名义平均分担比重达90.38%，基本体现以区为主的特点。市级政府在本职范围内履行了城市维护建设和市容管理等社区建设责任，并未过多介入区级政府的治理。从时间趋势上看，名义上市级分担比例从2007年的5.39%波动上升至2018年的

28.35%，区级分担比例从 2007 年的 94.61% 波动下降至 2018 年的 71.65%。其中，2009 年、2016 年和 2018 年市级过多介入，分担比例均超过 20%，归结于为迎接世博会，2009 年投入大量资金用于城区管理和市容市貌建设；2016 年大幅提升轨道交通、城市规划、环境卫生、道路等公共设施维护上的投入。

表 6-14 城乡社区财政事权和支出责任划分情况

年份	名义支出比重（%）		实际支出比重（%）	
	市级	区级	市级	区级
2007	5.39	94.61	10.86	89.14
2008	10.12	89.88	15.40	84.60
2009	22.70	77.30	27.91	72.09
2010	3.01	96.99	9.86	90.14
2011	2.52	97.48	10.75	89.25
2012	2.53	97.47	10.42	89.58
2013	2.26	97.74	9.95	90.05
2014	2.32	97.68	4.17	95.83
2015	4.73	95.27	5.86	94.14
2016	24.28	75.72	26.01	73.99
2017	7.23	92.77	8.47	91.53
2018	28.35	71.65	35.30	64.70
均值	9.62	90.38	14.58	85.42

资料来源：根据 2008 年至 2019 年上海市、市本级的一般公共预算支出预算表，市对区一般公共预算转移支付预算表的数据整理。

在获取市级转移支付后，总体上看，区级实际支出平均比重是 85.42%，其中 4.96% 的支出依靠市级补助来完成。从时间趋势上看，实际上市级分担比例从2007年的10.86%波动下降至2017年的8.47%，区级分担比例从2007年的89.14%波动上升至2017年的91.53%，体现了市级均衡区域间城乡社区管理水平的职能。

既然城乡社区事务主要由区级承担，短期内可以依赖市级资金来分担部分支出责任及缩小区域间差距，但之后市级可逐步减少对区级的投入，赋予区级政府更多的城乡社区管理责任。

通过上述分析可以有以下几点发现。一是市与区的总体性支出责任划分上，市/区名义的平均分担比例是35.86%∶64.14%，而实际平均承担比例是43.96%∶56.04%，市级还是有效地承担了支出责任，并未过度推诿给区级。

二是市与区的结构性支出责任划分上，市/区在维持性、社会性、经济性支出中的名义平均分担比例大致是30%∶70%，存在一定的"以区为主"的低重心趋向；但经过市级转移支付后，三类财政事权的市级实际平均承担比重分别提升到37.19%、40.41%、35.95%，体现了不同的市级介入程度。

三是市与区的功能性支出责任划分上，市级在八项财政事权的实际平均分担比重高低不一，存在一定程度的"缺位"与"越位"现象。在市与区共有的支出责任划分上，市级平均分担的社会保障比重由名义的42.75%变为实际的53.22%，医疗卫生比重由名义的34.67%变为实际的45.57%。在以市为主的支出责任划分上，市级名义平均分担比重偏低，而实际平均承担比重从高到低排序为节能环保（76.01%）、科学技术（56.54%）、教育（47.04%）、公共安全（39.82%）。在以区为主的支出责任划分上,区级平均分担的文化体育比重由名义的53.09%变为实际的47.66%,城乡社区比重由名义的90.38%变为实际的85.42%。

4. 市与区财政事权和支出责任划分问题的体制性原因

相对于学术界一致认同的中央与地方财政事权和支出责任分工存在严重失衡,上海市与区的财政事权和支出责任划分情况整体表现较好。但不可否认存在一些问题,包括一定程度的"支出责任下移"、市级政府在某些财政事权上呈现出"缺位"和"越位"、市区两级政府的财政事权边界模糊。而造成这些问题的原因,追根溯源是体制上的原因。

(1) 缺乏效力层级高的法律约束

我国目前尚没有专门针对政府间财政事权和支出责任划分的法律,虽然宪法和其他基本法律中涉及了这方面,但都相对简略粗糙:《中华人民共和国宪法》笼统地规定了"中央和地方职权的划分",《中华人民共和国预算法》粗略提及了"各级预算的编制",《中华人民共和国地方各级人民代表大会和地方各级人民政府组织法》简单对"县级以上的地方各级人民代表大会职权"做出了规定,见表6-15。显然这些规定过于原则化,并未明确规定政府间财政事权和支出责任的具体划分,难以作为具体的行为指南,这就导致了各层级政府在财政事权和支出责任划分上的随意性。

表6-15 现行政府间财政事权和支出责任划分的相关法律

法律	具体规定
《中华人民共和国宪法》	中央和地方的国家机构职权的划分,遵循在中央的统一领导下,充分发挥地方的主动性、积极性的原则

(续表)

法律	具体规定
《中华人民共和国预算法》	各级预算支出的编制，应当贯彻厉行节约、勤俭建国的方针。各级预算支出的编制，应当统筹兼顾、确保重点，在保证政府公共支出合理需要的前提下，妥善安排其他各类预算支出
《中华人民共和国地方各级人民代表大会和地方各级人民政府组织法》	关于县级以上的地方各级人民代表大会职权中规定：讨论、决定本行政区域内的政治、经济、教育、科学、文化、卫生、环境和资源保护、民政、民族等工作的重大事项

目前，政府间关系的处理主要以法律效力较低的行政法规为主，见表6-16。最具代表性的还是1993年国务院发布的分税制改革的《关于实行分税制财政管理体制的决定》，但该文件也只是对中央与地方的财政关系做出了说明，总体上比较粗糙，缺乏可操作的具体规定，特别是对省以下的三级政府财政关系并未做出说明，而且法规本身的法律层次低，缺乏相应的法律权威和约束力。

表6-16 现行政府间财政事权和支出责任划分的相关行政法规

行政法规	具体规定
《中共中央关于完善社会主义市场经济体制若干问题的决定》	合理划分中央和地方经济社会事务的管理职权。按照中央统一领导、充分发挥地方主动性积极性的原则，明确中央和地方对经济调节、市场监管、社会管理、公共服务方面的管理职权。根据经济社会事务管理职权的划分，逐步理顺中央和地方在财税、金融、投资和社会保障等领域的分工和职责

(续表)

行政法规	具体规定
《关于实行分税制财政管理体制的决定》	中央财政主要承担国家安全、外交和中央国家机关运转所需经费,调整国民经济结构、协调地区发展、实施宏观调控所必需的支出以及由中央直接管理的事业发展支出。具体包括:国防费,武警经费,外交和援外支出,中央级行政管理费,中央统管的基本建设投资,中央直属企业的技术改造和新产品试制费,地质勘探费,由中央财政安排的支农支出,由中央负担的国内外债务的还本付息支出,以及中央本级负担的公检法支出和文化、教育、卫生、科学等各项事业费支出 地方财政主要承担本地区政权机关运转所需支出以及本地区经济、事业发展所需支出。具体包括:地方行政管理费,公检法支出,部分武警经费,民兵事业费,地方统筹的基本建设投资,地方企业的技术改造和新产品试制经费,支农支出,城市维护和建设经费,地方文化、教育、卫生等各项事业费,价格补贴支出以及其他支出

据此,作为地方政府的上海市/区两级政府在财政事权和支出责任的划分上,缺乏明确的法律指引。正因为中央并未对此立法,顶层设计尚未有清晰的规制,上海市/区政府按照现有的散见于各种法律和行政法规的条文规定的要求去处理两级政府的关系,显然这种缺乏法律权威的约束会造成市级政府收权及放权的随意性,市级政府依靠行政权力将事权下放给区级政府,推托部分支出责任,区级政府显得被动。

(2) 市/区两级政府职责同构

我国政府间关系中,不同层级的政府在纵向间职能、职责和机构设置上的高度统一,已经成为纵向政府间关系总特征的一个理论概括。故上海市/区两级政府也自然存在职权划分不清的状况。

市级政府和区级政府之间事权不明、职责不专，两级政府的职责基本上是对等的、一致的，区级政府拥有的事权几乎完全是市级的翻版，形成了对同一财政事权两级政府"一起抓"的局面。由于职责上的同构，必然导致在机构设置上的"上下对口和左右对齐"，对同一财政事权，要么相互挤占，要么相互推诿，无从问责，导致两级政府运作过程中的低效和混乱，难以建立起有效的分层控制体系。

"职责同构"的产生，主要源自传统经济体制下中央政府既要集中掌握社会资源，又要支持地方政府自主发展来限制部门集权，是为减少效率的损失而设定的，是特定历史时期的必然要求。理论上这种"职责同构"的政府纵向关系模式，有助于区级政府贯彻市级政府的决策，但在现代市场经济体制下，这种模式会使经济社会发展中的条块矛盾突出，政府内部工作难以协调，造成了两级政府在事权划分上的混乱。条条块块分割交叉，市级政府的宏观调控职能和区级政府的微观管理职能重叠，职责没有在两级政府之间形成明显的分工导向，无法适应新时代下经济社会发展的要求。

（3）市/区两级政府权责不一

市/区两级政府在财政事权和支出责任的划分中是两个相对独立的利益主体，但是受垂直命令的行政管理体制的影响，市与区在财政事权和支出责任划分上的地位是不对等的。市级政府掌握主动权，而区级政府由于行政能力较弱，经常成为利益受损的一方。这种不对称的利益博弈导致市级政府和区级政府之间往往发生机会主义。当市级财力相对不足时,市级政府就会习惯地把一些本应该由自己承担的事权下沉给区级政府;区级政府面对这种行为,只能担任被动服从的角色,也会产生预算软约束。市级政府权力强于需承担的责任,而区级政府权力弱于需承担的责任。

一方面,市级政府与区级政府的权责不一,使得市政府及相关部门"权力大、事权少、财力多",容易形成官僚主义之风,滋生腐败。另一方面,这种权责明显不一致,也会抑制区级政府的工作热情。由于一部分财政事权的下放并没有伴随着财力的同步下放,区政府承担的支出责任与其收入能力不匹配,容易导致区级财政困难、公共服务提供不足,工作积极性和主动性会逐渐消磨。

第二节 市与区财力配置效应

市与区财力配置效应分为市与区财权配置、市与区纵向财力分配、市与区横向财力分配及区域财力均等化缺口四个方面来评估,形成一个完整的逻辑分析链条。

一、市与区财权配置效应

财权配置上政府自身取得的税收和非税收入构成政府间的初次财力分配,即自筹财力;纳入上下级转移支付后形成政府间的财力再分配,即可支配财力。

本节先选用自筹财力与可支配财力两项指标，从总体上考察市与区的财政收入划分情况；再观察税收收入与非税收入的规模与比重，以剖析市与区的财政收入划分结构；最后聚焦在税收收入，以税种划分理论归属来分析市与区的税种分配状况。

1. 市区总体性财权配置

选用自筹财力和可支配财力两个指标，从总体上评估市与区财权配置效应。市与区的自筹财力是指市级、区级各自的一般公共预算收入，体现初次财权配置的结果；考虑市级转移支付因素的影响，市级可支配财力是指本级收入减去对区级转移支付，区级可支配财力是指本级收入加上市级转移支付，体现财力再分配的结果。

由图6-2可知，2007年至2018年市级与区级的自筹财力平均比重分别是48.84％和51.16％，说明市/区两级政府初次财权配置上各自获得的财力大致五五分成。从时间变化上看，2007年至2018年市与区财政收入也基本每年呈现五五之分，如2018年财政收入数据显示，市级和区级的自筹财力分别是3 362亿元和3 746.1亿元。可见，市与区的初次财权配置并未出现财力过于集中于某一级政府的情况，财力分配格局直观上是合理的。这得益于市级政府一直强调激发区级政府的财政自主性，在税收收入分配上为区级提供充裕的财源。特别是全面"营改增"税制改革、实施大规模减税降费以来，结合《中央与地方收入划分改革推进方案》，及时调整市与区的增值税分配方案，完善增值税留抵退税分担机制、后移消费税征收环节并稳步下划地方后的具体实施方案，为理顺市/区两级政府初次财政收入分配关系，为全面落实"减税降费"政策创造更加有利的体制条件。

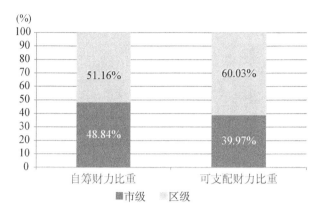

图 6-2　2007 年至 2018 年上海市与区的总收入平均比重
（资料来源：根据 2008 年至 2019 年上海市、市本级的一般公共预算收入预算表，市对区一般公共预算转移支付预算表的数据整理）

经过市级转移支付调节后，市与区的财政收入格局再次发生变化，市级与区级的可支配财力平均比重分别是 39.97％ 和 60.03％，大致为四六之分，财力资源向区级政府倾斜，区级掌握了相对更多的可支配资金，反映出市级转移支付有效地促进了市与区的财力再分配。上海长期侧重财力分配的调整，强调将财力下沉到区一级。市级政府将集中的财政收入以转移支付等形式拨付至各区，特别是资金向远郊区、生态保护区域和经济相对薄弱区倾斜，支持的重点是教育、社会保障、医疗卫生、生态补偿、城市维护等，逐步提高区级履行财政事权所需的财力水平，推动区级经济高质量发展及区域基本公共服务均等化。

2. 市区税收与非税收入配置

从税收收入与非税收入两个层面来解读市与区的财政收入规模与结构，以更详细地描绘出市与区的财权配置情况，见表 6-17。

表 6-17　2007 年至 2018 年上海市与区财政收入结构

年份	市级				区级			
	税收收入		非税收入		税收收入		非税收入	
	金额（亿元）	比重（％）	金额（亿元）	比重（％）	金额（亿元）	比重（％）	金额（亿元）	比重（％）
2007	941.35	86.92	141.70	13.08	990.08	97.11	29.50	2.89
2008	1 097.30	91.67	99.70	8.33	1 126.10	96.94	35.60	3.06
2009	1 110.60	88.35	146.50	11.65	1 257.80	98.02	25.40	1.98
2010	1 258.20	90.31	135.00	9.69	1 449.70	97.93	30.70	2.07
2011	1 473.00	87.90	202.80	12.10	1 699.70	96.90	54.30	3.10
2012	1 580.90	86.31	250.70	13.69	1 845.90	96.54	66.20	3.46
2013	1 754.60	88.75	222.40	11.25	2 042.50	95.78	90.00	4.22
2014	1 953.90	88.44	255.40	11.56	2 265.20	95.32	111.10	4.68
2015	2 320.60	82.70	485.50	17.30	2 537.60	93.52	175.80	6.48
2016	2 540.00	81.27	585.40	18.73	3 085.90	94.06	194.80	5.94
2017	2 620.40	83.01	536.40	16.99	3 245.10	93.10	240.40	6.90
2018	2 789.30	82.97	572.70	17.03	3 495.70	93.32	250.80	6.68
均值	—	86.55	—	13.45	—	95.71	—	4.29

资料来源：根据 2007 年至 2018 年上海市、市本级的一般公共预算收入决算表，市对区一般公共预算转移支付决算表的数据整理。

市级政府的财政收入规模在 2007 年至 2018 年不断增长，其中税收收入从 941.35 亿增加到 2 789.3 亿元，增长率为 196.31%；非税收入也从 141.7 亿元增加至 572.7 亿元，增加 4.05 倍。虽然税收收入一直是市级政府最重要的稳定的收入来源，但其占一般预算收入的比例却呈现逐年波动式下降趋势，从 2008 年的

91.67%下降至 2018 年的 82.97%；而同期非税收入占比从 8.33%上升到 17.03%。这表明市级政府的财权配置构成中，税收收入占据主导地位，但非税收入的影响也在逐步增强，成为补充财政收入的重要来源。

区级政府的财政收入规模在 2017 年至 2018 年不断增长，其中税收收入从 990.08 亿增加到 3 495.7 亿元，增长率为 252.82%；非税收入也从 29.5 亿元增加至 250.4 亿元，增加 8.49 倍。税收收入占一般预算收入的比重从 97.11%略微下降至 93.32%，而非税收入占比从 2.89%提高到 6.68%。这表明税收收入是区级财政最重要的收入来源，非税收入规模虽增长快速但其占一般预算收入的比重不大。

横向上比较市区两级政府的税收收入和非税收入。税收收入方面，税收收入构成市区财政收入的最主要来源，市与区级税收收入占财政收入的平均比重分别为 86.55%和 95.71%。市级政府的税收收入规模一直低于区级，且区级税收收入的增长动力大于市级，两者之间的差距逐步扩大，体现出税收收入对于区级政府的重要程度更高。非税收入方面，市级政府的非税收入无论是总量还是比重都远高于区级，市与区级非税收入占财政收入的平均比重分别为 13.45%和 4.29%；市级财政收入结构中，非税收入则起到辅助补充的作用，其地位不可忽视，且未来市级对非税收入的依赖仍有增强趋势，而对于区级政府而言非税收入的作用则略微薄弱。

目前非税收入管理在法律规范、监督监管和技术手段方面还存在诸多问题，若政府非税收入过度快速增长以及占一般预算收入比重居高不下时，很可能产生负面影响，政府过度依赖非税收入并非一种可持续的财政安排。上海应在"减税降费"的大环境下，主动调整市级与区级的税收收入和非税收入的规模及比重，强化对税收收入和非税收入的管理和监督，优化市区两级政府的财政收入配置格局。

3. 市区间税种配置

既然税收收入是一级政府最重要的财政收入来源，有必要解构市与区的税种配置情况，见表6-18。

表6-18　2007年至2018年上海市区两级政府税种配置结构

税种划分	各项税收占本级税收收入比重（%）		同一税种划分比例市级：区级
	市级	区级	
增值税	46.84	41.90	4.5：5.5
企业所得税	28.79	16.52	6：4
个人所得税	10.57	8.97	5：5
房产税	1.45	3.45	2.5：7.5
城镇土地使用税	1.36	0.47	6：4
土地增值税	2.72	7.16	2：8
车船税	0.40	0.35	4：6
耕地占用税	0.37	0.14	6：4
契税	2.17	7.58	2：8
城市维护建设税	5.12	2.87	6：4
印花税	0.69	1.97	2：8
环境保护税	0.05	0.01	7：3

资料来源：根据2007年至2018年上海市、市本级的一般公共预算收入决算表的数据整理；环境保护税统计的只有2018年的数据。

市级政府2007年至2018年的税种收入构成显示,增值税作为市级政府的核心税种,其收入占市级税收收入的平均比重为46.84%,之后依次为企业所得税(28.79%)、个人所得税(10.57%),这三项税种已经涵盖86.21%的市级税收收入,可见增值税和所得税构成市级主体税种。其余九个税种则覆盖了剩下近14%的税收收入,其中城市维护建设税的平均比重为5.12%,土地增值税平均比重为2.72%,这两个税种也在税收总额中稍微占有一定分量,而剩下的如房产税、印花税、城镇土地使用税等税种则是零星分布,规模较小。

区级政府2007年至2018年的税种收入构成表明,增值税也是区级政府第一税收来源,占区级税收的平均比重为41.9%,之后依次为企业所得税(16.52%)、个人所得税(8.97%),此三项税种贡献了67.39%的区级税收收入。此外,区级政府的契税(7.58%)、土地增值税(7.16%)、房产税(3.45%)和城市维护建设税(2.87%),也是对区级税收收入做出贡献的四个税种,剩余的税种如城镇土地使用税、耕地占用税、环境保护税等规模和比重都较小,零散分布。

横向上比较市级与区级,以衡量不同税种在两级政府之间的配置情况。

(1)增值税

从2012年1月1日起,在上海市交通运输业和部分现代服务业正式开展"营改增"试点,之后陆续扩大至全国各省的各个行业试运行,至2016年5月1日起全面实行"营改增"改革。营业税完全被增值税取代意味着地方税收体系丧失主体税种,虽然在过渡期内增值税在中央与地方间的划分比例从 75%∶25%改为五五分成，但短期来看仍会对地方税收收入规模产生较大影响。

再将视线转移到上海市，2015 年，"营改增"前一年全市营业税（1 215.5 亿元）与增值税（1 012.8 亿元）之和为 2 228.3 亿元，2016 年全面"营改增"开始，2016 年至 2018 年全市年增值税收入分别为 2 460.44 亿元、2 460.39 亿元和 2 624.8 亿元，可见全市增值税收入规模并未因"营改增"而发生大幅减少，仍保持着稳步增长态势，"营改增"改革对上海产生的影响在可控范围内，但增值税替代营业税成为第一大税收来源，共享税超越地方税成为上海财政收入的主体。在全市增值税收入范围内，市级与区级增值税收入的比值约为 4.5∶5.5，即市级增值税占全市增值税的 45%左右，而区级占 55%左右，区级政府划分了相对较多的增值税收入。增值税作为地方首要共享税种，税收规模最大，目前市与区增值税划分情况显示区级分享较高比例，这与增值税理论归属不太相符。在当前阶段，增值税在省以下政府间适合定位于以上级政府为主的共享税，上海市级政府实际分享比例偏低，应适当向市级分享倾斜。但考虑到增值税是区级政府最大税收来源，直接降低其分享份额会导致区级税收规模锐减，引发财政压力，合理的做法是缓慢降低增值税分享比例。

（2）所得税

企业所得税是市级与区级政府的第二大税种，近年来上海市致力于推动经济高质量发展，产业结构升级和新旧动能转换成效逐步显现，企业利润增加，带动企业所得税增长高于年初预期。

市级与区级企业所得税收入的分享比例约为6∶4，市级吸纳了60%左右的企业所得税，高于区级的分享部分。企业所得税税基流动性大，且涉及社会公平和资源配置问题，适合由上级政府分配相对较多的份额，上海市与区的企业所得税的税种配置情况符合理论归属。

个人所得税于2018年10月起启动了提高起征点、扩大税率级距等减税政策，上海市积极响应，减轻自然纳税人的负担，个人所得税增长低于年初预期。税收划分方面，市与区两级呈现五五分成状态，个人所得税同样具有税率累进和收入再分配的性质，理论上不适合完全划归地方所有，但考虑到信息不对称和征管效率问题，未来个人所得税会按照综合与分类相结合模式进行调整。市级政府具有明显信息劣势，征管难度加大，而反观区级政府能更接近辖区内纳税人，掌握更详细的信息，征管起来效率更高，且也能激励各区改善就业环境，提高公共服务质量，因此个人所得税在当前五五分成的基础上需要进一步提高区级政府的分享比例，并逐步转变为区级政府的核心税种。

（3）财产税类

财产税类别中，城镇土地使用税和耕地占用税呈现出市级与区级之间六四分成，市级划分更多；房产税（75%）、土地增值税（80%）、车船税（60%）和契税（80%）则是区级政府分享更多的税收比例。虽然目前财产税类在市级和区级政府的税收规模和比重较小，但仍然是税收收入不可忽视的构成部分，同样需重视其在各级政府间的税种配置比例。根据财产税税基流动性小，税源具有地域性，信息多由地方政府掌握等属性，理论归属上适合划分为区级政府税种。实际划分情况显示，城镇土地使用税和耕地占用税区级划分比例低于50%，不符合理论归属，应增加区级划分比例；其余税种区级政府占据相对多的份额，基本符合理论预期，可以持续向区级倾斜，转变成区级政府的专有税种。

（4）其他税种

城市维护建设税由区级划分40%，印花税由区级分享90%，根据理论归属，这两个税种定位于以下级政府为主的共享税，但实际情况表明城市维护建设税未符合理论预期。城市维护建设税应在当前比例上稍微向区级政府倾斜即可，而印花税则是集中于区级政府，可以保持现状或稍微增大市级分享比例。

环境保护税是2018年新开征的税种，当年全市环境保护税收入1.8亿元，市级和区级分别征收1.3亿元和0.5亿元，两者的分享比例大致为7∶3，即大部分环境保护税收入集中于市级政府，不太符合环境税作为下级政府税种的理论归属。但考虑到环境保护税是新增税种，为确保税费制度改革的平稳转换、积累环境保护税征管的经验，前期先由市级政府统筹大部分税收是合理的安排，后期再考虑遵循理论归属，将环境保护税逐步转变为区级政府的税种。

二、市与区纵向财力分配度量

政府的财力水平是其履行财政事权和支出责任的重要保障。政府的财力主要来源于本级政府的一般预算收入以及上级政府的转移支付。但为了保证数据的可靠性和收集的完整性，各级政府的财政支出也经常作为衡量政府财力的重要标志,这里将上海市与区级政府的财政支出作为衡量各级政府财力的指标。① 先度量市级与区级政府间纵向财力分配状况,再衡量区级政府间横向财力分配情况,以形成对市区财力分配全面评估,可洞察出两级政府承担财政事权和支出责任的财力保障能力。

从表6-19可见,市级财力和区级财力均呈持续上升态势,其中市级财力从2007年的771.29亿元上升至2016年的3 125.4亿元,增长了4.05倍,年均递增16.82%;而同期区级的财力从2007年的1 430.63亿元提高到2018年的5 847.1亿元,增长了4.09倍,年均递增13.65%,市级财力在支出倍数增长和比例增长上均高于区级。②

市级财力所占平均比重为37.67%,其中在2007年至2009年的比重不断上升,在2010年至2014年的比重持续下降,2015年至2017年的比重又提升,但总体趋势较为平缓。区级财力所占平均比重为62.33%,其波动幅度不大。

尽管在一般预算收入上市本级所占比重达到50%左右,但经过市级对区级的转移支付后,市级本身可用的财力占比大为缩水。从市级自身承担的公共服务支出责任来看,市级与区级的0.35∶0.65的财力比重是相对合理的。随着市级逐步上升部分核心公共服务的支出责任后,其实际可用财力比重会有一定的提升。

---

① 上海市级与各区县政府基本做到预算收支平衡,各级政府的可支配财力与财政支出规模大致相当。
② 2017年、2018年市级分配的财力出现大幅下滑。

表 6-19 上海市级与区级财力分配

年份	市级		区级	
	规模（亿元）	比重（%）	规模（亿元）	比重（%）
2007	771.29	35.03	1 430.63	64.97
2008	984.15	37.60	1 633.53	62.40
2009	1 197.28	40.05	1 792.37	59.95
2010	1 278.23	38.70	2 024.66	61.30
2011	1 508.45	38.53	2 406.43	61.47
2012	1 524.83	36.44	2 659.19	63.56
2013	1 590.39	35.12	2 938.22	64.88
2014	1 687.35	34.27	3 236.09	65.73
2015	2 333.50	37.69	3 858.10	62.31
2016	3 125.40	37.50	5 209.10	62.50
2017	2 156.70	41.83	5 390.90	58.17
2018	1 700.50	39.28	5 847.10	60.72
均值	—	37.67	—	62.33

资料来源：根据 2007 年至 2018 年上海市本级、各区的一般公共预算收支执行表的数据整理。

三、区级间横向财力分配度量

区级间横向财力分配度量选择泰尔指数，其测算公式如前述，不再赘述。但需要说明的是：P_{ij} 表示各区级的财力，P_i 表示各中心城区、北三片、郊区的财力，P 表示各区级的财力总和；n_{ij} 表示各区级的人口数，n_i 为中心城区、北三片、郊区的人口数，N 表示各区级的总人口数。测算的年份为 2007 年至 2016 年，原始数据通过各区级财政局网站公布的"各年度预算执行情况报告"，以及区级财政局的"政府信息公开"渠道获取。

在上海区域划分上，将现有的 16 个区级划分为中心城区（发达区域）、北三片（较发达区域）、郊区（欠发达区域），并且为了进一步分析总体差异究竟多大程度上由区域间或区域内差异引起，将对总体泰尔指数的差异贡献率进行剖析。

$$T_{总体} = T_{区域间} + T_{区域内}$$
$$= T_{区域间} + T_{中心城区} + T_{北三片} + T_{郊区}$$
(6.10)

方程两边同时除以 $T_{总体}$，得出公式：

$$1 = \frac{T_{区域间}}{T_{总体}} + \frac{T_{中心城区}}{T_{总体}} + \frac{T_{北三片}}{T_{总体}} + \frac{T_{郊区}}{T_{总体}}$$
(6.11)

其中，$\frac{T_{区域间}}{T_{总体}}$、$\frac{T_{中心城区}}{T_{总体}}$、$\frac{T_{北三片}}{T_{总体}}$、$\frac{T_{郊区}}{T_{总体}}$ 分别为区域间差异、中心城区差异、北三片差异、郊区差异对总体差异的贡献率。

从图 6-3 可以看出，区级财力分配的总体泰尔指数呈不规则波动式下降态势，指数值从 2007 年的 0.028 4 下降到 2016 年的 0.018 6，特别是近几年区级间财力均衡性有所提高。区域间泰尔指数从 2007 年的 0.017 4 下降到 2016 年的 0.005 4，三大区域间的财力差异缩小明显。区域内的泰尔指数虽有一定不规则的波动，但幅度都不大。

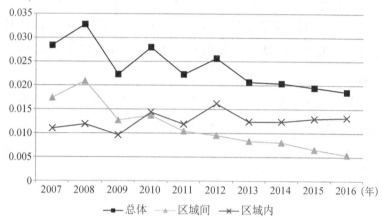

图 6-3 区级间财力分配的泰尔指数

(资料来源：根据 2007 年至 2016 年上海各区级财政收支决算报表、2016 年各区的一般公共预算收支执行表的数据整理)

从区级财力总体差异的区域分解来看（见表 6-20），区域间的财力差异平均贡献率占到 45.58%，区域内的财力差异平均贡献率达到 54.42%，这说明在构成总体差异的贡献因素中，区域间和区域内差异所占比重均接近一半。从时间变化来看，区域内差异的贡献率从 2007 年的 38.78% 提高到 2016 年 70.97%，而区域间差异的贡献率从 2007 年的 61.22% 下降到 2016 年的 29.03%。特别是 2010 年以后，区级财力总体差异的构成主体由区域间的差异逐步转变为区域内的差异。而在区域内的财力差异中，平均贡献率从高到低依次为：中心城区（30.67%）、郊区（21.71%）、北三片（2.04%）。综合分析表明要提升区级财力分配的均衡度，需致力于缩小区域间、中心城区、郊区的财力差距。

表 6-20 区级财力分配总体差异的区域分解

年份	中心城区(%)	北三片(%)	郊区(%)	区域内(%)	区域间(%)
2007	25.92	1.69	11.16	38.78	61.22
2008	29.74	1.17	5.38	36.28	63.72
2009	36.47	1.37	5.29	43.13	56.87
2010	37.42	1.87	11.92	51.21	48.79
2011	29.56	2.76	20.99	53.31	46.69
2012	25.37	3.06	34.63	63.07	36.93
2013	30.68	3.62	25.61	59.90	40.10
2014	28.08	2.04	30.70	60.82	39.18
2015	30.01	1.50	35.24	66.75	33.25
2016	33.44	1.35	36.18	70.97	29.03
均值	30.67	2.04	21.71	54.42	45.58

资料来源：根据 2007 年至 2016 年上海各区级财政收支决算报表、2016 年各区的一般公共预算收支执行表的数据整理。

四、区级财力均等化缺口度量

区级财力均等化水平的测算只能直观反映出区级财力均等化程度高低情况，而缺乏具体的量化数值来度量区级财力均等化缺口。后者评估区级财力均等化的真实状况，它是市级政府制定具体区级财力均衡政策的客观依据。

1. 区级财力标准人分配模型构建

区级财力均等化的实质是要达到各区人均可支配财力基本一

致,将标准人①作为人均可用财力均衡的计算依据,从而测算出区级财力均等化的真实缺口。区级财力标准人分配模型构建步骤如下。

第一步:设计均等化区域内某区级标准人 Q。

$$Q = \{Mm, Nn, Ll\} \quad (6.12)$$

假定一个户籍人口的标准人 Q,在常住地工作并创造了均等化区域②范围内的均等生产总值 M(本区域人均 GDP)、均等财政收入 N(本区域人均财政收入),享受均等公共服务 L(本区域人均财政支出),这些构成标准人的因素。若把它放到均等化区域内的一个区,则该区级标准人 Q 的因素包括:Mm(区域内某区人均 GDP)、Nn(区域内某区人均财政收入)、Ll(区域内某区人均财政支出)。

第二步:测算出均等化区域内某区级的标准人系数。

$$P = \{Mm/M, Nn/N, Ll/L\} \quad (6.13)$$

其中:Mm/M 为人均 GDP 系数;Nn/N 为人均财政收入系数;Ll/L 为人均财政支出系数。三者比例分配是:财政收入与 GDP 系数的比重各为 15%,财政支出系数的权重为 70%。可推导出:

$$P = Mm/M \times 15\% + Nn/N \times 15\% + Ll/L \times 70\%$$

$$(6.14)$$

---

① 标准人系在区域内创造人均生产总值、人均财政收入并享有均等公共服务的常住人口。

② 均等化区域是指中心城区、北三片、郊区这三个区域,以厘清各自区域内的区级财力均衡分配的真实状况。

标准人系数反映均等化区域内某区级标准人的财力水平状况。系数为 1 时,表明标准人实际财力达到均等化区域内的基本财力标准;系数偏离 1 的幅度越大,表明标准人实际财力水平越高或越低。

第三步:计算出各区应得的标准财力。

$$
\begin{aligned}
某区标准财力 &= 本区域标准人均财力 \times 某区标准人数 \\
&= (本区域总财力 / 区域标准人数) \times \\
&\quad (某区户籍人口 \times 某区级标准人系数)
\end{aligned}
$$

(6.15)

其中:区域标准人数为该区域内各区的户籍人口与其标准人系数的乘积之和,标准人系数提高到 1 及以上的水平。[①]

第四步:将三大区域内各区应得的标准财力与其实际可支配财力进行对比,可衡量出各区财力均衡分配的真实缺口,以此作为评判各区域内横向财力均衡状况的依据。

财力缺口是实际可支配财力与标准财力的差额。财力缺口比率 = (实际可支配财力 - 标准财力)/ 标准财力。某区的实际可支配财力若高于标准财力,说明其标准人分享了过多的财力资源;若低于标准财力则表明其标准人获取的财力不足。

2. 区域内各区的标准人系数测算

根据上述模型可测算出 2016 年上海三大区域内各区的标准人系数,见表 6-21。

---

① 从区级财力均衡角度考虑,应将标准人系数低于 1 的区县调高到 1 的水平,使其人均可支配财力达到均等化区域内的基本标准。

表 6-21 2016 年上海三大区域内各区的标准人系数

区域	人均GDP（元）	人均GDP系数	人均财政收入（元）	人均财政收入系数	人均财政支出（元）	人均财政支出系数	标准人系数
中心城区	143 684	—	13 009	—	15 770	—	—
浦东新区	170 686	1.19	15 424	1.19	19 001	1.21	1.20
黄浦区	130 786	0.91	10 693	0.82	13 291	0.84	0.85
徐汇区	100 002	0.70	9 928	0.76	10 900	0.69	0.70
长宁区	93 942	0.65	11 698	0.90	13 875	0.88	0.85
静安区	193 523	1.35	21 619	1.66	23 412	1.48	1.49
虹口区	113 458	0.79	6 116	0.47	9 428	0.60	0.61
北三片	71 574	—	5 571	—	8 654	—	—
普陀区	64 443	0.90	5 913	1.06	8 940	1.03	1.02
闸北区	64 247	0.90	6 690	1.20	9 997	1.16	1.12
杨浦区	81 961	1.15	4 587	0.82	7 572	0.88	0.91
郊 区	110 966	—	9 925	—	14 820	—	—
宝山区	117 926	1.06	7 968	0.80	12 961	0.87	0.89
闵行区	141 020	1.27	12 951	1.31	16 186	1.09	1.15
嘉定区	144 847	1.31	14 894	1.50	20 259	1.37	1.38
金山区	68 383	0.62	5 788	0.58	13 719	0.93	0.83
松江区	156 333	1.41	13 425	1.35	17 977	0.92	1.06
青浦区	128 487	1.16	12 967	1.31	19 446	1.31	1.29
奉贤区	94 577	0.85	7 748	0.78	12 997	0.88	0.86
崇明区	28 215	0.25	4 070	0.41	7 428	0.50	0.45

资料来源：根据《上海市 2017 年统计年鉴》的数据，按区级财力标准人分配模型计算。

中心城区的六个区属于上海综合发展水平较高的区，但标准人系数仍高低不一。静安区、浦东新区的标准人系数分别为1.49、1.20，说明这三个区的标准人可支配财力水平较高，这恰好与其经济实力强、财源充裕、公共服务水平高的现状相符。而黄浦区、长宁区、徐汇区、虹口区的标准人系数都低于1，分别为0.85、0.85、0.70、0.61，属于标准人财力状况相对较弱的区。其主要原因是这四个区的户籍人口较多，导致人均GDP、人均财政收入、人均财政支出的数值偏低，从而拉低了标准人系数。

北三片的三个区属于经济社会发展差距较小的区域，其标准人系数表现为差异较小。闸北区、普陀区、杨浦区的标准人系数分别为1.12、1.02、0.91，说明这三个区的标准人财力分配相对均衡。

郊区的八个区的综合发展水平偏弱，标准人系数差距明显。嘉定区（1.38）、青浦区（1.29）、闵行区（1.15）、松江区（1.06)的标准人系数较高，标准人相对其他的区获取更多的财力，符合这四个区财力状况更好的经验观察。而宝山区（0.89）、奉贤区（0.86）、金山区（0.83）的标准人系数都略低于1，其支配的财力水平稍弱。崇明区的标准人系数仅为0.45，其标准人分配的财力状况较差。

3. **区级财力均等化缺口度量**

在测算出区域内各区的标准人系数后，便可度量出2016年三大区域内各区的标准财力，以及相应的均等化财力缺口与比率（见表6-22）。财力缺口比率越大，说明该区域内各区级的财力分配越不均衡。

表 6-22 2016 年上海三大区域内各区的财力均等化缺口

区域	户籍人口（万人）	标准人系数	标准人数（万人）	标准财力（亿元）	实际可支配财力（亿元）	财力缺口（亿元）	缺口比率（%）
中心城区	625.41	—	701.19	991.49	991.49	—	—
浦东新区	272.28	1.20	326.59	461.81	524.06	62.26	13.48
黄浦区	60.19	0.85	60.19	85.11	80	-5.11	-6.00
徐汇区	91.09	0.70	91.09	128.80	99.29	-29.51	-22.91
长宁区	61.62	0.85	61.62	87.13	85.50	-1.63	-1.87
静安区	30.51	1.49	45.48	64.30	71.43	7.13	11.08
虹口区	79.28	0.61	79.28	112.10	74.52	-37.58	-33.53
北三片	266.26	—	276.33	230.41	230.41	—	—
普陀区	87.89	1.02	89.42	74.56	78.57	4.01	5.38
闸北区	69.21	1.12	77.75	64.83	69.19	4.36	6.72
杨浦区	109.16	0.91	109.16	91.02	82.65	-8.37	-9.20
郊 区	518.01	—	570.28	767.71	767.71	—	—
宝山区	88.29	0.89	88.29	118.86	114.43	-4.43	-3.72
闵行区	96.75	1.15	111.35	149.89	156.60	6.71	4.47
嘉定区	55.70	1.38	76.74	103.31	112.84	9.53	9.23
金山区	53.13	0.83	53.13	71.52	72.89	1.37	1.91
松江区	57.60	1.06	61.14	82.30	103.55	21.25	25.82
青浦区	45.46	1.29	58.56	78.83	88.40	9.57	12.14
奉贤区	52.18	0.86	52.18	70.24	67.82	-2.42	-3.45
崇明区	68.90	0.45	68.90	92.75	51.18	-41.57	-44.82

资料来源：根据《上海市 2017 年统计年鉴》的数据，按区级财力标准人分配模型计算。

中心城区六个区的实际可支配财力偏离标准财力的幅度较大，证实该区域财力缺口较大，财力非均等化程度较高。浦东新区（13.48%）、静安区（11.08%）可支配的财力高于标准财力的比率在10%左右，其标准人享受的公共服务普遍较高。黄浦区（-6.0%）、长宁区（-1.87%）可支配财力偏离标准财力的幅度不大，财力缺口较小，表现出实际财政投入略低于公共服务需求。而虹口区（-33.53%）、徐汇区（-22.91%）的可支配财力远远低于标准财力，财力缺口过大导致标准人获取的财力严重不足，影响到公共服务的均衡供给。

北三片三个区的实际可支配财力偏离标准财力的幅度较小，财力缺口不大。除杨浦区（-9.20%）获取的财力低于标准财力近10%外，闸北区（6.72%）、普陀区（5.38%）持有的财力高于标准财力略超过5%的水平，其财力分配相对均衡。

郊区八个区的实际可支配财力偏离其标准财力的现象比较严重，财力缺口较大，财力非均衡性显著。松江区（25.82%）、青浦区（12.14%）、嘉定区（9.23%）获取的真实财力远远高于标准财力水平。闵行区（4.47%）、金山区（1.91%）、宝山区（-3.72%）、奉贤区（-3.45%）可支配的财力相对均衡，其财力缺口绝对值控制在5%以下的水平。而崇明区（-44.82%）的实际财政投入则远低于标准财力，财力缺口最大，其公共服务水平低下。

在三大均等化区域内，中心城区的财力非均等化较为明显。由于除市对区级的税收返还外，这六个区很少从市级获得一般性与专项转移支付，标准人实际可支配财力与标准财力的缺口较大主要是考虑户籍人口因素后各区的经济发展水平、财政能力差异较大所致。这为中心城区内实行财力横向均衡与相对规范的标准人均等化分配模式客观上创造了条件。北三片是财力均等化程度最高的区域，三个区的历史渊源、区位特点、经济发展平台相似，标准人的财力缺口较小，财力分配比较均衡。这为北三片崛起后的财力均等化打下基础，有利于其公共服务的均衡提供。郊区的八个区的财力非均等化显著，呈现极不规则的情况。其实郊区多数区的经济发展能力相当，财力缺口剧烈波动主要源于市级对郊区各区的转移支付分配不均。虽然市级转移支付增强了区级的公共服务财政能力，但转移支付机制运行中出现的一些问题，使得郊区各区的财力均等化水平低下。

上海是财政综合能力极强的城市，通过测算其区级财力均等化水平，表明区级财力初次分配差距没有明显收敛，而区级财力再分配的均衡水平逐步提升，这说明转移支付有效地提高了区级财力的总体均等化水平。从区级财力差距的区域分解来看，经过市级转移支付调节后，区级财力总体差异的主要来源由区域内财力差异（尤其是郊区、中心城区）转变为区域间与区域内财力差异共同贡献。这表明转移支付缩小了区域内财力差距，但对改善区域间财力均衡的效果一般，需要进一步的调整。

在构建区级财力标准人分配模型，度量出三大区域内区级的财力均等化缺口后发现：发达的中心城区的财力分配失衡较严重，浦东新区、静安区标准人获得过多的财力，而虹口区、徐汇区标准人得到的财力不足；作为较发达区域的北三片的财力分配相对均衡，其标准人实际可支配财力偏离标准财力的幅度较小；

作为欠发达区域的郊区的财力分配缺口较大,松江区、青浦区、嘉定区享受了较多的财力,而崇明区的可支配财力严重不足。

第三节 市与区履行财政事权的财力匹配效果

利用财政自给率和财政保障能力系数两个指标,从政府自筹财力和可支配财力两个层面,衡量市与区的履行财政事权的财力匹配效果,以及上海 16 个区分区域的履行支出责任的财力匹配情况。

财政自给率[1]反映一级政府自筹财力满足支出责任需求的程度,体现为财权与事权的匹配度,为初次财力分配的结果。该指标数值越接近于 100%,说明一级财政自主"造血能力"就越强,自生财力匹配支出责任的效果越理想,对于上级财政转移支付的依赖程度也就越低。财政保障能力系数[2]则是考虑转移支付因素后,反映一级政府的可支配财力与支出责任的匹配程度,为财力再分配的结果。该指标数值越接近于 100%,说明一级政府实际可支配财力越能匹配履行财政事权所需的财政支出,财政保

---

[1] 市级与区级的财政自给率计算公式相同:财政自给率=本级一般公共预算收入/本级一般公共预算支出。

[2] 为了更全面综合地涵盖上下级转移支付对地方收入的影响,市级与区级的财政保障能力系数有一定差异:市级财政保障能力系数=(市级一般公共预算收入+中央对市转移支付-市对区转移支付)/市级一般公共预算支出;区级财政保障能力系数=(区级一般公共预算收入+市对区转移支付)/区级一般公共预算支出。鉴于税收返还是中央返给市,再由市返还给各区的份额,涉及的是上海与中央的资金分配关系,故在分析市与区的财政收支关系时不考虑税收返还的影响因素,况且在预算报表中市对区转移支付与税收返还两者是分开的。

障能力越强。

一、市与区财政自给率和财政保障能力系数测算

市级政府履行财政事权的财力匹配情况见图 6-4。市级政府的财政自给率从 2007 年的 140.63% 下降到 2009 年的 104.99%，之后又逐年递增到 2014 年的 130.91%，随后又波动式变化到 2018 年的 120.42%，市级每年的财政自给率均超过 100%，市级平均财政自给率为 123.27%，表明市级自筹财力能够完全覆盖其履行财政事权的支出需求，甚至还有较多的财力盈余，市级财政自给能力极强。市级基于统筹各区经济社会发展的需要，在初次财力分配中分享更多的份额是相对合理的，需要适度集中财力来弥补资金来源薄弱区的财力缺口、缩小区级基本公共服务的差距。

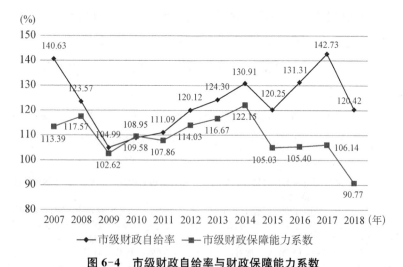

图 6-4 市级财政自给率与财政保障能力系数

（资料来源：根据 2007 年至 2018 年上海市、市本级的一般公共预算收支决算表，市对区一般公共预算转移支付决算表的数据整理）

经过中央对上海、市对区转移支付的财力调整之后,市级财政保障能力整体上有所下降,平均财政保障能力系数为109.27%,趋势上体现为从2007年的113.39%下降到2009年的102.62%,之后又逐年增长到2014年的122.15%,再进一步下降到2018年的90.77%,有些偏离100%的最优标准。总体上市级的财政保障能力较强,其综合可支配财力可以完全满足财政支出,且多数年份还有部分的资金富余。

对比市级的两个指标,市级财政保障能力系数基本都低于市级财政自给率,符合市级先集中部分财力,再统筹分配给各区以引导区级公共服务发展的策略要求。两者的"开口"从2007年的27.24%下降到2010年的-0.63%,之后再逐步提高到2018年的29.66%,说明市级除了保留其履行支出责任而必要的资金外,将更多的财力分配下沉到区级。

区级政府履行财政事权的财力匹配情况见图6-5。区级政府的财政自给率由2007年的71.21%波动式下降至2018年的67.38%,平均财政自给率为71.13%。其中,2007年至2014年区级财政自给率呈现较稳定的浮动,2015年至今则呈现快速下降趋势,且近两年财政自给率跌破70%,2017年达到最低水平65.32%。由区级财政自给率的变化趋势图可知,区级政府整体财政自给率不低,财政自给能力尚可,区级自筹财力能够一定程度上匹配支出责任;但从2015年开始财政自给率呈现下滑态势,即区级财政内生动力逐渐减弱,自生财力与履行财政事权和支出责任的匹配度也逐渐下降,区级政府面临较大的财政运行压力。这源于经济新常态以来各区面临新旧动能转换、产业结构升级等影响,税

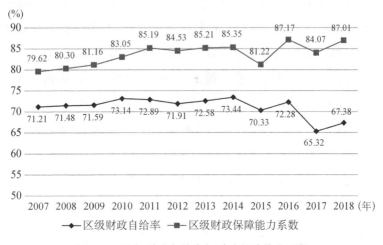

图 6-5　区级财政自给率与财政保障能力系数

（资料来源：根据 2007 年至 2018 年上海市、市本级的一般公共预算收支决算表，市对区一般公共预算转移支付决算表的数据整理）

源的扩容还需一段周期，税收增长从高速转向中低速，为落实"减税降费"政策而造成自生财力的政策性减收，由此带来区级财政的内生"造血功能"减弱。与此同时，基本公共服务支出呈现硬性增长，财政收支缺口扩大，带来财政自给率的下降。

经过市对区的转移支付调节后，区级政府的财政保障能力系数由 2007 年的 79.62% 上升至 2018 年的 87.01%，平均财政保障能力系数为 83.66%。其中 2007 年至 2014 年整体上呈现缓慢上升趋势，2015 年出现回落，触及底值 81.22%，之后逐年快速增长。区级政府整体上财政保障能力有所改善，且呈现出越来越强的趋势，区级可支配财力较大程度上能够匹配履行财政事权和支出责任所需。

对比区级的两个指标，区级财政自给率和财政保障能力系数两条折线在 2007 年至 2014 年呈现相似的上升趋势，但从 2015 年开始呈现反向变化趋势，且二者之间的"开口"越来越大，财政自给率和财政保障能力系数之间的差值由 2007 年的 8.41% 上升至 2018 年的 19.63%，说明市级转移支付弥补区级支出责任的财力缺口的程度在增强。基于区级财政自给能力减弱的形势，区级更多依赖市级转移支付来增强其财政保障能力。

综合分析市级和区级的财力匹配情况。市级政府的财政自给率和财政保障能力系数均大于 100% 的标准，而区级的两个指标数值却都低于 100%。说明市级所掌握的自筹财力或可支配财力，都可以完全匹配市级所肩负的财政事权，而区级政府财力则无法达到完全覆盖，存在收支匹配缺口。两者对比之下，市级政府财力匹配效果显著，尚有可观的财力盈余；区级的财力匹配程度虽然置于全国尚处于较高水平，但离财政收支达到完全匹配仍有一定差距，还需要依靠市级转移支付进行财力补充。市级财力盈余和区级财力不足并存的情况下，如何调整优化市区政府之间的财权事权划分，以避免出现市级财政资源闲置和区级过度依赖转移支付的情况，进一步提高市区两级政府履行财政事权的财力匹配效果，应当引起重视和思考。

二、上海 16 个区两个系数的测度

总体上衡量了市级与区级履行财政事权的财力匹配效果后，再深入探讨上海三大区域 16 个区的具体情况，以观察各区间的差异性。综合考量上海各区的经济社会发展水平、财政实力、地

理位置和历史等因素,将 16 个区划分为发达、较发达、欠发达三大区域,测算出 2007 年至 2018 年 16 个区的平均财政自给率和平均财政保障能力系数,见表 6-23。

表 6-23 上海各区 2007 年至 2018 年平均财政自给率和财政保障能力系数

区域划分	区名	财政自给率(%)	财政保障能力系数(%)
发达区域	浦东新区	81.92	87.23
	黄浦区	81.94	83.97
	徐汇区	84.82	87.66
	长宁区	87.77	90.59
	静安区	74.68	83.08
较发达区域	虹口区	66.17	82.43
	杨浦区	62.32	82.64
	嘉定区	72.77	80.76
	闵行区	75.57	86.02
欠发达区域	普陀区	63.70	82.08
	宝山区	61.55	80.74
	金山区	46.06	74.91
	松江区	67.36	82.09
	青浦区	63.44	76.71
	奉贤区	50.46	78.38
	崇明区	33.83	85.29

资料来源:根据 2007 年至 2018 年上海各区的一般公共预算收支决算表,市对各区一般公共预算转移支付决算表的数据整理。

发达区域中,除静安区的平均财政自给率为 74.68%外,其余四个区的平均财政自给率均高于80％，表现出高水平的财政自生能力，这得益于发达区域的经济社会发展繁荣，拉动财政实力不断增强。尤其是长宁区的平均财政自给率高达87.77％，为上海16个区中最高的，即长宁区的财政"造血"功能最强，能够靠自生财源支持绝大部分事权所需的财政资金；而静安区的平均财政自给率在发达区域中表现较差，甚至不及较发达区域中的闵行区。综上，发达区域整体的财政自给能力处于高水平，自筹财力匹配财政事权和支出责任的效果较好，可继续保持当前水平，但需注意增强静安区的财政自生能力，缩小与其余四个区的差距。纳入市级转移支付后，发达区域中五个区的平均财政保障能力系数均处于高水平，长宁区财政保障能力系数甚至达到90％以上，静安区的财政保障能力系数也达到了83.08％，发达区域整体的财政保障能力可观。

较发达区域中，嘉定区（72.77％）和闵行区（75.57％）的平均财政自给率明显高于杨浦区（62.32％）和虹口区（66.17％），说明嘉定区和闵行区的财政"造血"功能强于杨浦区和虹口区，财政自筹收入与支出责任匹配效果较好，而杨浦区和虹口区则需要提高其财政自给能力，扩容这两个区的自生财源，缩小与嘉定区和闵行区的差距，促进同一区域中四个区财政自生实力的均衡。经过市级转移支付后，四个区的平均财政保障能力系数均有所提升，超过80％的水平，尤其是闵行区的财政保障能力系数达到86.02％，说明四个区纳入转移支付后的综合财政实力尚可，财政保障能力接近于发达区域的水平，可支配财力的匹配效果得到改善。

欠发达区域中，各个区的财政自给能力和财政保障能力水平则参差不齐。普陀、宝山、松江和青浦区的平均财政自给率处于中等水平,基本与较发达区域中的杨浦和虹口区水平相同,可在维持现有水平基础上寻求进一步增强财政自生能力;而金山、奉贤和崇明区的财政自给率均低于或约等于50%,处于较低水平,尤其是崇明区的财政自给率仅有33.83%,为上海全市平均财政自给率最低的一个区。这三个区的财政自主"造血"功能较差,自生财源远远不够支撑履行财政事权所需资金,极其依赖市级转移支付,因而需要重点关注这三个区,总结其财政内生动力不足的症结所在,通过倾斜政策资源以增强其财政自生能力。经过市级转移支付后,欠发达区域内各区可支配财力大幅增加,有四个区的财政保障能力系数都能达到80%以上,具备基本满足财政事权和支出责任的财政保障能力。尤其是财政自生能力最差的崇明区,获得转移支付后财政保障能力系数高达85.29%,也侧面反映出市级对崇明区倾斜的财力补助力度最大,崇明区财政保障能力甚至已经达到发达区域标准;需要注意的是,金山、青浦和奉贤区财政内生"造血"能力本就偏弱,即使吸纳转移支付后的财政保障能力系数仍低于80%,因此市级政府需要同时提高这三个区的自生财源和接受转移支付后的综合财力,从而增强其财政自生和财政保障能力。

第四节 市级转移支付调节区级财力与分担财政事权的效果

上海市级对区的各类转移支付是弥补区级财力缺口,均衡各区公共服务提供能力的重要保障,主要分为一般性转移支付和专项转移支付。① 本节先分析市级对区级转移支付的规模与结构,以观察市级转移支付对区级的整体支持状况;再评估市级转移支付调节区级财力与分担财政事权的效果:收入一翼考察市级转移支付弥补区级财力缺口、调节区级可支配财力的程度;支出一翼考察各项目转移支付分担区级主要财政事权事项的状况。

一、转移支付规模与结构的合理性衡量

表6-24显示,2007年至2018年上海市级对区级的转移支付规模呈现明显的逐年扩大趋势,从2007年的120.36亿元上升至2018年的1 091.3亿元,年均增长率为22.19%。具体来看,一般性转移支付从110.94亿元增长至645.4亿元,年均增长17.36%,其中,均衡性转移支付在教育、"三农"、医疗卫生、社会保障、社区管理、城市维护等方面增长均比较明显,极大地提升了区级公共服务水平;同时在体制性转移支付中,给予困难区的体制补助和乡财区管补助这两类保持稳定增长,这体现了上海逐步将转移支付增量资金的分配重点向人口导入区和财力困难区倾斜,以适应上海经济社会建设重心向郊区转移的政策趋势。

---

① 一般性转移支付下设均衡性转移支付和体制性转移支付两个子类;专项转移支付下设民生保障类、城市管理类、"三农"支持类、节能环保类、产业发展类、建设工程类。

表 6-24　上海市对区的转移支付规模

年份	市对区转移支付（亿元）	一般性转移支付（亿元）	专项转移支付（亿元）
2007	120.36	110.94	9.42
2008	143.31	132.85	10.46
2009	171.50	159.70	11.80
2010	200.60	187.20	13.40
2011	296.00	279.60	16.40
2012	335.70	317.30	18.40
2013	371.00	347.30	23.70
2014	385.40	360.30	25.10
2015	420.00	382.30	37.70
2016	675.90	446.20	229.70
2017	1 000.10	578.90	421.20
2018	1 091.30	645.40	445.90

资料来源：根据 2007 年至 2018 年上海市对区一般公共预算转移支付执行情况表的数据整理。

专项转移支付从 9.42 亿元增长至 445.9 亿元，年均增长 42.0%。专项转移支付重点用于民生保障类、"三农"、城市维护与社区管理。其中，民生保障主要包括医疗互助、老年综合津贴专项补助、教育综合改革专项补助等；"三农"主要包括强农惠农专项补助、经济薄弱村专项补助、林业建设专项补助等；城市维护与社区管理主要有大型居住社区运行维护专项补助、非商品住宅二次供水设施改造专项补助。2015 年专项转移支付资金仅为 37.7 亿元，从 2016 年开始专项转移支付大幅度增加，2016年至2018年分别为229.7亿元、421.2亿元和445.9亿元，2016年环比增长509.28%，2017年环比增长83.37%，这主要源自专项转移支付中"基本建设专项补助""水利建设专项补助"等建设工程专项项目的资金规模剧增，为市级政府提供给区级城区建设工程、城市维护和水利建设方面的专项资金补贴。

市对区的转移支付能保持稳定的增长率，为充实区级财力、引导各区增强公共服务投入起到重要作用。尤其从2016年"十三五"规划元年开始，上海致力于推动经济高质量发展和深化财税体制改革，为确保区级财政可持续性，缩小各区财力不足与失衡，市级进一步加大了对区级政府和重点领域的转移支付投入，以推动各区在教育、医疗、社会保障和乡村振兴等方面平衡发展，促进区域间基本公共服务供给均衡。

市对区的转移支付结构情况见图6-6。2007年至2015年，一般性转移支付占转移支付总量的比重一直保持在91%以上，平均比重为93.16%；专项转移支付平均比重为6.84%，这段时期转移支付的结构呈现非常明显的分化，一般性转移支付占据绝对主导地位。自2016年起，一般性转移支付比重从2015年的91.02%大幅下降至66.02%，2016年至2018年一般性转移支付平均占比为61.01%；而专项转移支付随着2016年"基本建设专项补助"等建设工程类专项资金的大幅增加，其比重提高至33.98%，2017年和2018年分别达到42.12%、40.86%。当前阶段，一般性转移支付不再是转移支付构成中占绝对主导地位的部分，专项转移支付的地位开始提升，二者的划分比例大致呈6∶4。

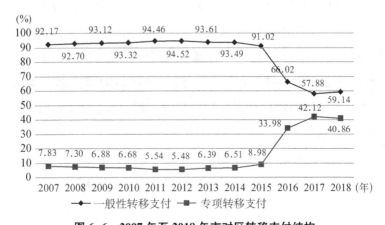

图 6-6　2007 年至 2018 年市对区转移支付结构

（资料来源：根据 2007 年至 2018 年上海市对区一般公共预算转移支付执行情况表的数据整理）

以 2018 年为例，观察一般性转移支付与专项转移支付的名目分类现状。一般性转移支付分为均衡性转移支付和体制性转移支付，其中均衡性转移支付占比 63.5%，包含九大民生项目（教育、"三农"、医疗卫生、社会保障等），项目种类偏多且项目多元，导致一般性转移支付的专项化特征逐渐明显，弱化了一般性转移支付的自主性和资金使用效率；专项转移支付则包含六大项共 38 个名目，存在名目繁杂、政出多门、条块分割、资金分散、管理复杂等问题。

通过分析上海市级对区级的转移支付发现：规模上，转移支付规模呈现逐年增长趋势，且近三年增速较快，虽然转移支付是不可或缺的财政工具，但若区级过度依赖市级转移支付作为财力补充，则会造成预算软约束问题，影响区级政府的财政自主性和积极性；结构上，2016年前一般性转移支付为重中之重，2016年后一般性转移支付比例大幅下降，专项转移支付占比上升，二者比例大致为6∶4。根据上海市深化财税体制改革的要求，需要进一步完善市对区转移支付制度，加大对重点领域和区域的聚焦支持力度，着力从财政体制上引导和支持各区充分发挥比较优势，整合规范专项转移支付，优化完善一般性转移支付。现阶段转移支付制度安排应当回归到以一般性转移支付为主要类别，以增强区级政府使用财政转移支付资金的自主性，从而更有效率地提供公共服务，促进民生福祉，实现区域协调发展。

二、收入侧效应：转移支付调节区级可支配财力

收入一翼，采用转移支付/（转移支付+区级一般公共预算收入）这一指标来整体上度量市级转移支付弥补区级财力缺口、调节区级可支配财力的效果；并深入分析转移支付对上海16个区的收入侧效应，通过将16个区划分为发达、较发达和欠发达三个区域，以衡量市级拨付给各个区的转移支付调节各区可支配财力的程度。该指标值越大，代表区级可支配财力中来自市级转移支付的部分越多，弥补区级政府财力缺口的程度越高，转移支付保障区级政府可支配财力的效果越好。

图6-7显示，2007年至2018年转移支付占区级可支配财力的比重大体呈现波动上升趋势，总体上涨12个百分点，其中2007年至2012年从10.56%稳步上升至14.93%，2013年至

2015年出现小幅度下跌至13.40%,之后保持逐年递增态势,到2018年达到峰值为22.56%,即该年度区级政府的可支配财力中有22.56%来自市级转移支付,其余大部分资金仍来自区级自筹财力。这表明区级政府吸收市级转移支付后,能够在一定程度上弥补因财权配置不足而产生的自身财力缺口,充分保障区级有足够的可支配财力用于履行财政事权,以为辖区内居民提供良好的公共服务,且近几年市级转移支付调节区级财力的收入侧效果呈现增强趋向,反映出市级将更多的资金下沉到区级。

图6-7 2007年至2018年市级转移支付收入侧效应

(资料来源:根据2007年至2018年上海市对区一般公共预算转移支付执行情况表、上海市、市本级的一般公共预算收入决算表的数据整理)

接下来细化评估2008年至2018年市级转移支付调节上海三大区域16个区财力的收入侧效应,见表6-25。

表 6-25 2008 年至 2018 年市对各区转移支付收入侧效应

区域	区	2008（%）	2010（%）	2012（%）	2014（%）	2016（%）	2018（%）	平均（%）
发达区域	黄浦	2.17	0.77	0.55	0.73	0.81	4.30	1.64
	浦东	0.85	5.95	6.65	6.23	7.26	10.06	6.33
	长宁	2.77	1.10	1.49	1.43	1.50	4.96	2.21
	徐汇	2.91	1.63	1.98	1.98	4.47	5.38	3.01
	静安	7.09	7.35	8.91	8.00	9.99	19.97	9.88
较发达区域	杨浦	19.69	23.17	23.66	21.73	23.67	33.52	24.29
	虹口	12.58	14.65	18.83	15.66	19.32	33.38	18.96
	嘉定	14.31	4.05	7.25	6.26	9.26	16.72	8.81
	闵行	5.20	7.80	12.84	12.70	17.22	22.12	12.96
欠发达区域	普陀	16.70	20.38	22.55	20.09	23.40	31.03	22.45
	金山	27.19	42.36	39.60	36.62	40.40	39.83	38.46
	青浦	2.65	7.53	17.46	16.45	27.27	26.99	16.09
	松江	2.22	5.96	18.62	19.47	22.53	29.77	17.23
	奉贤	23.15	32.99	35.39	32.87	46.91	38.44	35.44
	宝山	11.95	18.43	26.08	25.12	25.49	33.88	23.98
	崇明	57.97	60.25	62.14	59.46	55.46	63.70	60.01

资料来源：根据 2008 年至 2018 年上海市对区一般公共预算转移支付分区执行情况表、上海各区一般公共预算收入决算表的数据整理；2007 年部分区的数据缺失则没有计算。

发达区域中，五个区各自的平均比重均低于 10%，整体低于较发达区域和欠发达区域的比重，说明转移支付对这些区的财力调节效应一般。其中：黄浦区的平均比重是 16 个区中水平最低的，仅为1.64%，代表黄浦区的财政实力较强，较少运用市级转移支付弥补财力缺口，其自筹财力能够满足公共服务支出需求；徐汇区（3.01%）、长宁区（2.21%）也表现出财政自生能力较好，利用转移支付来弥补财力缺口的程度较低；浦东新区（6.33%）与静安区（9.88%）的平均比重远高于发达区域中的其他区，说明尽管这两个区的经济发展和财政实力列位于发达区域水平，但仍需部分倚重市级转移支付来补充其可用财力。以2018年为例，静安区（19.97%）、浦东新区（10.06%）、徐汇区（5.38%）、长宁区（4.96%）、黄浦区（4.30%）均高于以前年份的数据。近几年市级转移支付调节发达区域财力的收入侧效应在增强，说明这些区依赖转移支付的程度在提高。

较发达区域中，嘉定区的表现比较特殊，其平均比重为8.81%，远低于较发达区域中的其他区，甚至低于发达区域中静安区的水平，表明嘉定区的财政实力相对较强，需要转移支付弥补财力缺口的程度较低，但2018年的比重达到了16.72%，说明近两年市级转移支付调节嘉定区可支配财力的效果有所增强；闵行区稍高于嘉定区，其平均比重12.96%，2018年的实际比重为22.12%，大致接近同年整个区级政府的水平，处于一个中等水平；杨浦区和虹口区的平均比重分别为24.29%和18.96%，2018年的实际比重则为33%左右，即杨浦区和虹口区的综合可支配财力中有三分之一由转移支付来贡献，转移支付弥补财力缺口的程度较高，以保障杨浦区和虹口区拥有足够的财力去履行财政事权和支出责任。

欠发达区域中，七个区的转移支付占可支配财力的平均比重参差不齐。崇明区的平均比重是全市16个区中排列最高的，平均比重高达60.01%，2018年实时数据达到了63.7%，即崇明区的可支配财力中有六成来自市级转移支付，自筹收入反而低于转移支付的份额，仅占四成，可见崇明区的财权配置完全不足以提供充裕的财源收入，需要市级提供大量的资金补助才能保证有足够的财力用以履行财政事权和支出责任，转移支付对于弥补崇明区财力缺口的程度非常高；金山区和奉贤区的平均比重偏高，分别是38.46%和35.44%，2018年实际的比重接近平均值，分别是39.83%和38.44%，即可支配财力中40%左右的资金来自转移支付，转移支付对于这两个区而言是弥补财力不足的重要工具，以获取足够的财力来保障辖区内的公共服务供给；普陀区、青浦区、松江区和宝山区的平均比重中等，大概范围在15%—25%，2018年的实际比重则都是30%左右，与较发达区域中的杨浦区和虹口区类似，目前转移支付占据了可支配财力的三分之一左右，其弥补财力缺口的重要性不可忽视。

总结三大区域16个区的转移支付收入侧效应，整体上来看，转移支付分别弥补发达区域、较发达区域和欠发达区域财力缺口的程度逐渐提高，与所在区域的发达水平高度负相关，即越发达的区域，市级转移支付对其财力调节的程度越低。发达区域内各区自身财政实力强，自筹收入相对充裕，因而转移支付对财力的贡献作用相对较低，尤其是黄浦区和长宁区；较发达区域居于中等水平，除嘉定区的表现特别之外，转移支付对其余各区可支配财力产生部分贡献，减轻了自筹财力不够充裕的困境；欠发达区域因各个区的经济和社会发展水平相对偏低、财政能力稍弱和历史遗留问题等因素导致自筹财力相对不足，尤其是崇明区的财政自生能力最差，市级转移支付能很大程度地弥补这些区的财力缺口，扩充其可支配财力来满足支出责任需求。

三、支出侧效应：转移支付分担区级财政事权

支出一翼，观察市级转移支付分担区级政府财政事权和支出责任的情况，即区级各项财政事权对应的财政支出中有多少依赖于市级转移支付。选取社会保障、医疗卫生、教育、公共安全、节能环保、公共文化和城乡社区①这七项与民生息息相关的重点财政事权事项，采用"各项目转移支付/区级各项目财政支出"这一指标进行衡量，再对2007年至2018年的数据取平均值，平均值越大，即市级转移支付对该事权项目的分担程度越高，区级政府对于该项事权的财政支出压力越小，由此洞察出市级政府对于哪一类财政事权项目更为侧重和支持。

图6-8显示，区级政府在节能环保（47.93%）这一项事权的财政支出中有接近一半由市级转移支付来分担，是七项重点财政事权中平均比重最高的，可见市级对区级节能环保项目的重要支撑。节能环保具有外部性强、信息复杂程度高的特质，适合主要作为市级财政事权，但考虑到区级信息处理更便捷，可部分委托区级来履行支出责任，形成激励相容机制，因而需要拨付足够的转移支付，当前节能环保的市级转移支付分担程度是理想的。

---

① 科学技术这项财政事权事项没有市对区的转移支付，故不予考虑。

第六章　上海市与区财政事权和支出责任划分效应评估

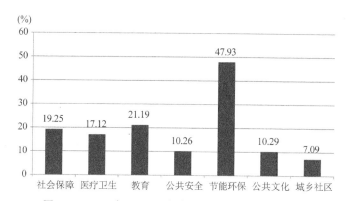

图 6-8　2007 年至 2018 年市级转移支付支出侧效应
（资料来源：根据 2007 年至 2018 年上海市对区一般公共预算转移支付执行情况表，上海市、市本级的一般公共预算支出决算表的数据整理）

社会保障（19.25％）、医疗卫生（17.12％）和教育（21.19％）这三项核心民生项目由市级分担 20％左右的支出责任，体现市级对这些项目一定程度的重视。其中，社会保障和医疗卫生的外部性范围和信息复杂程度较适中，适合作为市区共有的财政事权且市级应承担更多，因而需要市级进行一定程度的分担，当前社会保障和医疗卫生的转移支付分担比例尚可；而教育具有全市范围的外部性，应主要归属于市级财政事权，但限于信息管理相对复杂，可部分委托区级政府来组织实施，并通过教育转移支付来保障区级支出的需求，但目前教育转移支付的分担比例不太理想，并未体现出市级对区级教育财政支出应当有的支持效果，绝大部分教育支出责任仍然由区级政府承担，可考虑加大市级对区级教育方面的转移支付力度。

公共安全（10.26％）、公共文化（10.29％）和城乡社区（7.09％）三项财政支出中获得市级转移支付的比例较低，大部分支出责任由区级自有财力来覆盖，市级政府未提供更多的分担。其中，公共安全拥有外部性强，信息复杂程度适中的特点，适合以市级政府负责为主，可部分委托区级来承担支出责任，目前公共安全的转移支付分担比例偏低，据此市级应适当增加公共安全转移支付；公共文化和城乡社区都具有信息处理复杂度高且外部性范围较小的特点，应主要归属于区级政府财政事权，因而市级转移支付适当支持即可，当前市级分担区级公共文化和城乡社区支出的比例较为理想。

四、市对区级转移支付的财力均衡效果

以转移支付前后区级间财力差异的差额来衡量市对区级转移支付的财力均衡效应，进而反映转移支付对区级履行公共服务支出责任能力的调节状况。

1. 测算方法描述

区级间财力差异的测算方法同样采用泰尔指数，其公式与前述相同，但公式中的指标内涵发生变化。其中：P_{ij} 表示各区级的一般预算收入（或可支配财力）金额，P_i 表示中心城区、北三片或郊区的一般预算收入（或可支配财力）金额，P 表示各区级汇总一般预算收入（或可支配财力）金额；n_{ij} 表示各区级的人口数，n_i 表示中心城区、北三片或郊区的人口数，N 表示全市的人口数。

转移支付前区级间财力差异用区级一般预算收入的泰尔指数来表示，而转移支付后区级间的财力差异用区级实际可支配财力的泰尔指数来表示。两者间的差额反映转移支付的区级财力均衡效应，可表示为：

均衡化效应 ＝($T_{转移支付后}$ － $T_{转移支付前}$)/$T_{转移支付前}$

其数值通常为负值，其绝对值越大，表明转移支付的财力均衡性越大；T 为泰尔指数。

2. 转移支付的区级财力均衡效应

由表 6-26 可见，区级实际可支配财力的泰尔指数均小于区级一般预算收入的泰尔指数，说明转移支付具有一定的财力均衡效果，缩小了区级间的财力差距。在测度年份内，转移支付的平均财力均衡效应为 35.88%，除 2009 年达到高点 45.63% 和 2013 年处于低位 27.27% 外，其余年份比较平衡。这反映出市级转移支付对区级财力差异的总体均衡效应并未呈现增强趋势，在一定程度上制约了均衡区级公共服务能力的空间。

表 6-26 转移支付的总体财力均衡效应

年份	$T_{转移支付前}$	$T_{转移支付后}$	($T_{转后}$ － $T_{转前}$)/$T_{转前}$(%)
2007	0.070 0	0.045 6	－34.86
2008	0.072 9	0.047 7	－34.57
2009	0.056 1	0.030 5	－45.63
2010	0.060 2	0.039 2	－34.88
2011	0.050 2	0.032 7	－34.86
2012	0.047 4	0.028 8	－39.24
2013	0.040 7	0.029 6	－27.27
2014	0.039 4	0.026 9	－31.73
2015	0.057 1	0.036 6	－35.90
2016	0.036 3	0.021 8	－39.84

数据来源：根据 2007 年至 2015 年上海各区级财政收支决算报表、2016 年各区的一般公共预算收支执行表的数据整理。

从表 6-27 可见，转移支付仅在 2008 年、2009 年、2010 年、2015 年和 2016 年五个年度起到区域内的财力均衡作用，其余年份则出现逆效应。而在转移支付前的区级财力初次分配差异就呈现出一定的不稳定性，转移支付后其不稳定性继续提高，反映出转移支付对区域内的财力平衡效果存在不确定性。

表 6-27 转移支付的区域内财力均衡效应

年份	$T_{转移支付前}$	$T_{转移支付后}$	$(T_{转后}-T_{转前})/T_{转前}(\%)$
2007	0.020 0	0.021 0	4.86
2008	0.022 1	0.019 4	-12.04
2009	0.019 1	0.013 8	-27.95
2010	0.021 3	0.020 9	-1.94
2011	0.015 8	0.016 7	5.98
2012	0.014 2	0.015 2	7.43
2013	0.016 1	0.019 6	21.69
2014	0.015 0	0.017 4	16.67
2015	0.027 8	0.021 8	-21.63
2016	0.014 5	0.010 8	-25.52

数据来源：根据 2007 年至 2015 年上海各区级财政收支决算报表、2016 年各区的一般公共预算收支执行表的数据整理。

分区域来看（见表 6-28），转移支付对中心城区产生一定的财力均衡作用，平均均衡效应为 11.38%。在 2011 年至 2014 年的均衡作用提升显著，这可能是因为中心城区各区的经济发展水平较高，带来的税收增幅较大，从市级获得的税收返还数额增长也较快，从而提高了转移支付对中心城区的财力均衡效果。

表 6-28 转移支付的中心城区、北三片和郊区财力均衡效应

年份	(中$T_{转后}$－中$T_{转前}$)/中$T_{转前}$(%)	(北$T_{转后}$－北$T_{转前}$)/北$T_{转前}$(%)	(郊$T_{转后}$－郊$T_{转前}$)/郊$T_{转前}$(%)
2007	－3.05	13.08	11.09
2008	－6.90	17.65	－18.92
2009	－8.54	－99.47	－42.79
2010	－7.56	－87.97	15.11
2011	－17.31	－82.62	28.98
2012	－19.31	－84.89	71.50
2013	－11.52	－78.59	105.30
2014	－20.93	－81.47	106.28
2015	－6.39	－15.85	－33.43
2016	－12.25	－11.45	97.12

数据来源：根据 2007 年至 2015 年上海各区级财政收支决算报表、2016 年各区的一般公共预算收支执行表的数据整理。

转移支付对北三片除 2007 年、2008 年未起到财力均衡效果外，2009 年至 2014 年保持在 80％以上的显著均衡效应，有效地缩小了这三个区的财力差距。

转移支付只在 2008 年、2009 年、2015 年改善了郊区财力均衡度，其余年份表现出较强的逆效应，反映出转移支付并未真正改进郊区各区级的财力均衡状况。郊区各区级财力差异所引发的公共服务能力的失衡要引起高度重视，市级转移支付需要关注如何平衡郊区内的财力差距。

从表 6-29 可见，转移支付调节区域间财力差异的平均均衡效应达到 52.59％，并表现出一定的效应增强趋势，说明转移支

付对区域间的财力均衡效果显著,这可能是由于上海在推进"分类指导、差别政策"的财政体制改革进程中,市级的转移支付资金重点用于财力缺口较大的郊区以及北三片区域,从而提升了区域间的财力均衡水平。

表 6-29 转移支付的区域间财力均衡效应

年份	$T_{转移支付前}$	$T_{转移支付后}$	$(T_{转后} - T_{转前})/T_{转前}(\%)$
2007	0.050 0	0.029 7	-40.52
2008	0.050 8	0.028 3	-44.29
2009	0.036 9	0.016 7	-54.70
2010	0.038 9	0.018 3	-53.03
2011	0.034 4	0.015 9	-53.68
2012	0.033 3	0.013 6	-59.18
2013	0.024 6	0.010 0	-59.57
2014	0.024 4	0.009 5	-61.24
2015	0.029 3	0.014 8	-49.64
2016	0.021 8	0.010 9	-50.00

数据来源:根据 2007 年至 2015 年上海各区级财政收支决算报表、2016 年各区的一般公共预算收支执行表的数据整理。

通过评估市级转移支付对区级间财力的均衡效应,得出以下结论。

一是市级政府平均将自身收入的 39.23% 补助给了区级,体现对调节区级财力缺口的重视程度。通过合理安排一般性转移支付和专项转移支付来优化转移支付结构,既保证了一般性转移支付的统筹保障作用,又强化了专项转移支付的定向支持功能。

二是在区级层面,转移支付促进了区级总体与区域间的财力均衡,为区级间与区域间的公共服务平衡发展做出了贡献。而转移支付对调节区域内(尤其是郊区内)财力差异的效果不佳。下一步改进的重点是如何提升转移支付的总体、区域间财力均衡效应,以及财力尽量向郊区的相对薄弱的区级下沉,为均衡区域公共服务水平提供财力均衡保障。

第七章

上海市区两级政府财政事权和支出责任划分案例：三个样本区的观察

第七章 上海市区两级政府财政事权和支出责任划分案例：三个样本区的观察

市与区是上下级财政关系，整体上评估它们之间的财权事权划分情况相对容易。但考虑到全市各区履行公共服务支出责任的财力能力差异显著，通常发达区的财政事权承受能力较强，欠发达区的财政事权负担能力稍弱。那么，市级政府在处理市与各区的财政关系时应体现出差异性，原则上财力向财源基础薄弱、公共服务支出责任较重的区倾斜。政策设计与实施的关键前提就是要弄清各区与市级在财权事权分工上的差异化程度，以观察各区财力匹配财政事权和支出责任的水平。据此，本章根据不同区域的经济发展水平、财政充裕度、公共服务提供能力等，分别选取来自发达区域——徐汇区、较发达区域——杨浦区、欠发达区域——崇明区为研究样本，分析这三个区与市级在财权事权划分上的效果。

1. 考量样本区与市级在重点财政事权领域的支出分工情况

选取社会保障、医疗卫生、教育、科学技术、公共安全、节能环保、公共文化和城乡社区这八项重点财政事权加以分析。[①] 以外部性、信息复杂性、激励相容及行政效率等作为市与区财政事权和支出责任划分的标准，由此理论上可推断出：教育、科学技术、公共安全、节能环保作为以市为主的财政事权；公共文化、城乡社区作为以区为主的财政事权；社会保障、医疗卫生作为市区共有的财政事权。

市级政府履行的每一项财政事权都会惠及每个区，且多数事

---

① 三个样本区的八项财政事权支出数据统一采用名义支出。

权是跨区域的，于是很难甄别出市级对各区的具体支出数额。故以"样本区市级某项财政事权/本级一般公共预算支出"的比重来相对反映该级政府对此项财政事权的重视程度，并比较两者比重大小来判定是否偏离财政事权的理论归属，由此捕捉到市级与区级的财政事权和支出责任划分情况。样本区与市级的支出责任划分效果优劣的衡量标准是：以市为主的财政事权上，市级支出占比越高于区级支出占比则效果越佳；以区为主的财政事权上，区级支出占比越高于市级支出占比则效果越佳；市区共有的财政事权上，市级与区级的支出占比越接近则效果越佳，但市级作为区域公共服务的统筹者，原则上其承担比重可适当高于区级。

2. 考量样本区与市级的初始财权配置情况

综合度量样本区与市级的税收收入、非税收入以及分税种收入的划分格局，从相对的角度来评估样本区与市级的初始财力分配关系。

采用各项收入占财政收入的比重大小表示样本区政府的收入来源的重要性，进而依据市区两级的财权配置规则和税种基本属性来比较样本区与市级的财政收入来源差异，以观察其与理论归属是否一致。选取了市与区收入占比排序前列且具有代表性的八个税种，即增值税、企业所得税、个人所得税、房产税、土地增值税、契税、城市维护建设税和印花税，其余零星分布、占比极小的税种暂不在考虑范畴。

3. 衡量样本区的财力与支出责任匹配情况

从财力匹配支出责任的角度来测度不同发达程度的样本区履

行支出责任的财政承受力,可分为自筹财力与支出责任匹配度、可支配财力与支出责任匹配度,① 即分别考察各区的初次财力分配中,该区的自筹财力能否满足其支出责任需求;纳入市级转移支付后形成的市与区财力再分配中,该区的可支配财力能否满足其支出责任需求。

两个匹配度的数值越接近于 1,代表该区级政府的自筹财力与可支配财力各自越能匹配支出责任,其匹配结果越理想。② 两个匹配度之间的差值反映市级转移支付调节样本区级财力以匹配支出责任的效果,该数值越大,表明区级对市级转移支付的依赖程度越高。

第一节 徐汇区样本

徐汇区地处上海市中心,无论经济发展水平还是财政实力皆为上海市 16 个区中的发达城区代表,以下具体探讨徐汇区与市级的财权事权划分关系。

一、徐汇区与市级的重点财政事权支出分工情况

表 7-1 可见,2007 年至 2018 年,市/区共有的财政事权上,

---

① 自筹财力与支出责任匹配度由"一般预算收入/一般预算支出"表示,同时也是财政自给率的计算公式,解读为样本区自筹财力匹配支出责任程度;可支配财力与支出责任匹配度由"(一般预算收入+转移支付)/一般预算支出"表示,同时也是财政保障能力系数,解读为样本区纳入市级转移支付后的可支配财力匹配支出责任程度。

② 区级作为基层地方政府,其核心功能是提供好所在辖区的公共服务,只需保障其拥有的财力能够满足支出责任需求,达到财力与事权相匹配。而市级政府作为统筹区域公共服务均衡的主体,其拥有的财权往往大于事权,以便通过转移支付来调节各区的财政事权与支出责任。

社会保障支出的市级平均占比（14.14%）高于区级（8.78%），两者偏离度为 5.36%；医疗卫生支出的市级平均占比（4.85%）略高于区级（4.72%），两者偏离度为 0.13%。表明此两项财政事权的市区支出分工效果较好，基本符合理论预期。

表 7-1　2007 年至 2018 年徐汇区与市级的重点财政事项支出结构

项目	财政事权和支出责任归属	市级（%）	徐汇区（%）	理论导向	实际结果与理论导向是否一致	偏离度*（%）
社会保障	市区共有	14.14	8.78	市略大于区	一致	5.36
医疗卫生	市区共有	4.85	4.72	市略大于区	一致	0.13
教育	以市为主	11.87	13.58	市大于区	不一致	-1.70
科学技术	以市为主	8.57	5.27	市大于区	一致	3.30
公共安全	以市为主	4.81	6.18	市大于区	不一致	-1.37
节能环保	以市为主	2.49	0.77	市大于区	一致	1.72
公共文化	以区为主	2.56	1.46	区大于市	不一致	-1.10
城乡社区	以区为主	5.69	34.18	区大于市	一致	28.49

资料来源：根据 2007 年至 2018 年上海市、徐汇区一般公共预算支出执行表的数据整理。

注：* 在同一财政事权上，市级与各区的支出责任重视度必定存在一定的差别，这里用偏离度来表示。当某项财政事权的支出责任分工的理论导向为市略大于区或市大于区时，偏离度 = 市级支出平均占比 - 区级支出平均占比；当理论导向为区大于市时，偏离度 = 区级支出平均占比 - 市级支出平均占比。如果偏离度为正数时，说明市与区的支出责任分工结果理想，其中：理论导向为市略大于区时，数值不宜过大；理论导向为市大于区或区大于市时，数值越大，结果越好。如果偏离度为负数时，说明市与区的支出责任分工结果不理想，数值越大，结果越差。

以市为主的财政事权上，市级的科学技术支出（8.57%）和节能环保支出（2.49%）平均占比分别高于区级层面的 5.27%

和 0.77%,两者偏离度是 3.3% 与 1.72%,表明其市区支出分工效果尚可,基本符合理论预设,市级可适度提高支出占比。市级的教育支出(11.87%)和公共安全支出(4.81%)平均占比均低于区级层面的 13.58% 和 6.18%,两者偏离度是 -1.7% 与 -1.37%,表明其市区支出分工不合理,均偏离理论导向,市级需大幅提升支出占比。

以区为主的财政事权上,区级公共文化支出的平均占比(1.46%)低于市级(2.56%),两者偏离度为 -1.1%。市区支出分工不合理,与理论预期不一致,区级应大幅提高支出占比。区级城乡社区支出的平均占比(34.18%)远高于市级(5.69%),两者偏离度为 28.49%。市区支出分工效果较好,符合理论预期。

徐汇区与市级的支出责任分工上,社会保障、医疗卫生、科学技术、节能环保、城乡社区事项的划分效果整体较好,它们之间存在一定的效果差异;教育、公共安全、公共文化事项的划分效果一般,市级需相应地调整支出占比。

二、徐汇区与市级的初始财权配置状况

表 7-2 显示 2007 年至 2018 年徐汇区与市级政府的财权划分格局和对比关系。

税收收入是徐汇区(93.49%)和市级政府(83.68%)的最主要财政收入来源,市级有 16.32% 的收入来自非税收入,非税收入对市级政府的影响力不言而喻。徐汇区的非税收入平均占比为 6.51%,其倚重程度低于市级,但 2018 年徐汇区非税收入比

重攀升至 12.64%，可见徐汇区依赖非税收入的程度也是偏高的，财政收入结构需要进一步优化。

表 7-2　2007 年至 2018 年徐汇区与市级的财政收入结构

一般公共预算收入项目	税种配置理论归属	徐汇区（%）	市级（%）	实际结果与理论归属是否一致
税收收入	—	93.49	83.68	—
增值税	共享税（以市为主）	37.71	36.55	不一致
企业所得税	共享税（以市为主）	15.56	25.23	一致
个人所得说	区级税	13.17	9.96	一致
房产税	区级税	5.88	1.45	一致
土地增值税	区级税	6.22	1.80	一致
契税	区级税	7.99	1.90	一致
城市维护建设税	共享税（以区为主）	4.50	4.47	一致
印花税	共享税（以区为主）	1.63	0.46	一致
非税收入	—	6.51	16.32	—

资料来源：根据 2007 年至 2018 年上海市、徐汇区一般公共预算收入执行表的数据整理。

再解读徐汇区与市级的税收收入结构，以观察各个税种的划分情况是否符合理论归属。

增值税理论归属适合划分为市级为主的共享税。徐汇区与市级的增值税作为第一大税种，其占财政收入平均比重分别为 37.71%、36.55%，徐汇区相对于市级增值税收入占比略高，属于略微偏离理论预期。在减税降费基调下，2018 年徐汇区增值税比重（31.11%）已然低于市级（34.06%），在维持徐汇区税收收入无较大波动前提下，市级划分增值税份额可以再适当增加，巩固增值税以市级为主的共享税地位。

企业所得税理论归属适合划分为市级为主的共享税，市级可划分更多比例。企业所得税占徐汇区财政收入的平均比重为15.56%，相应的市级的比重为25.23%，构成市级第二大税收来源，且明显高于徐汇区的比重，符合理论预期，可保持当前市/区划分格局。

个人所得税理论归属适合划分为区级税种，作为充实区级财政收入的重要来源。徐汇区个人所得税占财政收入的平均比重为13.17%，市级的比重为9.96%，徐汇区明显高于市级，基本符合理论预期。但市级同样分享了不少份额，后期应降低市级个人所得税划分比例，以增强徐汇区个人所得税的筹集能力。

房产税、土地增值税和契税三个税种均属于典型的财产税，理论归属上应划分为区级税种。徐汇区的房产税（5.88%）、土地增值税（6.22%）和契税（7.99%）占财政收入的平均比重，均明显大于市级房产税（1.45%）、土地增值税（1.80%）和契税（1.90%）的比重，三个税种组合对徐汇区的财政收入贡献较大，但对市级的贡献度很低，符合该税种的理论预期，故在保持现有划分格局的情况下，可以进一步增加徐汇区的划分比例，将更多财产税集中于区级政府。

城市维护建设税和印花税理论归属于以区级为主的共享税。城市维护建设税占徐汇区和市级财政收入的平均比重分别是4.50%和4.47%，徐汇区的比重相对市级略高，基本符合理论预期；但两个比例十分接近，应当继续增加徐汇区对该税的分享比例。印花税在徐汇区和市级财政收入中的平均比重分别是

1.63%和0.46%,虽然各自分享份额均不多,但也体现以区为主,印花税实际表现符合理论预期。

三、徐汇区财力与支出责任匹配情况

图7-1显示2007年至2018年徐汇区的自筹财力、可支配财力与支出责任匹配度。

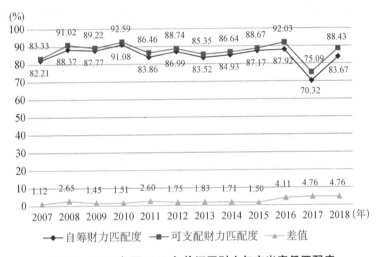

图7-1 2007年至2018年徐汇区财力与支出责任匹配度

(资料来源:根据2007年至2018年徐汇区一般公共预算收支执行表,市对区一般公共预算转移支付分区执行情况表的数据整理)

徐汇区自筹财力与支出责任匹配度大致在82%—91%的区间较平稳波动,平均值为84.82%,除2017年[①]表现异常外,多数年份的数值都靠近理想值,说明徐汇区自筹财力基本能够满足

---

① 2017年徐汇区一般公共预算收入186.02亿元,比上年仅增长3.23%,而一般公共预算支出255.21亿元,比上年增长20.66%,由此引起财力与支出责任匹配度陡降。

公共服务支出需求。

考虑市级转移支付后，徐汇区可支配财力与支出责任匹配大致在83%—93%区间内平稳波动。同样，除2017年外，匹配度均值为87.3%，表明该区的可控财力比较充裕，基本能匹配支出责任。

两者的差值一直维持在1%—5%较稳定的水平，且数值非常小，近三年略有提升，差值的均值为2.48%，可见徐汇区自筹财力与可支配财力匹配度的差距较小，不太倚重市级补助来分担支出责任。该区的自筹财力在市级转移支付前就已经趋向理想状态，而接受市级补助后得到进一步改善。

第二节 杨 浦 区 样 本

杨浦区地处上海市东北方向，经济社会发展水平中等，作为上海市16个区中较发达城区的代表，以下具体探讨杨浦区与市级的财权事权划分关系。

一、杨浦区与市级的重点财政事权支出分工情况

表7-3可见，2007年至2018年，市/区共有的财政事权上，社会保障的市级支出平均比例（14.14%）略高于区级（11.73%），两者偏离度为2.41%，实际结果和理论导向一致，表明其市区的支出分工比较合理。医疗卫生的市级支出平均比例（4.85%）低于区级（5.82%），两者偏离度为-0.97%，有些偏离理论预期，表明其市区支出分工不太合理，市级需提高支出比例。

表 7-3 2007 年至 2018 年杨浦区与市级的重点财政事项支出结构

项目	财政事权和支出责任归属	市级（％）	杨浦区（％）	理论导向	实际结果与理论导向是否一致	偏离度（％）
社会保障	市区共有	14.14	11.73	市略大于区	一致	2.41
医疗卫生	市区共有	4.85	5.82	市略大于区	不一致	-0.97
教育	以市为主	11.87	16.38	市大于区	不一致	-4.51
科学技术	以市为主	8.57	6.26	市大于区	一致	2.31
公共安全	以市为主	4.81	7.27	市大于区	不一致	-2.46
节能环保	以市为主	2.49	0.22	市大于区	一致	2.27
公共文化	以区为主	2.56	1.45	区大于市	不一致	-1.11
城乡社区	以区为主	5.69	29.42	区大于市	一致	23.73

资料来源：根据 2007 年至 2018 年上海市、杨浦区一般公共预算支出执行表的数据整理。

以市为主的财政事权上，市级教育支出（11.87％）和公共安全支出（4.81％）的平均比例均低于区级的 16.38％与 7.27％，两者的偏离度分别达到 -4.51％与 -2.46％，与理论导向不一致，说明此两项事权的市区支出分工不合理，区级层面的负担明显过重，市级需大幅提高支出比例。市级科学技术支出（8.57％）和节能环保支出（2.49％）的平均比例均高于区级（6.26％、0.22％），两者的偏离度分别达到 2.31％与 2.27％，符合理论导向，反映该两项事权的市/区支出分工相对合理，市级可适度提升支出比例。

以区为主的财政事权上，公共文化的区级支出平均比例（1.45％）低于市级（2.56％），两者偏离度为 -1.11％，与理论预设不一致,表明其市区的支出分工不合理,区级应大幅提升支出比例。城乡社区的区级支出平均比例(29.42%)远高于市级(5.69%),两者偏离度为23.73%,与理论导向一致,反映出其市区的支出分工效果较好。

杨浦区与市级的支出责任分工上,社会保障、科学技术、节能环保、城乡社区事项的划分效果整体较好,它们之间存在一定的效果差异;医疗卫生、教育、公共安全、公共文化事项的划分效果一般,市级需相应地调整支出比例。

二、杨浦区与市级的初始财权配置状况

表7-4显示2007年至2018年杨浦区与市级的财权划分格局和对比关系。

表7-4 2007年至2018年杨浦区与市级的财政收入结构

一般公共预算收入项目	税种配置理论归属	杨浦区(%)	市级(%)	实际结果与理论归属是否一致
税收收入	—	91.26	83.68	—
增值税	共享税(市级为主)	35.02	36.55	一致
企业所得税	共享税(市级为主)	12.70	25.23	一致
个人所得税	区级税	9.69	9.96	不一致
房产税	区级税	4.98	1.45	一致
土地增值税	区级税	11.73	1.80	一致
契税	区级税	10.26	1.90	一致
城市维护建设税	共享税(区级为主)	4.17	4.47	不一致
印花税	共享税(区级为主)	1.42	0.46	一致
非税收入	—	8.74	16.32	—

资料来源:根据2007年至2018年上海市、杨浦区一般公共预算收入执行表的数据整理。

杨浦区税收收入占财政收入的平均比重为 91.26%，非税收入占比 8.74%，虽然不如市级（16.32%）那般倚重非税收入，但 2018 年的杨浦区非税收入比重攀升至 12.84%，对非税的依赖程度有所提高，财政收入结构有待优化。

再解读杨浦区与市级的税收收入结构，以观察各个税种的划分情况是否符合理论归属。

增值税适合划分为市级为主的共享税。杨浦区增值税占财政收入平均比重为 35.02%，市级增值税平均比重为 36.55%，杨浦区的比重略低于市级，不太符合增值税划分理论归属，应继续加强市级的分享比例。

企业所得税适合归为市级为主的共享税。杨浦区企业所得税占财政收入平均比重为 12.7%，而市级比重为 25.23%，且明显高于杨浦区，符合企业所得税划分理论归属，可保持当前市/区划分格局。

个人所得税适合划分为区级税种。杨浦区个人所得税占财政收入的平均比重为 9.69%，略低于市级比重（9.96%），体现为个人所得税对于杨浦区和市级政府的重要程度是基本相同的，不符合个人所得税的理论归属。杨浦区个人所得税划分份额应大幅增加，减少市级的分享，逐步确保杨浦区能集中绝大部分个人所得税。

房产税、土地增值税和契税三个税种均属于典型的财产税，理论归属上应当划分为区级税种。杨浦区的房产税（4.98%）、土地增值税（11.73%）和契税（10.26%）占财政收入的平均比重，均明显大于市级房产税（1.45%）、土地增值税（1.80%）和契税（1.90%）的比重，尤其土地增值税跃升为杨浦区第三大税种，贡献略低于企业所得税。三个税种组合是杨浦区的主要税收来源，但在市级的地位较低，符合其理论预期。在保持现有划分格局的情况下，可以进一步增加杨浦区的划分比例，将更多财产税集中于区级政府。

城市维护建设税和印花税都归属于以区级为主的共享税。城市维护建设税占杨浦区和市级财政收入的平均比重分别是4.17%和4.47%，即城市维护建设税对市级的贡献度反而更大，并未体现以区为主，不符合理论预期，应当减少市级政府的分享比例。印花税在杨浦区和市级财政收入中的平均比重分别是1.42%和0.46%，虽然各自收入份额占比均不多，但也体现出以区为主，该税种实际表现符合理论预期。

三、杨浦区财力与支出责任匹配情况

图 7-2 显示 2007 年至 2018 年杨浦区自筹财力、可支配财力与支出责任匹配度。

杨浦区的自筹财力与支出责任匹配度在 2007 年至 2018 年间呈现波动下降的趋势，从 60.45% 小幅降低至 54.96%，除 2016 年[①]表现特殊外，其余年份数值偏离理想值的幅度较大，其均值为 62.32%，表明杨浦区的自有财力难以保障支出责任，区级所承担的支出责任有些偏重，且这种状况呈现出严峻的趋势。

考虑市级转移支付后，杨浦区可支配财力与支出责任匹配度

---

① 2016 年杨浦区一般公共预算收入 118.98 亿元，比上年增长 24.24%，而一般公共预算支出 147.69 亿元，比上年下降 9.26%，故而引起支出责任匹配度陡降。

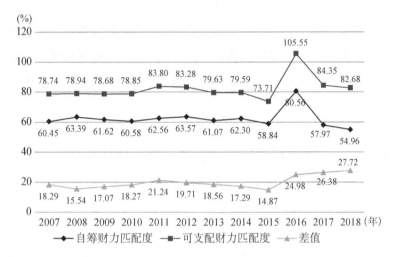

图 7-2　2007 年至 2018 年杨浦区财力与支出责任匹配度
（资料来源：根据 2007 年至 2018 年上海市、杨浦区一般公共预算收支执行表、市对区一般公共预算转移支付分区执行情况表的数据整理）

有明显上升。除 2016 年外，其他年份匹配度大致在 80% 水平上下波动，均值为 82.32%。可见，杨浦区的财政支出压力因市级转移支付得到较大缓解，其实际上基本具备履行支出责任所需的财力。

两者的差值适中，从时间趋势来看，2007 年至 2015 年，差值在 17% 上下浮动，之后 2016 年至 2018 年差值逐年增大为 27.72%，差值的均值为 19.99%，表明市级转移支付大约分担了杨浦区 20% 的财政支出，其缓解杨浦区支出压力的效果明显，使得该区的可支配财力匹配度得到适度提升。尤其近几年转移支付占杨浦区财政支出比重增长较快，侧面上反映出对市级转移支付的依赖程度有所增强。

第三节 崇 明 区 样 本

崇明区位于上海市的偏远郊区，经济发展稍弱，财政实力不足，作为上海市16个区中欠发达城区的代表，以下具体探讨崇明区与市级的财权事权划分关系。

一、崇明区与市级的重点财政事权支出分工情况

表7-5可见，2007年至2018年，市/区共有的财政事权上，社会保障的市级平均支出比重（14.14%）低于区级（15.38%），两者偏离度为-1.24%；医疗卫生的市级平均支出比重（4.85%）低于区级（7.71%），两者偏离度为-2.86%。可见此两项事权的市/区支出分工效果不好，均不符合理论预设，崇明区的支出责任过重，市级可适度提高支出比重。

表7-5 2007年至2018年崇明区与市级的重点财政事项支出结构

项目	财政事权和支出责任归属	市级（%）	崇明区（%）	理论导向	实际结果与理论导向是否一致	偏离度（%）
社会保障	市区共有	14.14	15.38	市略大于区	不一致	-1.24
医疗卫生	市区共有	4.85	7.71	市略大于区	不一致	-2.86
教育	以市为主	11.87	12.60	市大于区	不一致	-0.73
科学技术	以市为主	8.57	1.24	市大于区	一致	7.33
公共安全	以市为主	4.81	4.04	市大于区	一致	0.77
节能环保	以市为主	2.49	2.15	市大于区	一致	0.34

(续表)

项目	财政事权和支出责任归属	市级(%)	崇明区(%)	理论导向	实际结果与理论导向是否一致	偏离度(%)
公共文化	以区为主	2.56	1.27	区大于市	不一致	-1.29
城乡社区	以区为主	5.69	9.12	区大于市	一致	3.43

资料来源：根据2007年至2018年上海市、崇明区一般公共预算支出执行表的数据整理。

以市为主的财政事权上，市级科学技术支出平均比重（8.57%）高于区级（1.24%），两者偏离度为7.33%；市级公共安全支出平均比重（4.81%）略高于区级（4.04%），两者偏离度为0.77%；市级节能环保支出平均比重（2.49%）略高于区级（2.15%），两者偏离度为0.34%。这表明此三项财政事权的市区支出分工效果较好，市级可适度提高公共安全、节能环保的支出比重。市级教育支出平均比重（11.87%）略低于区级（12.60%），两者偏离度达到-0.73%，偏离理论预期，反映其市/区支出分工不太合理，区级支出比重偏高。

以区为主的财政事权上，区级公共文化的平均支出比重（1.27%）低于市级（2.56%），两者偏离度为-1.29%，可见市级过度介入公共文化，而区级应加大支出比重。区级城乡社区的平均支出比重（9.12%）高于市级（5.69%），两者偏离度为3.43%，表明其市/区支出分工效果较好。

崇明区与市级的支出责任分工上，科学技术、公共安全、节能环保、城乡社区事项的划分效果整体较好，它们之间存在一定的效果差异；社会保障、医疗卫生、教育、公共文化事项的划分效果一般,市级需调整相应的支出比重。

二、崇明区与市级的初始财权配置状况

表 7-6 显示 2007 年至 2018 年崇明区与市级的财权划分格局和对比关系。

表 7-6　2007 年至 2018 年崇明区与市级的财政收入结构

一般公共预算收入项目	税种配置理论归属	崇明区（％）	市级（％）	实际结果与理论归属是否一致
税收收入	—	93.45	83.68	—
增值税	共享税（市级为主）	58.57	36.55	不一致
企业所得税	共享税（市级为主）	10.17	25.23	一致
个人所得说	区级税	11.54	9.96	一致
房产税	区级税	1.55	1.45	一致
土地增值税	区级税	2.38	1.80	一致
契税	区级税	3.14	1.90	一致
城市维护建设税	共享税（区级为主）	3.45	4.47	不一致
印花税	共享税（区级为主）	1.51	0.46	一致
非税收入	—	6.55	16.32	—

资料来源:根据 2007 年至 2018 年上海市、崇明区一般公共预算收入执行表的数据整理。

崇明区的财政收入结构中税收收入平均比重为 93.45％,占据绝对主导地位,而非税收入的平均比重仅为 6.55％,远低于市级非税收入占比 16.32％。可见崇明区对非税收入的依存度较低,其财政收入结构相对合理。

再解读崇明区与市级的税收收入结构,以观察各个税种的划

分情况是否符合理论归属。

增值税适合划分为市级为主的共享税。崇明区增值税占财政收入的平均比重高达58.57%，该税种贡献了崇明区超过一半的财政收入，表明其收入来源单一化，而市级增值税比重为36.55%，明显低于崇明区，极不符合增值税划分理论归属。增值税作为崇明区第一大收入来源，若短时间内盲目降低其划分比例，会对该区财政造成较大冲击，合理的做法是缓慢降低增值税分享比例，同时增加其他税种的比例以弥补增值税的减少，尽量保持该区税收规模无较大波动。当崇明区其他税种的贡献力度增强到能起支撑作用时，再尝试市级划分更多增值税份额。

企业所得税适合归为市级为主的共享税。企业所得税占崇明区财政收入的平均比重为10.17%，占市级财政收入比重为25.23%。企业所得税是市级第二大税收来源，且其所占比重明显高于崇明区，符合企业所得税划分理论归属。但考虑到崇明区财政实力为16个区中最弱，财政自生能力差，可在保证市级分享为主的前提下，适度提高崇明区的分享份额。

个人所得税适合划分为区级税种，作为充实区级财政收入的重要来源。崇明区个人所得税占财政收入的平均比重为11.54%，在2018年高达18.99%，其构成崇明区第二大税收来源，而市级的个人所得税比重为9.96%，对比体现出个人所得税对崇明区的收入贡献更大，基本符合个人所得税的理论归属，可继续提高崇明区的个人所得税分享份额。

房产税、土地增值税和契税三个税种均属于典型的财产税，适合划分为区级税种。崇明区的房产税（1.55%）、土地增值税

(2.38%)和契税（3.14%）占财政收入的平均比重均略微高于市级房产税（1.45%）、土地增值税（1.80%）和契税（1.90%）的比重，基本符合理论归属；但2018年崇明区房产税（1.49%）的比重却低于市级房产税（1.62%），侧面反映出房产税对于崇明区财政收入的贡献程度有所下滑，应当进一步增加房产税在崇明区的划分比例，将更多房产税集中于区级政府。

城市维护建设税和印花税归属于以区为主的共享税。城市维护建设税占崇明区与市级财政收入的平均比重分别是3.45%和4.47%，城市维护建设税对市级的贡献程度更高，与理论归属不符。印花税在崇明区和市级财政收入中的平均比重分别是1.51%和0.46%，印花税表现为对崇明区的贡献程度更高，实际表现基本符合理论归属。

三、崇明区财力与支出责任匹配情况

图7-3显示2007年至2018年崇明区的自筹财力、可支配财力与支出责任匹配度。

崇明区自筹财力与支出责任匹配度在30%—38%的范围内平稳波动，[1] 均值为33.93%，表现为崇明区的自有财力基本只能保障其三分之一的支出责任，自生财力远远不够支撑履行财政事权所需资金，其所承担的支出责任过重。

考虑市级转移支付后，崇明区可支配财力与支出责任匹配度

---

[1] 2017年崇明区一般公共预算收入67.0亿元，比上年下降1.62%，而一般公共预算支出221.45亿元，比上年增长24.38%，由此引起自筹财力与支出责任匹配度陡降；2018年的自筹财力匹配度仍然没有改善。

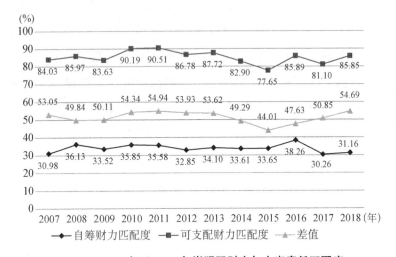

图 7-3　2007 年至 2018 年崇明区财力与支出责任匹配度

（资料来源：根据 2007 年至 2018 年崇明区一般公共预算收支执行表，市对区一般公共预算转移支付分区执行情况表的数据整理）

显著上升，在 80%—90% 范围内较平稳浮动，2011 年达到峰值 90.51%，匹配度均值为 85.19%，整体上处于较高的水平，可见崇明区的可支配财力能够较好地匹配支出责任，以满足公共服务支出需求。

两者的差值在 2007 年至 2018 年大致在 50% 水平上下浮动，可见市级转移支付的调节强度较稳定。差值的平均值为 51.36%，整体数值是偏大的，表明崇明区近一半的支出责任依赖市级转移支付来保障。一方面体现了市级政府对落后城区的较大的财政支持，与统筹区域协调发展的政策导向一致；另一方面也折射出崇明区的自主财力极为脆弱，高度依赖于市级补助来分担支出责任，若依存度超过一定阈值，极可能丧失其财政自主性。

第四节　样本区财权事权划分横向比较

结合前面对徐汇区、杨浦区、崇明区三个区与市级政府财权事权分工的具体分析，横向比较三个样本区的表现。

一、样本区重点财政事权的支出分工比较

表 7-7 显示三个区与市级的重点财政事权的支出偏离度比较，这反映出各项财政事权中三个区与市级的支出分工效果优劣程度。

表 7-7　样本区与市级的重点财政事权的支出偏离度比较

项目	属性	徐汇区（%）	杨浦区（%）	崇明区（%）	与市级分工效果
社会保障	市区共有	5.36	2.41	-1.24	徐汇＞杨浦＞崇明
医疗卫生	市区共有	0.13	-0.97	-2.86	徐汇＞杨浦＞崇明
教育	以市为主	-1.70	-4.51	-0.73	崇明＞徐汇＞杨浦
科学技术	以市为主	3.30	2.31	7.33	崇明＞徐汇＞杨浦
公共安全	以市为主	-1.37	-2.46	0.77	崇明＞徐汇＞杨浦
节能环保	以市为主	1.71	2.27	0.34	杨浦＞徐汇＞崇明
公共文化	以区为主	-1.10	-1.11	-1.29	徐汇＞杨浦＞崇明
城乡社区	以区为主	28.49	23.73	3.43	徐汇＞杨浦＞崇明

资料来源：根据 2007 年至 2018 年上海市一般公共预算支出执行表，2007 年至 2018 年徐汇区、杨浦区、崇明区一般公共预算支出执行表的数据整理。

市/区共有的社会保障和医疗卫生上，三个区与市级的支出分工效果表现为徐汇区最优、杨浦区次之、崇明区最差。以市为主的四项财政事权上，三个区与市级在教育、科学技术和公共安

全上的支出分工效果从高到低依次排序为崇明区、徐汇区、杨浦区；而在节能环保上的支出分工效果依次排序为杨浦区、徐汇区、崇明区。以区为主的两项财政事权上，三个区与市级在公共文化与城乡社区上的支出分工效果从高到低排序为徐汇区、杨浦区、崇明区。由此可推断出，发达的徐汇区在重点财政事权中与市级的支出分工并非尽善尽美，而欠发达的崇明区在重点财政事权中与市级的支出分工也并非全部都处于劣势。

从偏离度的具体数值来看，医疗卫生、教育和公共文化中，三个区与市级的偏离度基本都为负数，说明这三项财政事权的支出分工效果是较差的，市级在医疗卫生和教育上存在"缺位"，而在公共文化上则介入过多。公共安全中，徐汇和杨浦这两个区与市级的支出分工效果较差，崇明区与市级分工也是勉强达到"及格线"，可见市级在公共安全上投入不够。社会保障中，除了崇明区与市级支出分工效果较差外，其他两个区尚可，市级在社会保障上的投入有待加强。科学技术、节能环保和城乡社区中，三个区与市级的支出分工效果较好。

样本区在各类财政事权与市级的支出分工上都有各自的优劣，市级除了要继续增强其应承担的财政事权和支出责任外，在均衡各项公共服务水平、促进各区财政事权与支出责任相适应时，要甄别出各区的实际差异状况，主要支持各区中发展相对薄弱的具体财政事权和支出责任。

二、样本区的初始财权配置比较

表7-8显示三个样本区的初始财权配置横向比较情况。

表 7-8 样本区的初始财权配置比较

一般公共预算收入项目	税种配置理论归属	徐汇区（%）	杨浦区（%）	崇明区（%）	配置效果
税收收入	—	93.49	91.26	93.45	徐汇＞崇明＞杨浦
增值税	共享税（市级为主）	37.71	35.02	58.57	杨浦＞徐汇＞崇明
企业所得税	共享税（市级为主）	15.56	12.70	10.17	徐汇＞杨浦＞崇明
个人所得税	区级税	13.17	9.69	11.54	徐汇＞崇明＞杨浦
房产税	区级税	5.88	4.98	1.55	徐汇＞杨浦＞崇明
土地增值税	区级税	6.22	11.73	2.38	杨浦＞徐汇＞崇明
契税	区级税	7.99	10.26	3.14	杨浦＞徐汇＞崇明
城市维护建设税	共享税（区级为主）	4.50	4.17	3.45	徐汇＞杨浦＞崇明
印花税	共享税（区级为主）	1.63	1.42	1.51	徐汇＞崇明＞杨浦
非税收入	—	6.51	8.74	6.55	杨浦＞崇明＞徐汇

资料来源：根据 2007 年至 2018 年徐汇区、杨浦区、崇明区一般公共预算收入执行表的数据整理。

解释为：增值税是三个区的第一大税种，依据以市为主的共享税定位，该税种的配置效果从高到低依次排序为杨浦区（35.02%）、徐汇区（37.71%）、崇明区（58.57%），三个区都对增值税比较倚重，符合其作为最大共享税的特点，但崇明区对增值税的依赖程度过高，反映出其税收收入来源的单一性，不符合理论归属。

253

样本区税收收入和非税收入的配置中,三个区的财政收入来源的税收贡献度依次为徐汇区(93.49%)、崇明区(93.45%)、杨浦区(91.26%),非税收入贡献度依次为杨浦区(8.74%)、崇明区(6.55%)、徐汇区(6.51%)。可见三个区的税收收入来源比重都达到90%以上,三者之间的差距不大,税收与非税收入的配比相对合理。今后在保持财政收入稳步增长的前提下,可进一步提升三个区的税收收入来源占比,降低对非税收入的依赖度;针对崇明区短期内税源扩容难度大的情况,可适度保持一定比例的非税收入以补充其财政收入来源的不足。

具体税种配置上,增值税是三个区的第一大税种,依据以市为主的共享税定位,该税种的配置效果从高到低依次排序为杨浦区(35.02%)、徐汇区(37.71%)、崇明区(58.57%),三个区都对增值税比较倚重,符合其作为最大共享税的特点,但崇明区对增值税的依赖程度过高,反映出其税收收入来源的单一性,不符合理论归属。

企业所得税在三个区的配置均符合其作为以市为主共享税的定位,其配置效果从高到低依次排序为徐汇区(15.56%)、杨浦区(12.7%)、崇明区(10.17%),但崇明区企业所得税占财政收入的比重偏低,可在保证市级主要分享的前提下适当增加其划分份额。

个人所得税的定位是区级税种,由于市级分享了不少份额,导致三个区的配置效果均偏离理论预期。个税配置效果从高到低依次排序为徐汇区(13.17%)、崇明区(11.54%)、杨浦区(9.69%),杨浦区需进一步提升其个税收入占比。

房产税在徐汇区(5.88%)和杨浦区(4.98%)的配置情况

均体现了区级税属性,但在崇明区(1.55%)的划分效果较差,其拥有房产税的份额过低,未能对崇明区财政收入做出应有的贡献。土地增值税和契税在三个区的划分情况都符合区级税的理论归属,尤其杨浦区的土地增值税(11.73%)贡献可观,已成为杨浦区第三大税种;而这两个税种对崇明区的收入贡献程度明显低于徐汇区和杨浦区。

城市维护建设税在杨浦区(4.17%)和崇明区(3.45%)的划分情况与理论归属略有出入。印花税在三个区的配置状况符合理论归属。

综合来看,发达程度越高的区,其税种配置效果越好。徐汇区的税种配置状况最好,只有一个税种与理论归属略有差异,其余税种的划分情况都符合理论归属;杨浦区在个人所得税和城市维护建设税两个税种上的划分份额偏少,需要改善;崇明区的税种配置效果不佳,多数税种的排名都垫底,税种结构亟待优化。

三、样本区财力与支出责任匹配度比较

表 7-9 显示三个样本区财力与支出责任匹配度比较情况。

三个区的自筹财力与支出责任匹配度从高到低排序为徐汇区(84.82%)、杨浦区(62.32%)、崇明区(33.83%),可见发达城区的代表——徐汇区自筹财力与支出责任匹配效果最佳,而欠发达城区的代表——崇明区的匹配效果最差,远低于其他两个区。这表明所在区域的自有财力多大限度上能保障公共服务支出需求,与区域经济发达程度高度相关,即发达程度越高的区,其自筹财力与支出责任的匹配能力越强。

表 7-9 样本区的财力与支出责任匹配度比较

	徐汇区（%）	杨浦区（%）	崇明区（%）	匹配度排名
自筹财力与支出责任匹配度（均值）	84.82	62.32	33.83	徐汇＞杨浦＞崇明
可支配财力与支出责任匹配度（均值）	87.30	82.32	85.19	徐汇＞崇明＞杨浦
差值（均值）	2.48	20.00	51.36	—

资料来源：根据 2007 年至 2018 年徐汇区、杨浦区、崇明区一般公共预算收支执行表的数据整理。

三个区的可支配财力与支出责任匹配度排名发生变化，主要受到市级对三个区的不同转移支付强度的影响，从高到低为徐汇区（87.30%）、崇明区（85.19%）、杨浦区（82.32%）。即便徐汇区获得的市级转移支付最少，但其可支配财力匹配支出责任的效果仍然最佳；崇明区在接受大量市级转移支付后，其可支配财力水平获得很大程度改善，支出责任匹配度超越杨浦区，反映出崇明区可支配财力保障支出责任的现状趋于合理，而杨浦区可用财力匹配支出责任的能力有待提升。

从两个匹配度的差值来看，由高到低分别是崇明区（51.36%）、杨浦区（20.00%）、徐汇区（2.48%）。发达城区徐汇区的支出责任匹配度几乎不受市级转移支付的影响，主要依靠自有财力保障绝大部分区内公共服务支出；较发达的杨浦区获得了市级适度的补助，但转移支付调节可支配财力以匹配支出责任的效果仍略显不足；欠发达的崇明区高度依赖市级的财力补助来匹配支出责任，这与转移支付向欠发达区域、落后城区倾斜，促进区域公共服务均等化的政策目标相一致。但需要引起重视的是，崇明区获得市级转移支付强度远远大于其他两个区，近一半的财政支出需由转移支付来覆盖，暴露出崇明区的自筹财力明显无法满足财政支出的问题。虽然市级转移支付短期内提高了崇明区可支配财力，但过度倚重转移支付会大大削弱崇明区财政内生能力，难以从根本上改善崇明区自筹财力不足，承担支出责任过重的困境。

… 第八章

优化上海市与区财政事权和支出责任划分的方案

第八章 优化上海市与区财政事权和支出责任划分的方案

"权责清晰、财力协调、区域均衡"的财政体制顶层设计刻画出如何合理划分政府间财权事权，确保各级政府的财力与财政事权相匹配，成为深化财税体制改革的重点。上海较早启动市与区事权和支出责任划分改革，适度加强市级财政支出责任，并对市/区财权配置和财力分配进行相应改革，加大财力向基层倾斜力度，而形成市/区两级政府财政事权和支出责任划分的清晰框架是上海"十四五"时期财政体制创新的重点，可为上海建立健全现代财政制度奠定坚实基础。

本章提炼出上海市/区两级政府财权事权划分效应的研究结论，立足于上海经济、社会、财税发展的新环境，设计出具有上海特色的新一轮市/区两级政府财权事权划分改革方案，为搭建市/区两级政府财政事权、支出责任和财力相适应的财政体制提供参考。

第一节 主要研究结论

本书的重点是全面评估上海市/区两级政府财权事权划分效应，按照"市/区财政事权和支出责任划分、市/区初始财权配置、市/区履行财政事权的财力分配、市级转移支付调节区级财力与分担财政事权"的逻辑结构进行实证分析，得出以下重要的研究结论。

1. 市与区财政事权和支出责任划分效应

采用名义与实际支出比重指标，分析了 2007 年至 2018 年市/区在总体性、结构性、功能性支出责任上的分工情况。

市与区的总体性支出责任划分上，市/区名义的平均承担比例是35.86%：64.14%，而实际平均分担比例是43.96%：56.04%，可见市级政府有效地承担了应有的支出责任。

市与区的结构性支出责任划分上，市/区在维持性、社会性、经济性支出中的名义平均分担比例大致是30%：70%，形式上看存在"以区为主"承担支出的现象；但经过市级转移支付调节后，市级在三类财政事权的实际平均分担比重分别提高到37.19%、40.41%、35.95%，市级表现为程度不一的介入。

市与区的功能性支出责任划分上，市级在八项财政事权中的参与度存在"缺位"与"越位"并存的情况。在市与区共有的支出责任划分上，社会保障的市级平均分担比重由名义的42.75%变为实际的53.22%，医疗卫生比重由名义的34.67%变为实际的45.57%。在以市为主的支出责任划分上，名义上市级没有承担起应有的责任，但实际平均承担比重表现为节能环保（76.01%）、科学技术（56.54%）、教育（47.04%）、公共安全（39.82%）。在以区为主的支出责任划分上，文化体育的区级平均分担比重由名义的53.09%变为实际的47.66%，城乡社区比重由名义的90.38%变为实际的85.42%。

2. 市与区的财力配置效果

考察市与区的总体性财权配置情况，探讨其财政收入来源结构，并聚焦到两级政府间的税种配置。

总体性财权配置上，市与区的初始财权配置大致五五开，区级接受市级转移支付后，实际可支配财力达到了60.03%，为履行区级支出责任提供坚实的财力保障。财政收入来源结构上，市与区级政府主要依赖于税收收入,非税收入对市级收入(17.03%)的贡献程度更高,且非税收入占市级财政收入的比重呈现上升趋势,而非税收入对于区级收入(6.68%)的贡献较小。具体税种配置上,市级在企业所得税、城市维护建设税和环保税等税种分享更多,区级在增值税、财产税、印花税等分享更多,个人所得税大致由市区五五分成,依据税种划分的理论归属和履行财政事权的需求,两级政府间税种配置有待进一步优化。

从市与区的财力分配来看,市级与区级的财力划分比重是0.35:0.65,处于一个相对合理的水平;区级横向财力分配的总体差异在缩小,差异的来源由区域间的差异(45.58%)为主转变为区域内的差异。

3. 市与区履行财政事权的财力分配效果

采用财政自给率、财政保障能力系数两个指标,分别衡量2007年至2018年的市级、区级政府以及上海16个区的自筹财力和可支配财力履行财政事权的匹配情况。

采用财政自给率和财政保障能力系数来测算,发现市级(123.27%)自筹财力完全能够覆盖支出责任需求;考虑市对区转移支付的影响后,市级(109.27%)的可支配财力水平仍然不错,但近年将财力下沉到区级的趋势比较明显。

区级财政自给率为71.13%,区级自筹财力只能大部分匹配支出责任,但近期财政自生能力下降比较明显;经过市级转移支付调节后,区级财政保障能力系数达到83.66%,区级可支配财力基本上能匹配支出责任。两个系数的缺口在扩大,说明市级转移支付弥补区级支出责任的财力缺口的程度在增强,也反映出区级更多依赖市级补助来增强其财政保障能力。

三大区域16个区的财政自给率对比显示，区域的发达程度与财政自给率水平正向相关，彰显其财政自生能力。考虑市级转移支付后，三大区域的财政保障能力系数相比财政自给率提升明显，三大区域之间的财政保障能力差距明显缩小，即便是欠发达区域也基本具备履行财政事权所需的财力。

4. 市级转移支付调节区级财力与分担财政事权的效果

先整体上考察市级转移支付规模与结构的合理性；收入一翼分析转移支付调节区级可支配财力的程度；支出一翼分析转移支付分担区级主要财政事权的状况。

整体上，转移支付规模逐年扩大，转移支付结构变化明显，一般性转移支付的平均比重由2016年前的93.16%大幅下降至2016年后的61.01%，同步专项转移支付比重明显提高。

收入一侧：市级转移支付调节区级可支配财力的水平从2007年的10.56%上升到2018年的22.56%，收入侧效果呈现增强趋向，反映市级将更多的资金下沉到区级。三大区域16个区的转移支付收入侧效应显示，转移支付对各区财力调节程度与所在区的发达水平高度负相关，市级转移支付对越发达区域的财力调节程度越低。

支出一侧：转移支付对区级七项重点财政事权的调节程度不同，对节能环保（47.93%）的调节力度最大；对公共文化（10.29%）、城乡社区（7.09%）的调节力度适中；对社会保障（19.25%）、医疗卫生（17.12%）、教育（21.19%）和公共安全（10.26%）等属于市区共同财政事权或以市为主财政事权的调节力度一般。

市级转移支付均衡区级财力的总体均衡效应平均为35.88%,并未出现增强趋势;区域内的财力均衡效果存在不确定性;区域间的财力均衡平均效应为52.59%,区域间财力均衡水平得以提升。

5. 三个样本区的财权事权划分案例观察

选取不同发达程度的徐汇区、杨浦区和崇明区为样本,具体分析样本区与市级政府间财权事权划分状况,并对三个区的情况进行横向对比。

在重点财政事权的支出分工上,三个样本区的科学技术、节能环保、城乡社区,徐汇区和杨浦区的社会保障,徐汇的医疗卫生以及崇明区的公共安全事项的划分效果较好。样本区的横向对比发现,具体财政事权的支出责任分工效果具有区域差异性,效果优劣并非完全依赖于所在区的发达程度,市级应区别对待与区级之间的财政事权和支出责任。

样本区的初始财权配置上,税种配置效果与所在区域的发达程度高度相关。徐汇区大部分税种配置效果较好,只有增值税略微偏离理论归属;杨浦区的个人所得税和城市维护建设税的分享比例偏低;崇明区的整体税种配置效果一般,多数税种的分享比例都排名垫底,税种结构亟待优化。

三个样本区的自筹财力与支出责任匹配度与区域发达程度息息相关,从高到低为徐汇区(84.82%)、杨浦区(62.32%)、崇明区(33.83%),三个区的匹配度差异明显;而纳入市级转移支付影响后,样本区的可支配财力与支出责任匹配度改变为徐汇区

(87.30%)、崇明区（85.19%）、杨浦区（82.32%），三个区的可用财力基本能匹配支出责任，它们之间的差异程度较小。

两个匹配度的差值从高到低分别是崇明区（51.36%）、杨浦区（20.00%）、徐汇区（2.48%），可见对转移支付的依存度越强的区域往往是发达程度越低的区。

第二节 上海的经济、社会、财税发展新环境

市/区两级政府财权事权调整看似属于财政体制改革范畴，实则根植于上海的经济、社会、财税发展的新环境。只有立足于这些背景，才能前瞻性地提出市/区财权事权划分的改革方案与应对举措。

1. 深化供给侧结构性改革、促进创新驱动发展战略可提升财政增收空间

当前世界经济即便在新冠肺炎疫情的突发性公共卫生危机影响下，其基本面仍然是有望逐步复苏，但不稳定、不确定因素很多，主要经济体政策调整及其外溢效应带来变数，保护主义加剧，贸易摩擦频繁，地缘政治风险上升。我国经济正处在转变发展方式、优化经济结构、转换增长动力的攻关期，还有很多坡要爬、坎要过，需要应对可以预料和难以预料的风险挑战。通过坚定不移贯彻以人民为中心的发展思想，落实新发展理念，建设以"一带一路"为引领的开放经济体系，遵循以供给侧结构性改革为主线，强化创新驱动来推动经济高质量发展，不断增强经济创

新力和竞争力，可为财政可持续性提供新动力。

上海作为长江三角洲世界级城市群的核心城市，在深化自贸试验区改革上谋划新突破，坚持以制度创新为核心，打造上海自贸试验区"升级版"；着力优化营商环境，降低制度性交易成本，加快构建更高层次的开放型经济新体制；努力提升城市能级和竞争力，围绕建设"五个中心"，着力打响"四大品牌"，将上海发展成为卓越的全球城市、具有世界影响力的社会主义现代化国际大都市。这些经济改革战略大大拓展了上海财政的潜在增长空间。

2. 新时代社会主要矛盾转变预示着财政支出重点是保障和改善民生水平

新时代下社会主要矛盾已经转化为人民日益增长的美好生活需要和不平衡不充分的发展之间的矛盾。这表明财政投入的重点是保障和改善民生水平，在幼有所育、学有所教、劳有所得、病有所医、老有所养、住有所居、弱有所扶上不断取得新进展。通过提升公共服务供给水平、推进区域公共服务均等化来使人民获得感、幸福感、安全感更加充实、更有保障、更可持续。

上海围绕推进共享发展，完善基本公共服务体系，着力在提高民生质量和水平上取得新突破，让群众有更多获得感。主要体现在支持社会养老服务体系建设、教育现代化建设、"健康上海"建设、公平可持续的社会保障制度建设、住房保障体系建设、现代公共文化体育服务体系建设、社会治理创新等。

3. 完善财税体制改革、建立现代财政制度为财政改革与发展指明了方向

现代财政制度是国家治理现代化的坚实基础与重要保障。下

一阶段的财税体制改革主要涉及：加快建立现代财政制度，全面推进财税法治建设；建立权责清晰、财力协调、区域均衡的中央和地方财政关系；建立全面规范透明、标准科学、约束有力的预算制度；深化税收制度改革，健全地方税体系。

上海围绕加快建立现代财政制度的目标要求，将市/区两级政府财政事权和支出责任划分改革、政府预算管理改革、税制改革作为财税改革先行先试的重点和难点，推动上海财税改革在新的起点上实现新突破；把握推进国家治理体系和治理能力现代化的总体要求，以法治思维来推进财政监管和服务体系建设，提升财政科学化、精细化、规范化和信息化管理水平。

第三节 市与区财政事权和支出责任划分改革的具体策略

为贯彻落实《关于推进中央与地方财政事权和支出责任划分改革的指导意见》，结合上海市实际情况，在央地间财政事权和支出责任划分总体框架的指引下，准确地把握好改革目标取向、政策意图以及推进节奏，统筹规划、分步实施，科学合理地划分市与区财政事权和支出责任，逐步形成权责匹配、依法规范和运转高效的市与区财政事权和支出责任划分模式，落实基本公共服务支出责任，提高基本公共服务供给效率，促进市、区两级政府更好地尽责履职，匹配上海现代财政制度的建立，为上海加快建设社会主义现代化国际大都市提供有力的支撑。

第八章 优化上海市与区财政事权和支出责任划分的方案

一、市与区财政事权和支出责任划分的改革原则

1. 体现基本公共服务受益范围。市级政府负责保持宏观经济稳定、维护全市统一市场、促进区域协调发展、关乎社会公平正义，以及受益范围覆盖全市的基本公共服务；区级政府负责地区性的基本公共服务；跨地区基本公共服务则由市/区两级政府共同负责。

2. 兼顾政府职能和行政效率。结合市/区两级政府的机构设置和职能配置，充分发挥区级政府贴近基层、获取信息便利以及组织能力强的优势，将所需信息量大、信息复杂且获取困难、由基层管理更为有效和方便的基本公共服务优先作为区级财政事权，将信息获取和甄别相对比较容易的全市性基本公共服务作为市级财政事权，以提高行政效率，降低行政成本。

3. 实现权、责、利相统一。在市政府的统一领导下，上划适合由市级承担的财政事权，加强市级财政事权执行能力；下放适合由区级承担的财政事权，减少市级部门代区级决策事项，保障区级政府有效管理辖内事务，强化区级政府贯彻执行国家和本市政策的责任保证。明确市与区在共同财政事权上各自承担的职责，对履行财政事权过程中涉及的战略规划、政策决定、执行实施及监督评价等各环节在市与区之间做出合理安排，同时保证有效衔接，做到财政事权履行全过程覆盖和权责明确。

4. 鼓励区级政府主动作为。通过有效授权，合理地确定区级财政事权，使基本公共服务受益范围与区级政府的辖区吻合，鼓励区级政府尽力做好辖区范围内基本公共服务的提供和保障，

避免出现不作为或者因追求局部利益而损害其他地区利益或整体利益的行为。

5. 财政事权与支出责任相适应。按照"谁的财政事权，谁承担支出责任"的原则，确定市/区两级政府的支出责任。属于市级并由市级组织实施的财政事权，原则上由市级政府承担支出责任；属于区级并由区级组织实施的财政事权，原则上由区级政府承担支出责任；属于市与区共同承担的财政事权，依据基本公共服务的受益范围、影响程度等因素区分情况确定市与区的支出责任和承担方式。

二、市与区财政事权和支出责任的调整方向

过去效仿中央将部分财政事权和支出责任下移到地方履行的做法，地方层面中市级也将部分事权事责推诿给区级来负责。央地间的改革预示着中央会逐步上收部分财政事权，如社会保障、公共安全、教育等，由其来承担相应的支出责任。基于保障市级宏观调控、重大改革实施和区域协调发展的要求，市级可适度上收部分财政事权，提高其直接承担的支出责任比重。但何种比例合理与否并无固定标准，这取决于市级履行的财政事权和可控财力的匹配程度。

总体上看，上海市级政府在名义与实际的总体性支出责任上的承担比例可适度提升，减轻区级政府的支出压力，充分调动区级政府的积极性。

结构上看，三类财政事权中，维持性事权可由市级政府更多参与，鉴于区级的一般公共服务支出压力较大，用于民生保障项

目的资金缺口大,市级应加大维持性支出的分担比重。社会性事权多数适合由市级政府来承担,需以义务教育、社会保障、医疗卫生等为重点,逐步提升基本公共服务的统筹层次和保障水平,形成共享发展格局。经济性事权适合区级政府承担为主,但基于推进供给侧结构性改革,及全市重大功能性项目、重大基础设施和社会公共服务设施建设的需要,市级的经济性支出力度还需保持下去。

功能上看,针对市区现有的具体财政事权划分状况,市级可继续增加节能环保、科学技术、教育、公共安全服务的支出责任比重,体现出以市级为主的定位;可在稳定社会保障、医疗卫生服务的分担比重的基础上,略微予以提高;可逐步减少公共文化、城乡社区事务的市级参与比例,回归到由区级政府主导的格局。达到这些目的还需依赖市与区的财政事权和支出责任调整,应将错划为市级的财政事权下放到区级,错划为区级的财政事权上划归市级,与此相应地调整支出责任归属,见表8-1。

表 8-1 市与区财政事权和支出责任的调整方向

项目	应上划市级的支出责任	应下放区级的支出责任
社会保障	上划基本养老、工伤、失业等	
医疗卫生	上划重大、紧急医疗卫生服务等	
教育	上划义务教育、高中教育等	下放学前教育、职业教育等
科学技术	上划基础科学研究等	
公共安全	除公安事务外上划市级	
节能环保	上划市级	
公共文化	上划符合市级文化传承项目	下放区级文化设施等
城乡社区		下放区级

三、筛选市与区级政府的财政事权范围

合理筛选市与区级政府的财政事权范围的前提是科学界定地方政府财政事权。形象地说,地方政府财政事权是市与区两级政府各自财政事权的"筛选池",绝不会超出这个范围。界定地方政府的财政事权应考虑以下四个方面。

第一,纯粹的地方政府专属事权。明确直接面向基层、量大面广、与当地居民密切相关以及由地方提供更有效和方便的基本公共服务为纯粹的地方财政事权,地方政府享有充分自主权。

第二,中央政府委托地方政府行使的财政事权。经党中央、国务院批准,由中央有关职能部门委托地方政府行使的中央财政事权,在委托范围内,地方政府以委托单位的名义行使职权,接受委托单位的监督,并承担相应的法律责任。

第三,中央与地方政府共同的财政事权。中央明确与地方共同承担涉及全国统一市场和要素自由流动的财政事权,如义务教育、高等教育、科技研发、跨省(市、区)重大基础设施项目建设和环境保护与治理等事权,地方政府应依据中央改革要求以及明确的职责,承担相应的财政事权。

第四,按照市场经济体制要求调整的财政事权。围绕市场在资源配置中起决定性作用和更好地发挥地方政府职能的要求,取消市场机制能自行调节的事项;把社会和行业组织能自行解决的事项,逐步移交给符合条件的社会组织和机构来承担;加强政府在公共服务、市场监管、社会管理等方面的职责。

1. 市级财政事权范围

市级政府作为上级领导政府,肩负维护全市经济社会稳定,

促进经济社会协调发展，推进公共服务均等化等方面的职责，故适宜将关系全市统一市场建设、体现社会公平正义、推动区域协调发展和全市重大战略实施的财政事权集中到市本级。市级政府应减少对微观事务的管理，加强全市的统一管理，提高全市公共服务能力和水平。

基于此，应逐步将高等教育、基础科学研究、标准化建设、生态环境质量监测、重大传染病防治、重大突发公共卫生事件处置，以及企业养老、机关事业单位养老、职工医疗、工伤、失业、生育基金收支缺口弥补、全市发展战略规划、市域经济管理等其他基本公共服务确定或上划为市级财政事权，体现市级政府的调控职能。

2. 区级财政事权范围

区级政府作为基层政府，肩负管理好区域内公共事务及配合市级政府统一领导的职责，故应强化区级政府对管辖区域内公共服务、社会管理等方面的财政事权。适宜将地域信息性较强，直接面向基层、量大面广、与当地居民密切相关、由区级提供更方便有效的基本公共服务确定为区级财政事权，赋予区政府充分自主权，依法保障其履行事权，调动和发挥区政府的积极性，更好地满足当地居民基本公共服务需求。

基于此，可逐步将社区服务、学前教育、征地拆迁，以及区域内的社会治安、基础设施建设、公共设施维护管理和市容环卫等地域信息强、外部性较弱且主要与当地居民密切相关的基本公共服务确定为区级财政事权。

3. 市/区共有财政事权范围

按照财政事权的属性和划分原则，逐步规范市与区共同财政事权,并依据基本公共服务的受益范围和影响程度,按照事权构成要素、实施环节,分解细化市级与区级各自应该承担的职责,避免由于职责不清造成交叉重叠和相互推诿。

可逐步将司法、义务教育、高中教育、成人教育、职业教育、特殊教育、科技研发、公共文化、公共体育、旅游公共服务、城乡居民基本养老和基本医疗保险、机关事业单位社会保险缴费、社会救助与社会服务、养老服务、就业服务、公共卫生、计划生育、住房保障、公共安全、公共交通、市场监督管理、安全生产监管、粮食安全、农业生产、农村村庄改造、林业建设、地方水利、环境保护与治理、需要市统筹布局的重要基础设施建设和公共设施维护管理等体现全市战略部署、跨区且区级具有地域管理信息优势或市/区两级均设有相应公共服务机构的基本公共服务确定为市与区共同财政事权,并明确各承担主体的职责。

在确定市与区共同财政事权范围后,由市级制定和调整地区基础标准,要保障公众的基本公共服务需求,兼顾财力可能,并根据上海经济社会发展逐步提高,所需资金按市级确定的支出责任分担方式负担。

根据上海经济社会发展总体格局、各项基本公共服务的不同属性以及财力实际状况,市与区共同财政事权的支出责任主要实行市与区按比例分担,并保持稳定。市/区共同财政事权的支出责任分担方式有按比例分档分担、按项目分担或按标准定额补助。对于共同财政事权支出责任区级承担部分,由区级通过自有财力和市级转移支付统筹安排;市级加大均衡性转移支付力度,促进各区间财力均衡,以加快推进基本公共服务均等化。

四、制定市与区财政事权和支出责任划分清单

财政作为国家政权"以政控财、以财行政"的分配体系,是国家治理的基础与重要支柱。政府职能的界定,需要具体到各级财政的事权与支出责任设计上,并且继续细化到"事权一览表"和与之对应的"支出责任明细单"的形式上,才能具备实际工作中的可操作性。

根据"外部性、信息复杂性、激励相容、行政效率"等原则,结合最新的政府收支分类科目,在逐步理顺和明确市级专有财政事权、区级专有财政事权和市区两级政府共有财政事权的基础上制定市与区财政事权和支出责任划分清单。市级财政事权集中在宏观经济稳定、市场统一和司法公正、经济社会协调发展、基本公共服务均衡等跨区域、外部性强的基本公共服务;区级财政事权集中在外部性不显著、地域信息性强、信息处理复杂、直接面向基层民众、由区级提供更方便有效的基本公共服务;市/区共有财政事权集中在具有地域管理信息优势,但对其他区域的外溢效应明显的公共服务。

市级财政事权由市级政府承担支出责任。市级财政统一安排经费支持属于市级的财政事权,市级各职能部门和直属机构不得要求区级财政安排配套资金。对于属于市级财政事权,但是由市级委托区级行使的,市级通过专项转移支付安排相应经费。

区级财政事权由区级政府承担支出责任。区级财政通过自有财力安排经费支持区级事权。区级在履行财政事权、落实支出责任的过程中若存在收支缺口的情况,市级给予的一般性转移支付

弥补区级财力,除部分资本性支出通过依法发行政府性债券等方式安排外。区级财政事权如果委托给市级机构行使,区级应负担相应的经费。

市与区共同财政事权需要区分不同情况来划分支出责任。根据基本公共服务的属性,结合全市基本公共服务均等化和城乡发展一体化等总体要求,对体现国民待遇和公民权利、涉及全市统一市场和要素自由流动的财政事权,如城乡居民基本养老和基本医疗保险等,研究制定全市统一标准,并由市与区按比例或以市级为主承担支出责任;对受益范围较广且信息相对复杂的财政事权,如环境保护与治理、需要市统筹布局的重要基础设施建设等,根据财政事权外溢程度,由市与区按照比例或市级给予适当补助等方式承担支出责任;对市/区两级有各自机构承担相应职责的财政事权,如职业教育、公共卫生等,由市与区各自承担相应支出责任;对市级承担监督管理、出台规划、制定标准等职责,区级承担具体执行等职责的财政事权,市与区各自承担相应的支出责任。

市与区财政事权和支出责任划分的具体操作层面如下。

(1)一般公共服务。一般公共服务中知识产权交由中央政府更有利于知识产权的保护,而民族、宗教等事务均是国家政策方针的体现,涉及国家意志,应直接由中央政府把控。此前上海市/区政府均承担了这部分事权事责,事实上这并非市/区的职责范围。其余的人大、政协等事务,外部性限于辖区,信息复杂程度较高,可按行政隶属关系由市/区两级政府承担同级党政机关的一般公共服务类的财政事权和支出责任。

(2) 外交。外交是典型的外部性在全国的事务，属于完全的中央职责，不属于市/区的职责范围。

(3) 国防。国防与外交一样，外部性在全国范围，不属于市/区的职责范围。

(4) 公共安全。公共安全中武装警察、国家安全、强制隔离戒毒、国家保密、缉私警察、海警都是全国范围的公共产品，且信息复杂程度低，应由中央政府把控，不属于市/区政府的职责范围。剩余的公安、法院、司法、检察、监狱在市/区分工中，按外部性强、信息复杂程度适中来看，这部分公共安全事务为市/区两级政府共同事权，可按行政隶属关系由市/区两级政府承担同级机构的相关事务。

(5) 教育。教育服务层次较为复杂。教育中留学教育的外部性在全国，属于中央职责，可逐步放权于市场，不属于市/区政府的职责范围；教育管理事务作为行政管理事务，按行政隶属关系交由各级政府承担；普通教育是最为重点的教育项目，其中义务教育、中等教育及高等教育，都具有全市范围的外部性，但也兼具信息处理复杂的特点，可作为市/区共同财政事权，以市级政府为主导，而学前教育外部性相对较小，信息处理复杂，理应全部交由区级政府负责；职业教育的外部性适中，但信息处理复杂，可作为共有财政事权，区级政府鉴于其处理的简易性，可承担主要支出责任；成人教育、广播电视教育、特殊教育、进修及培训、教育费附加安排的支出等项目，外部性大，信息处理复杂，可由市/区共同负责，市级政府适当多承担。其中，成人教育和广播电视教育可与市场结合，逐步交由市场调控。

(6) 科学技术。科学技术中科学技术管理事务属于行政机关事务，按行政隶属关系交由各级政府承担；基础研究、应用研究等事务在市/区分工中，鉴于外部性较大，且信息处理较复杂，原则上在激励相容机制下应由市/区共同分担，但上海市正处于建设科创中心的关键时期，目前应该以市级政府统筹管理为主。

(7) 文化体育与传媒。文化体育与传媒作为外部性有限，但信息复杂程度较高的服务，区级政府应成为该项服务的统筹主体，但一些少部分跨区域性的文化服务还是应当由市级政府主导。

(8) 社会保障和就业。社会保障和就业中补充全国社会保障基金、自然灾害生活补助等项目外部性在全国，信息复杂程度低，属于典型的中央事权事责，不属于市/区政府的职责范围。此外，其余事务在市/区分工中，人力资源与社会保障管理事务、民政管理事务等项目，外部性限于辖区，信息复杂度高，适合同级政府负责相应的财政事权和支出责任。社会福利、残疾人事业等事务，外部性大，信息复杂程度中等，适合由市/区共同分担，市级政府可适度多承担。财政对基本养老保险和社会养老基金的补助由于外部性在全市，信息复杂程度不高，市级政府的处理效率更高，适合完全划归市级。

(9) 医疗卫生与计划生育支出。医疗卫生与计划生育支出中的中医药事务外部性在全国，信息不复杂，且出于更好地保护中医药资源的目的，应当由中央完全承担，不属于市/区政府职责范围。医疗卫生管理事务、公立医院、基层医疗卫生机构、公共卫生外部性限于辖区，信息复杂度高，适合按市/区两级政府隶属关系来承担。财政对基本医疗保险基金的补助外部性在全市，处理较容易，而且市级更有能力处理，适合完全划归市级。医疗救助和优抚对象医疗的外部性范围和信息复杂程度适中，适合由市/区共同分担，市级政府可适度多承担。

（10）节能环保支出。节能环保支出中天然林保护、退耕还林等项目属于应完全由中央承担的事务，其外部性非常大，地方政府管理机制无法适应，不属于市/区政府职责范围。此外，其他的节能环保事务均呈现外部性大，兼具信息复杂程度高的特点，适合以市级政府为主导、区级政府为辅的格局。

（11）城乡社区。城乡社区中所有项目均表现为外部性限于辖区，信息处理较为复杂，除建设市场管理监督应由区级政府承担为主，市级政府可给予适当补助外，其余项目均由区级政府完全承担。

（12）农林水。农林水支出中南水北调、扶贫等项目为国家战略决策，由中央统一调控效果更佳，不属于市/区政府职责范围。农业、林业和水利等事务外部性大，信息处理复杂程度较高，由市/区共同分担，市级政府适度多承担部分支出责任，普惠金融发展支出为各级政府自发行为，按市/区隶属承担。

（13）交通运输。交通运输支出中成品油价格改革对交通运输的补贴、邮政业等项目外部性在全国，应由中央完全把控，不属于市/区政府职责范围。公路水路运输、铁路运输等项目应按照路网覆盖范围确定事权归属，鉴于市级政府的统筹调控职能，可以市级政府为主。

（14）资源勘探信息等。资源勘探信息等支出中资源勘探开发事关国计民生，应由中央全部承担，不属于市/区政府职责范围。制造业、建筑业等项目外部性在辖区，信息处理复杂适中，应由市/区共同分担，可由市级政府适度多承担。

（15）商业服务业等。商业服务业等支出所有项目的特点均为外部性限于辖区，信息复杂程度较高，事权事责在相应的各级政府。其中，商业流通和旅游业管理服务可逐步放权于市场。

（16）金融。金融支出中，金融调控显然应由中央全局把控，不属于市/区政府职责范围。金融部门行政支出应根据市/区两级政府的行政隶属关系承担。金融监管等支出外部性很大，信息处理复杂程度单一，且鉴于市级政府较好的承担能力，由市级政府完全承担为佳。

（17）援助其他地区。援助其他地区外部性非常广，信息处理简单，应主要交由中央承担。但对于省际横向援助之类的属于市级政府职责范围。

（18）国土海洋气象。国土海洋气象等支出，外部性大，信息处理复杂程度不高，完全交由中央更能发挥整体效应，不属于市/区政府职责范围。

（19）住房保障。住房保障为辖区性事务，且信息处理复杂程度较高，理应交由区级政府承担，但考虑到住房保障事务需要市级政府的统筹管理，建议作为市/区共有事权，可适当由区级政府多承担部分支出责任。

（20）粮油物资储备。粮油物资储备外部性非常广，但储备过程中信息复杂程度非常高，本应属于中央事权，但委托地方效果更好。中央委托地方办理时，应属于市级政府的职责范围。

上海市与区财政事权和支出责任划分清单如表 8-2 所示，该清单是根据最新的政府收支分类科目来制定的，所有财政事权项

第八章 优化上海市与区财政事权和支出责任划分的方案

表8-2 上海市与区财政事权和支出责任划分清单

一级财政事权项目(类)	二级财政事权项目(款)	财政事权归属	支出责任划分		备注
			市级政府	区级政府	
(1)一般公共服务	人大事务				
	政协事务				
	政府办公厅(室)及相关机构事务				
	发展与改革事务				
	统计信息事务				
	财政事务	共有	按隶属承担	按隶属承担	—
	税收事务				
	审计事务				
	海关事务				
	人力资源事务				
	纪检监察事务				
	商贸事务				

281

（续表）

一级财政事权项目（类）	二级财政事权项目（款）	财政事权归属	支出责任划分		备注
			市级政府	区级政府	
（1）一般公共服务	知识产权事务	—	—	—	非市/区事权事责
	工商行政管理事务				
	质量技术监督与检验检疫事务	共有	按隶属承担	按隶属承担	—
	民族事务	—	—	—	非市/区事权事责
	宗教事务				
	港澳台合作事务				
	档案事务	共有	按隶属承担	按隶属承担	—
	民主党派及工商管理事务	—	—	—	非市/区事权事责
	群众团体事务				
	党委办公厅（室）及相关机构事务	共有	按隶属承担	按隶属承担	—
	组织事务				

（续表）

一级财政事权项目(类)	二级财政事权项目(款)	财政事权归属	支出责任划分 市级政府	支出责任划分 区级政府	备注
（1）一般公共服务	宣传事务	共有	按隶属承担	按隶属承担	—
	统战事务				
	对外联络事务				
	其他共产党党务				
（2）外交	略	—	—	—	非市/区事权事责
（3）国防	略	—	—	—	非市/区事权事责
（4）公共安全	武装警察	—	—	—	非市/区事权事责
	公安	共有	按隶属承担	按隶属承担	—
	国家安全	—	—	—	非市/区事权事责
	检察	共有	按隶属承担	按隶属承担	—
	法院				
	司法				
	监狱				

283

(续表)

一级财政事权项目(类)	二级财政事权项目(款)	财政事权归属	支出责任划分		备注
			市级政府	区级政府	
(4) 公共安全	强制隔离戒毒	—	—	—	非市/区事权事责
	国家保密	—	—	—	—
	缉私警察	—	—	—	—
	海警	—	—	—	—
(5) 教育	教育管理事务	共有	按隶属承担	按隶属承担	—
	普通教育	共有（以市为主）	主要承担	次要承担	学前教育、义务教育、中等教育由市与区按照隶属关系分担支出责任；高等教育由市级负责
	职业教育	共有（以区为主）	次要承担	主要承担	—
	成人教育	共有（向市倾斜）	适当多承担	—	可逐步放权于市场
	广播电视教育				

284

(续表)

一级财政事权项目(类)	二级财政事权项目(款)	财政事权归属	支出责任划分		备注
			市级政府	区级政府	
(5) 教育	留学教育	—	—	—	非市/区事权事责（可逐步放权于市场）
	特殊教育	共有（向市倾斜）	适当多承担	—	—
	进修及培训	共有（向市倾斜）	适当多承担	—	—
	教育费附加安排的支出	共有（向市倾斜）	适当多承担	—	—
(6) 科学技术	科学技术管理事务	共有	按隶属承担	按隶属承担	—
	基础研究	市级专属	完全承担	不承担	—
	应用研究				
	技术研究与开发	共有（以市为主）	主要承担	次要承担	—
	科技条件与服务				
	社会科学				
	科学技术普及				
	科技交流与合作				
	科技重大项目				

(续表)

一级财政事权项目(类)	二级财政事权项目(款)	财政事权归属	支出责任划分 市级政府	支出责任划分 区级政府	备注
(7) 文化体育与传媒	文化	共有（以区为主）	次要承担	主要承担	除跨区的文化传承、市级图书馆、博物馆由市级政府负责，其余均由区级主导
	文物				
	体育				
	新闻出版				
	广播影视				
	人力资源与社会保障管理事务	共有	按隶属承担	按隶属承担	—
	民政管理事务	—	—	—	—
(8) 社会保障与就业	补充全国社会保障基金	共有	按隶属承担	按隶属承担	非市/区事权
	行政事业单位离退休				
	企业改革补助				
	就业补助	共有（向市倾斜）	适当多承担	—	—
	抚恤				
	退役安置				

第八章 优化上海市与区财政事权和支出责任划分的方案

(续表)

一级财政事权项目(类)	二级财政事权项目(款)	财政事权归属	支出责任划分		备注
			市级政府	区级政府	
(8) 社会保障与就业	社会福利	共有（向市倾斜）	适当多承担	—	—
	残疾人事业	—	—	—	—
	自然灾害生活补助				非市/区事权事责
	红十字事业				
	最低生活保障	共有（向市倾斜）	适当多承担	—	—
	临时救助				
	特困人员救助供养				
	补充道路交通事故社会救助基金				
	其他生活补助				
	财政对基本养老保险基金的补助	市级专属	完全承担	不承担	—
	财政对其他社会保险基金的补助				

(续表)

一级财政事权(类)	二级财政事权项目(款)	财政事权归属	支出责任划分		备注
			市级政府	区级政府	
(9)医疗卫生与计划生育	医疗卫生与计划生育管理事务	共有	按隶属承担	按隶属承担	—
	公立医院	—	—	—	—
	基层医疗卫生机构	—	—	—	—
	公共卫生	—	—	—	—
	中医药	—	—	—	非市/区事权事责
	计划生育事务	共有	按隶属承担	按隶属承担	—
	食品和药品监管事务	—	—	—	—
	行政事业单位医疗	—	—	—	—
	财政对基本医疗保险基金的补助	市级专属	完全承担	不承担	—
	医疗救助	—	—	—	—
	优抚对象医疗	共有(向市倾斜)	适当多承担	—	—

288

(续表)

一级财政事权(类)	二级财政事权项目(款)	财政事权归属	支出责任划分 市级政府	支出责任划分 区级政府	备注
(10) 节能环保	环境保护管理事务	共有(以市为主)	主要承担	次要承担	—
	环境监测与监察	共有(以市为主)	主要承担	次要承担	—
	污染防治	—	—	—	—
	自然生态保护	—	—	—	—
	天然林保护	—	—	—	非市/区事权事责
	退耕还林	—	—	—	非市/区事权事责
	风沙荒漠治理	—	—	—	—
	退牧还草	—	—	—	—
	已垦草原退耕还草	—	—	—	—
	能源节约利用	共有(以市为主)	主要承担	次要承担	—
	污染减排				
	可再生能源				
	循环经济				
	能源管理事务				

(续表)

一级财政事权项目(类)	二级财政事权项目(款)	财政事权归属	支出责任划分		备注
			市级政府	区级政府	
(11) 城乡社区	城乡社区管理事务	区级专属	不承担	完全承担	—
	城乡社区规划与管理				
	城乡社区公共设施				
	城乡社区环境卫生				
	建设市场管理与监督	共有（以区为主）	次要承担	主要承担	—
(12) 农林水	农业	共有（向市倾斜）	适当多承担	—	—
	林业				
	水利				
	南水北调	—	—	—	非市/区事权事责
	扶贫				
	农业综合开发				
	农村综合改革				

290

（续表）

一级财政事权项目(类)	二级财政事权项目(款)	财政事权归属	支出责任划分 市级政府	支出责任划分 区级政府	备注
（12）农林水	普惠金融发展支出	共有	按隶属承担	按隶属承担	—
	目标价格补贴	—	—	—	非市/区事权事责
（13）交通运输	公路水路运输	共有（以市为主）	主要承担	次要承担	—
	铁路运输				
	民用航空运输				
	成品油价格改革对交通运输的补贴	—	—	—	非市/区事权事责
	邮政业支出				
	车辆购置税支出				
（14）资源勘探信息等	资源勘探开发	—	—	—	非市/区事权事责
	制造业	共有（向市倾斜）	适当多承担	—	
	建筑业				
	工业和信息产业监管				
	安全生产监管				

（续表）

一级财政事权项目（类）	二级财政事权项目（款）	财政事权归属	支出责任划分 市级政府	支出责任划分 区级政府	备注
（14）资源勘探信息等	国有资产监管	共有（向市倾斜）	适当多承担	—	—
	支持中小企业发展和管理支出				
（15）商业服务业等	商业流通事务	共有	按隶属承担	按隶属承担	商业流通和旅游业管理可逐步放权于市场
	旅游业管理与服务支出				
	涉外发展服务支出	共有	按隶属承担	按隶属承担	—
（16）金融	金融部门行政支出	市级专属	完全承担	不承担	—
	金融部门监管支出				
	金融发展支出	—	—	—	非市/区事权事责
	金融调控支出	市级专属	完全承担	不承担	中央承担为主，市级适度参与
（17）援助其他地区	略				

292

(续表)

一级财政事权项目(类)	二级财政事权项目(款)	财政事权归属	支出责任划分 市级政府	支出责任划分 区级政府	备注
(18) 国土海洋气象	略	—	—	—	非市/区事权事责
(19) 住房保障	保障性安居工程支出	共有(以区为主)	次要承担	主要承担	—
	住房改革支出				
	城乡社区住宅				
(20) 粮油物资储备支出	粮油事务	市级专属	完全承担	不承担	中央统筹为主，市级适度参与
	物资事务				
	能源事务				
	粮油储备				
	重要商品储备				

目对应政府支出科目。出于研究的可操作性,项目仅细化到款,故有些财政事权项目很难界定到底是市级专有财政事权还是区级专有事权,大部分财政事权都是两级政府共同承担。共有的财政事权可分为四类:Ⅰ以市级政府为主;Ⅱ以区级政府为主;Ⅲ市区共担,向市倾斜(市级政府可适度多承担,以缓解区级的支出压力;共同分担无固定比例限制,根据实际情况动态调节);Ⅳ行政隶属色彩明显的事务按隶属承担。

第四节 促进市/区财权与财政事权动态匹配

在明晰市与区财政事权和支出责任划分格局后,需要经过市/区财权配置和财力分配,促进市/区财权与事权相匹配,以形成稳定的市/区两级政府财政事权、支出责任和财力相适应的体制机制。

目前,上海市与区级政府的财权收入划分接近五五之分,直接来看政府间初始财权配置是对等的,但考虑到市/区政府所负担的财政事权,便可间接发现事权安排与财政能力之间存在失衡现象,即区级政府仅仅享有50%的财政收入,却承担着接近70%的财政支出。换言之,市级政府同样掌握着50%左右的财政收入,却只需承担30%左右的财政支出。因此,为促进市/区财权与财政事权的动态匹配,需要结合财政事权的调整,优化政府间财权配置格局,在确保市级宏观调控所必需财力的基础上,逐步提高区级政府自主性财力,由区级政府集中相对更充裕的财源。

1. 调整市与区税种划分

根据税种划分理论归属和经济社会发展的需要，市区两级政府间的税种配置格局亟待调整和优化，市与区税种划分框架设计和实施安排如表 8-3 所示。

表 8-3　上海市与区税种划分框架设计

税种	近期		远期	
	收入归属	划分比例	收入归属	划分比例
增值税	共享税	市级 50%：区级 50%	共享税	市级 60%：区级 40%
企业所得税	共享税	市级 60%：区级 40%	共享税	市级 60%：区级 40%
个人所得税	共享税	市级 20%—30%：区级 70%—80%	区级税	区级 100%
财产税类	区级税	市级 10%—20%：区级 80%—90%	区级税	区级 100%
城市维护建设税 印花税	共享税	市级 20%：区级 80%	共享税	市级 20%：区级 80%
环境保护税	共享税	市级 70%：区级 30%	区级税	区级 100%

增值税具有税基流动性大、税基范围辐射全市、税源分布不均衡、涉及全市宏观经济调控的特点。增值税作为市/区两级第一大税种，不适宜单独划分为市级税，理论归属上更适合作为以市为主的共享税。当前增值税在市与区之间的分享比例大致为 4.5∶5.5，理论归属上应当向市级进一步倾斜，但当前区级政府

缺少主体税种，地方税体系建设尚不完善，增值税在目前及今后一段时期内都仍然是区级政府最主要税收来源，若短期内直接降低区级分享份额会导致区级税收规模锐减，财政能力难以保障事权所需。合理的做法是缓慢降低增值税分享比例，短期内平稳过渡，市与区维持5∶5的共享比例，仍保留增值税对于区级税收来源的重要贡献。远期来看，当区级政府逐步培养主体税种、健全地方税体系之后，再考虑增加市级分享比例到60%，巩固以市为主的共享税地位。

企业所得税的税基流动性大、税基范围广，具有周期性波动和税率累进的性质，且涉及社会资本流动和经济调控，其规模较大、税源稳定，适合作为共享税；同时为避免地区间资源配置扭曲、资本非正常流动和税收竞争，适合作为上级政府主要分享的共享税。当前上海市与区的企业所得税分享比例为6∶4，既符合市级为主共享税的理论归属，又为区级带来稳定且可观的税收收入，建议继续保持现有企业所得税的划分格局。

个人所得税税基流动性较大、涉及收入再分配，但在省级及以下政府层面，还需重视信息不对称和地方政府积极性等因素。个人所得税征管的信息复杂程度较高，相较于市级政府，区级具有明显信息优势，能掌握居民更详细的工作情况和生活状态，并且个人所得税是按照综合与分类相结合模式进行改革，由区级政府来征管的效率更高。此外，个人所得税是对辖区内居民征收，居民享受的教育、社会保障、医疗卫生、基础设施等公共服务是由本辖区政府提供为主，区级政府征收个人所得税符合受益性原则，能激励地方政府提高公共服务水平。目前上海市与区对个人

第八章 优化上海市与区财政事权和支出责任划分的方案

所得税采用共享模式,分享比例大致为五五分成,根据理论归属,个人所得税有成为区级主体税种的巨大潜质,但不可否认短期内进行转变难度较大,需要较高标准的政策设计和配套改革。因此,建议在短期内个人所得税仍作为共享税,但市/区之间划分比例需要调整,区级分享比例可从50%上涨至70%—80%左右,使得区级个人所得税收入持续增加,对区级政府财政收入贡献程度逐步提高。长期来看,待税制改革条件成熟,则进一步提高区级分享比例至100%,实现个人所得税逐步转变为区级主体税种。

房产税、城镇土地使用税、土地增值税、车船税、耕地占用税、契税是典型的财产税范畴。财产税的特点是税基稳定、税源地域化,与地方社会福利密切相关,但征管难度大,由具有区域信息优势的地方征收效率更高,理论归属上适合由区级政府享有。目前财产税总额对于上海区级税收收入贡献程度(19.15%)较高,但仍比不上共享税的地位,对市级也有一定贡献(8.47%),税种分配上也呈现向区级政府不同程度的倾斜。鉴于培植区级主体税种的迫切需要,建议短期内将市级享有的财产税份额减少到10%—20%,再进一步将财产税所属税种划归至区级,直至形成区级政府主体税种,为区级政府带来稳定可持续的税源。

印花税和城市维护建设税的理论归属上均适合作为区级政府为主的共享税。当前印花税达到了区级政府主要分享的状态,建议继续保持印花税在市/区政府间的划分比例。区级分享城市维护建设税现行比例为40%,需要进一步向区级集中,以便于区级政府支配更多资金专门用于城市辖区内的公用事业和公共设施的维护建设。

环境保护税的特征是税源地域化,要求准确掌控和追踪企业排放污染应税物的真实信息,征管复杂性较大,理论归属上适合划分为区级政府专有税种。上海市自 2018 年开始征收环境保护税,现行体制下实行市级税收集中征管或委托征管的企业,其环境保护税全部作为市级财政收入,而其他企业的环境保护税由所在区税务机关实行"税收属地征管",收入由市与区按照 5∶5 的比例分享。从实际收入执行来看,两级政府第一年分享比例大致为 7∶3,与理论归属存在差异。考虑到环境保护税是新增税种,前期宜先遵循现行收入划分政策要求,由市级政府统筹安排,引导各区加强环境保护和治理,确保税费制度改革的平稳过渡,观察并积累环境保护税征管的落地经验。长期来看,适合将环境保护税逐渐转变为区级政府税种,充分利用区级政府对辖区内企业实际排污情况的信息优势及高效征管,将向环境污染企业征收的税款用于区域内生态补偿、治理污染,支持环境保护事业。

2. 完善区级地方税体系建设

"营改增"的全面展开意味着地方政府曾经的主体税种缺失,暂无新的主体税种代替,地方财政的独立性进一步被削弱,不利于地方财政可持续发展。因此,必须积极培育新的地方主体税种,尽快完善地方税体系建设,确保区级政府拥有充沛、稳定、可持续的自主财源。

财产税是学界普遍公认的最适合作为地方主体税的税种,拥有税基稳定、税源分布在辖区内、与地方经济发展和社会福利密切相关的特点。房地产业发达是上海市的一大特色,可重点培养房产税成为区级政府的地方主体税。上海于 2011 年成为我国首批房产税征收试点城市,并印发了《上海市开展对部分个人住房征收房产税试点的暂行办法》(以下简称《暂行办法》),对征税对象、适用税率、税收减免等要素进行了初步设计。观察房产税及其相关税种在上海市近年来的征收状况,可以发现全市范围内涉及房地产交易或增值的土地增值税和契税的税收收入比重(11.24%),远高于涉及房地产保有环节的房产税和城镇土地使用税(4.19%),呈现出显著的"重交易,轻保有"特征。据此,持续增加涉及房产保有环节的税收收入,提升房产税地位,将是未来一段时期健全地方税体系的关键环节。

然而上海房产税试点改革经验显示,虽然房产税税收规模从开征之时逐年稳步上升,但其占税收收入比重持续走低,未能体现地方主体税种应有的贡献,房产税征收是一项复杂的系统工程,还面临许多亟待解决的问题。

首先是征收对象问题。《暂行办法》规定"征收对象是指本暂行办法施行之日起本市居民家庭在本市新购且属于该居民家庭第二套及以上的住房和非本市居民家庭在本市新购的住房",即仅针对居民新增房产进行征收,而将大部分的存量房排除在征收范围之外。征税范围狭窄会导致房产税收入的流失,建议扩大房产税征收范围,同时将增量房和存量房考虑其中。同时,为准确核定纳税人拥有房产的真实情况,需推进建立全市统一的房地产信息管理平台,实现个人住房信息登记和数据库信息共享,不仅为政府提供辖区内房产税的完备资料,也对"炒房"投机者产生威慑作用，正确引导住房消费，有效配置房地产资源。

其次是房产计税依据的问题。《暂行办法》规定"计税依据为参照应税住房的房地产市场价格确定的评估值，评估值按规定周期进行重估。试点初期，暂以应税住房的市场交易价格作为计税依据"。以市场价格作为计税依据只是过渡措施，接下来需要完善房地产价值评估制度，组建专门的房产价值评估部门，定期更新评估值，综合考虑当期各区范围内市场行情、地理位置、房型、物业等多方面因素，为房产税计税依据提供合理的动态资料，真实反映区域经济和社会的需求。

3. 统筹非税收入

市区政府财权配置的完善，不仅着眼于税收收入体系，还需考虑非税收入体系改革。非税收入作为一级政府财权的有机组成部分，也是税收收入不可或缺的补充形式，对于调节收入配置，缓解财政资金压力发挥着积极的作用。上海市级政府2018年的非税收入比重为17.03%，且一直保持着增长态势，未来该比重仍有继续上升的趋势。区级政府当前的非税收入比重为6.68%，而发达国家的非税收入占一般预算收入的比重一般不到10%，以此可推断出区级政府的非税收入比重尚处于合理范围，但市级政府目前的非税收入占一般预算收入比重则较高，且比重持续增长的趋势需要得到抑制。

非税收入存在的前提是将非税收入置于合理可控的范围内。上海市级政府非税收入比重并未控制在合理区间。"税不够，费来凑"。市级政府过度依赖非税收入并非一种可持续的财政安排，不仅会增加政府部门征收、管理和监督的难度，而且还会进一步加大当地企业和居民的负担。

因此，在"减税降费"的政策大背景下，建议市级政府对非税收入的规模与比重加以控制，对非税收入项目进行清理和归并，或是将具有税收特征和功能的收费，改革为税收项目，相应扩大税收规模。另一个做法是将市级政府征收的部分非税收入项目转移给区级政府，并由市级财政等相关部门对区级政府征管和运用资金过程进行监督，作为一种补充区级财政收入、缓解其财政压力的备选途径。此外，健全市与区非税收入管理的法律法规体系，从法制的层面起到监督、规范的作用；完善政府非税收入的公示制度，受各部门及社会民众的监督，并建立投诉、举报机制；建立健全有效的非税收入信息管理系统，全面监控和共享非税收入的收缴与支配信息。

第五节　优化市对区的转移支付机制

结合财政事权和支出责任划分、地方税体系建设、收入划分等改革进程，进一步完善市对区转移支付制度，优化转移支付结构，建立健全以一般性转移支付为主，专项转移支付为辅的转移支付体系。一般性转移支付主要弥补区级履行具体财政事权、落实支出责任时存在的财力缺口，其应以均衡性转移支付为主，同时在一般性转移支付下设共同财政事权分类分档转移支付，用于履行市区共同财政事权中的市级分担支出责任。分配因素重点是教育、社会保障、医疗卫生、生态补偿、城市维护等。资金向远郊区、生态保护区域和经济相对薄弱区倾斜。专项转移支付主要限于市级委托区级履行财政事权，其重点是优化民生保障、城市管理、"三农"支持、节能环保、产业发展及建设工程这六类项目。

1. 稳定转移支付规模增长态势，防止区级政府过度依赖

市级转移支付有助于弥补区级财力不足，促进区域间财力均衡，从而保障区级财力能够满足所承担的财政事权。但是，如果市级拨付转移支付规模过大，增长过快，并不利于提高财政资金的使用效益，反而影响区级财政自主性和积极性。上海近年的转移支付变化就出现这种现象，一方面弥补了区级财力缺口、提高了区级履行财政事权的财政保障能力，但另一方面区级对转移支付的依赖程度也在逐渐加重。为此，建议市级政府建立规范的转移支付稳定增长机制，维持合理、可持续的增长速度，将转移支付增量控制在有限范围内，主要基于当前转移支付存量在各区之间统筹分配。转移支付规模增长追根溯源还是市区间财权事权划分难以匹配的问题，区级自有财力难以负担支出责任，导致区级对转移支付的依赖。长远来看，区级政府完善财权体系应当优先于转移支付体系建设。

2. 强化一般性转移支付，整合规范专项转移支付

一般性转移支付主要用于补充区级财力并由区级自行统筹安排，能够赋予区级财政更多的自主权，建议进一步增加一般性转移支付规模，而减少专项转移支付，2015年开始一般转移支付比例从90%下降至60%水平，需要重新提升一般性转移支付的

比重。均衡性转移支付是一般性转移支付的核心，它包含了绝大多数的公共服务内容，是均等化财力最好的形式，应该提升现有均衡性转移支付的比重，并将更多的公共服务纳入均衡性转移支付体系中来。改善一般性转移支付"专项化"的问题，使区级能够因地制宜地支配和使用转移支付资金，从而更有效地提供公共服务。

专项转移支付的用途较为固定，资金自主支配程度低，应当相应减少市级专项转移支付的投入，将条件成熟的项目转变为一般性转移支付。清理、整合、规范专项转移支付项目，降低区级管理复杂性，具体包括撤销不适宜现有需求、"小散乱"、效用不明显以及用于纯竞争性领域的项目，合并内容和功能相似、资金管理方式和投入方向相似的项目。

属于市级政府的财政事权，若委托区级政府履行支出责任时，原则上不得要求区级政府配套资金，市级应安排足额资金补助区级。例如，对属于市级政府的民兵训练、警察培训的事权，不应安排区级政府配套；对于涉及区级事权的专款应该尽快取消，将其纳入一般性转移支付。

3. 加大对财力薄弱区域和重点财政事权项目的支持力度

从帮扶对象上看，市级转移支付需要重点关注经济欠发达、财力相对薄弱的城区，促进区域间财力均衡。转移支付收入侧效应显示，对于发达程度越低的区域，转移支付弥补自筹财力不足的效果越显著，具有保障其公共服务有效供给的关键性作用，而对发达城区的贡献相对微小，可降低其投入力度。从支持项目上看，转移支付应向重点财政事权领域倾斜，体现对区级重点公共服务项目支出上的分担。根据转移支付对区级七项重点财政事权支持程度的测算可知,转移支付分担力度最大的项目是节能环保,但对社会保障、医疗卫生、教育和公共安全等需要市级扶持项目的分担效果一般。依据市/区财政事权和支出责任划分标准,类似属于市级委托区级履行的财政事权和市/区共同财政事权,建议市级政府加大重视程度和支持力度,将转移支付向这类重点财政事权项目倾斜,以辅助区级政府更有效地提供基本公共服务。而对于本属于区级专属财政事权项目,市级一定程度上予以转移支付补助即可,更多地促使区级主动承担支出责任。

第六节　其他配套措施

1. 完善市区财权事权划分的法治建设

以法律形式明确各级政府间财政事权和支出责任的划分,避免各级政府间在划分上的随意性。由于法律效力较高的宪法和法律的立法权在全国人大和人大常委会,故政府间财政事权和支出责任的划分需要中央顶层构建相应的法律制度环境,修改与之相关的《宪法》《预算法》和《组织法》中对财政事权和支出责任划分过于笼统的规定,对各级政府的权利和义务做出明确和详细的规定,包括明确各级政府的职能定位,界定各级政府的财政事权范围,确定各级政府的支出责任,且针对划分过程中因客观环境的变化而出现需调整的情况,在法律中要明确规定必须经过法定的程序才可以最终实现调整。与此同时,上海市应在效力层级较高的法律规范的指导下,结合上海地域特色,由上海市人大及人大常委会制定地方性行政法规,明确市/区两级政府在财政事权和支出责任上的具体划分,将市级财政事权、区级财政事权、市/区共有财政事权及相应支出责任详细地在行政法规中列举,形成清晰的市/区两级政府分工指南。地方法治建设是一个长期持续的过程,上海政府需要全程密切跟踪各级政府在事权与支出责任分工中的实际运行情况和问题,归纳利弊得失,总结经验,逐步完善关于市/区政府财政事权和支出责任划分的法律制度设计。

财权的法治建设涵盖多元,最核心的是各级政府税收管理权限。现有财税体制框架下税权高度集中于中央,地方政府拥有的税收管理权限十分有限。地方税体系的建设,不仅是为基层政府筹集财力,更重要的是赋予地方合理的税收管理权限,激发地方财政自主性,从源头上推进政府财权与事权相匹配。因此,围绕"落实税收法定原则"进行税权划分尤其重要且必要。税权划分基调为"中央基本集中、地方适度分权",保证中央宏观调控的地位,赋予省级政府适当的税收管理权,包括:一定税收立法权,可根据本省情况因地制宜地开征税种、制定实施细则、调整税目税率等;完善税收收益权和税收征管权,提高省级税收自由度。

同样的,上海可据此来完善市级的税权法治建设,并可考虑相应地扩大区级政府的税收管理权限,如下放部分财产税、个人所得税的税率、税基等要素的自由裁量权,以适应各区经济社会发展特色,提高区级税收征管效率和财政收入质量。

2. 推进政府职能转变和职责调整

政府职能职责的不断调整和深化,政府与市场间有序、良好的关系,将有助于政府更高效地履行事权和支出责任,促进基本公共服务有效供给。

一是要正确处理政府和市场的关系。按照"有所为,有所不为"的原则,厘清政府和市场、社会的边界,实现向公共服务型政府的转变。政府应将行政资源更多地向社会管理和公共服务领域配置,强化公共服务职能,形成完善的公共服务体系,提高公共服务总体水平。特别要加强社会保障、教育、卫生、文化等贴近民生方面的职能配置。创新公共服务供给方式,通过购买、委托、租赁等市场化、社会化方式,解决政府在提供公共服务方面的不足,做到政府公共服务职责不"缺位"。而在市场起决定性作用的领域,政府应主动退出,特别要杜绝政府出于政绩考虑,产生较强的投资冲动,替代市场职能,占用有限的政府财力的情况。

二是要推动政府层级间和部门间权责关系的明晰。进一步明确市/区两级政府的财政事权划分和部门间职责划分,不断提高行政效率。按照"一项事权归一个部门牵头负责"的原则,合理划分部门职责,理顺部门分工,妥善解决跨部门事权划分不清晰和重叠交叉问题,逐步建立部门间协调配合机制,明确和强化部门责任。改善市/区两级政府职能配置"上下一般粗"的状况,进而使得市级政府对经济社会事务的宏观调控能力进一步提升,区级政府为基层和群众服务的水平得到提高。

3. 建立财政事权和支出责任划分动态调整机制

由于财政事权是动态变化、不稳定的，因而市与区财政事权和支出责任的划分也不是一成不变的。应当建立科学的动态调整机制，根据中央各领域改革进程及财政事权划分情况，结合上海市实际，动态调整市与区的财政事权划分。对因中央改革形成市与区财政事权发生变化的，按照中央规定及时调整；对因客观环境发生变化，造成现有市与区财政事权划分不适应经济社会发展要求的，结合实际予以调整完善；对新增或尚未明确划分的财政事权，要根据国家和本市的改革部署、经济社会发展需求以及市/区政府财力情况，来判断是交由政府主导，还是让步于市场去配置，对应由政府提供的基本公共服务，统筹研究明确市/区的合理分工，对应由市场或社会承担的事务，政府不应干涉，交由市场主体或社会力量承担。

与此同时，根据市/区两级财政事权动态调整结果，在保持现有市/区两级财力格局总体稳定的基础上，以财政事权动态调整带动财力重新配置，及时调整市/区两级支出责任，真正实现一级政府、一级事权、一级财权，权责利统一、人财物相随。下放区级财政事权原则上由市级通过一般性转移支付给予相应补助，上收市级的财政事权由区级通过市区两级结算上解市级相应经费。

考虑到市与区级政府在划分过程中很有可能存在争议，为此可设立行政系统内的"市与区关系仲裁委员会"，作为处理一般性的市与区之间纠纷的司法仲裁机构，通过沟通协调来明确各级政府支出范围和责任，减少划分中的争议。

参考文献

[1] 白景明,朱长才,叶翠青,等. 建立事权与支出责任相适应财税制度操作层面研究 [J]. 经济研究参考,2015（43）：3-91.

[2] 陈冰波. 事权与支出责任：一个分析的理论框架 [J]. 交通财会,2014（8）：4-8.

[3] 党秀云,彭晓祎. 我国基本公共服务供给中的中央与地方事权关系探析 [J]. 行政论坛,2018,25（2）：50-55.

[4] 丁菊红. 我国政府间事权与支出责任划分问题研究 [J]. 财会研究,2016（7）：10-13.

[5] 豆建民,刘欣. 中国区域基本公共服务水平的收敛性及其影响因素分析 [J]. 财经研究,2011,37（10）：37-47.

[6] 杜荣胜. 健全中央与地方事权与支出责任相适应机制研究 [J]. 经济研究参考,2015（4）：69-72.

[7] 高培勇. 2015年财税改革的考量 [J]. 金融市场研究,2015（1）：32-38.

[8] 谷成,蒋守建. 基于国家治理现代化的中国政府间税收划分 [J]. 华中师范大学学报（人文社会科学版）,2017,56（1）：39-47.

[9] 谷成,曲红宝. 发展中国家政府间税收划分：理论分析与现实约束 [J]. 经济社会体制比较,2015（2）：32-43.

[10] 郭晟豪. 中央政府和地方政府的教育事权与支出责任 [J]. 甘肃行政学院学报,2014（3）：96-105+128.

[11] 韩凤芹. 完善职业教育事权与支出责任相适应机制 [J]. 财政科学, 2017 (2): 5-12.

[12] 何逢阳. 中国式财政分权体制下地方政府财力事权关系类型研究 [J]. 学术界, 2010 (5): 17-26.

[13] 吉富星, 鲍曙光. 中国式财政分权、转移支付体系与基本公共服务均等化 [J]. 中国软科学, 2019 (12): 170-177.

[14] 贾康, 梁季. 辨析分税制之争: 配套改革取向下的全面审视 [J]. 财政研究, 2013 (12): 2-18.

[15] 贾康, 苏京春. 现阶段我国中央与地方事权划分改革研究 [J]. 财经问题研究, 2016 (10): 71-77.

[16] 经庭如, 曹结兵. 委托-代理视角下政府间共同事权与支出责任匹配的研究 [J]. 财政科学, 2016 (5): 70-77.

[17] 柯华庆. 财税分级制原则的体系建构 [J]. 理论视野, 2014 (12): 34-37.

[18] 李春根, 舒成. 基于路径优化的我国地方政府间事权和支出责任再划分 [J]. 财政研究, 2015 (6): 59-63.

[19] 李俊生, 乔宝云, 刘乐峥. 明晰政府间事权划分 构建现代化政府治理体系 [J]. 中央财经大学学报, 2014 (3): 3-10.

[20] 李森. 试论公共产品受益范围多样性与政府级次有限性之间的矛盾及协调——对政府间事权和支出责任划分的再思考 [J]. 财政研究, 2017 (8): 2-17.

[21] 李欣, 余贞利, 刘尚希, 等. 中央地方科技事权与支出责任的划分研究 [J]. 经济研究参考, 2015 (22): 3-31.

[22] 李奕宏. 我国政府间事权及支出划分研究 [J]. 财政研究, 2014 (8): 56-59.

[23] 李永友, 张子楠. 转移支付提高了政府社会性公共品供给激励吗?

[J]. 经济研究，2017，52（1）：119-133.

[24] 刘柏惠. 社会保障事权和支出责任划分"双症结"分析[J]. 地方财政研究，2017（4）：30-33+42.

[25] 刘承礼. 省以下政府间事权和支出责任划分[J]. 财政研究，2016（12）：14-27.

[26] 刘尚希，马洪范，刘微，等. 明晰支出责任：完善财政体制的一个切入点[J]. 经济研究参考，2012（40）：3-11.

[27] 刘尚希，石英华，武靖州. 公共风险视角下中央与地方财政事权划分研究[J]. 改革，2018（8）：15-24.

[28] 楼继伟. 中国政府间财政关系再思考[M]. 北京：中国财政经济出版社，2013.

[29] 楼继伟. 建立现代财政制度[J]. 中国财政，2014（1）：10-12.

[30] 楼继伟. 深化事权与支出责任改革　推进国家治理体系和治理能力现代化[J]. 财政研究，2018（1）：2-9.

[31] 卢洪友，张楠. 政府间事权和支出责任的错配与匹配[J]. 地方财政研究，2015（5）：4-10.

[32] 吕冰洋. 现代政府间财政关系的构建[J]. 中国人民大学学报，2014，28（5）：11-19.

[33] 罗卫东，朱翔宇. "权责对称"与我国分税制以来的财政体制改革[J]. 南京社会科学，2018（4）：30-38.

[34] 马海涛，任致伟. 转移支付对县级财力均等化的作用[J]. 财政研究，2017（5）：2-12+113.

[35] 马万里. 多中心治理下的政府间事权划分新论——兼论财力与事权相匹配的第二条（事权）路径[J]. 经济社会体制比较，2013（6）：203-213.

[36] 马万里. 关于政府间事权与支出责任划分的几个理论问题[J]. 地方

财政研究，2017（4）：4-11+18.

[37] 马万里. 政府间事权与支出责任划分：逻辑进路、体制保障与法治匹配[J]. 当代财经，2018（2）：26-35.

[38] 石亚军，施正文. 建立现代财政制度与推进现代政府治理[J]. 中国行政管理，2014（4）：11-16.

[39] 孙德超. 推进基本公共服务均等化的基本原则——事权与财权财力相匹配[J]. 教学与研究，2012（3）：22-30.

[40] 孙玉栋，庞伟. 我国中央与地方事权与支出责任划分的再思考[J]. 财政监督，2017（9）：5-11.

[41] 谭波. 央地关系视角下的财权、事权及其宪法保障[J]. 求是学刊，2016，43（1）：104-110.

[42] 汤火箭，谭博文. 财政制度改革对中央与地方权力结构的影响——以财权和事权为视角[J]. 宏观经济研究，2012（9）：11-18.

[43] 田发，苗雨晴. 央地间财政事权和支出责任划分：效应评估与政策引申[J]. 财经科学，2018（4）：111-120.

[44] 田发，周琛影. 市区财政事权和支出责任划分效应评估：以上海为例[J]. 当代财经，2018（4）：25-35.

[45] 汪彤. 共享税模式下的地方税体系：制度困境与路径重构[J]. 税务研究，2019（1）：38-44.

[46] 王浦劬. 中央与地方事权划分的国别经验及其启示——基于六个国家经验的分析[J]. 政治学研究，2016（5）：44-58+126.

[47] 王瑞民，陶然. 中国财政转移支付的均等化效应：基于县级数据的评估[J]. 世界经济，2017，40（12）：119-140.

[48] 王文庆，范志华，郭德元，等. 关于合理划分政府间公共卫生事权与支出责任的思考[J]. 天津经济，2014（9）：55-56+62.

[49] 吴俊培，郭柃沂. 关于建构我国一般性转移支付基金制度的可行性研

究[J]. 财贸经济，2016（12）：47-56.

[50] 伍敏敏. 财权与事权配置视角下我国现代财政制度构建研究[J]. 求索，2017（2）：135-140.

[51] 熊伟. 分税制模式下地方财政自主权研究[J]. 政法论丛，2019（1）：64-77.

[52] 熊欣. 浅析财政分权原则——基于事权和财权的划分[J]. 当代经济，2015（6）：62-64.

[53] 杨慧，石子印. 财力配置效率视角下中央和地方间税收划分研究[J]. 税收经济研究，2019，24（3）：63-68.

[54] 杨晓萌. 提升税收治理能力视角下的税权划分优化[J]. 税务研究，2018（4）：96-100.

[55] 杨志勇. 分税制改革中的中央和地方事权划分研究[J]. 经济社会体制比较，2015（2）：21-31.

[56] 尹宗明，李志伟. 基础教育及职业教育事权和支出责任划分的思考[J]. 中国财政，2015（14）：72-73.

[57] 于树一. 现阶段我国财政事权与支出责任划分：理论与实践探索[J]. 地方财政研究，2017（4）：19-24.

[58] 俞可平. 关于国家治理评估的若干思考[J]. 华中科技大学学报（社会科学版），2014，28（3）：1-2.

[59] 岳红举，王雪蕊. 中央与地方政府间事权与支出责任划分的制度化路径[J]. 财经科学，2019（7）：54-66.

[60] 岳希明，蔡萌. 现代财政制度中的转移支付改革方向[J]. 中国人民大学学报，2014，28（5）：20-26.

[61] 张斌. 事权与支出责任视角下的地方税体系建设[J]. 税务研究，2016（9）：34-39.

[62] 张春宇. 从税权角度谈优化中央与地方政府间税收关系[J]. 税务研

究，2017（3）：106-109.

[63] 赵永辉，付文林. 转移支付、财力均等化与地区公共品供给［J］. 财政研究，2017（5）：13-23.

[64] 赵永辉，付文林，束磊. 转移支付与地方财政支出扩张——基于异质性与空间外溢视角的分析［J］. 经济理论与经济管理，2019（8）：27-44.

[65] 中国国际经济交流中心财税改革课题组，刘克崮，贾康，等. 深化财税体制改革的基本思路与政策建议［J］. 财政研究，2014（7）：2-10.

[66] BAHL R. Implementation Rules For Fiscal Decentralization：paper9803［R］//International Center for Public Policy Working Paper Series，at AYSPS，GSU. International Center for Public Policy，Andrew Young School of Policy Studies，Georgia State University，1999.

[67] BARRO R J. Inequality，Growth，and Investment［M］. National Bureau of Economic Research，1999.

[68] BIRD R M. Threading the Fiscal Labyrinth：Some Issues in Fiscal Decentralization［J］. National Tax Journal，1993，46（2）：207-227.

[69] BOADWAY R. The Theory and Practice of Equalization［J］. CESifo Economic Studies，2004，50（1）：211-254.

[70] BOLDRIN M，CANOVA F. Inequality and Convergence in Europe's Regions：Reconsidering European Regional Policies［J］. Economic Policy，2001，16（32）：206-253.

[71] BONATTI L. Interregional Income Redistribution and Convergence in a Model with Perfect Capital Mobility and Unionized Labor Markets［J］. International Tax and Public Finance，2005，12（3）：301-318.

[72] BUCHANAN J M. An Economic Theory of Clubs［J］. Economica，1965，32（125）：1-14.

[73] CHECHERITA-WESTPHAL C D, NICKEL C, ROTHER P. The Role of Fiscal Transfers for Regional Economic Convergence in Europe [M]. Rochester, NY.

[74] DUNAWAY S, KAUFMAN M, SWAGEL P. Regional Convergence and the Role of Federal Transfers in Canada: 2003/097 [R]. International Monetary Fund, 2003.

[75] FAGUET J P. Does Decentralization Increase Government Responsiveness to Local Needs?: Evidence from Bolivia [J]. Journal of Public Economics, 2004, 88 (3): 867-893.

[76] FERREIRA DIAS M, SILVA R. Central Government Transfers and Regional Convergence in Portugal [R]. European Regional Science Association, 2004.

[77] GUSTMAN A L, STEINMEIER T L. Effects of Pensions on Savings: Analysis with Data from the Health and Retirement Study [J]. Carnegie-Rochester Conference Series on Public Policy, 1999, 50: 271-324.

[78] HAUPTMEIER S, MITTERMAIER F, RINCKE J. Fiscal Competition Over Taxes and Public Inputs [J]. Regional Science and Urban Economics, 2012, 42 (3): 407-419.

[79] HEPP R, VON HAGEN J. Interstate Risk Sharing in Germany: 1970-2006 [J]. Oxford Economic Papers, 2013, 65 (1): 1-24.

[80] HINDRIKS J, PERALTA S, WEBER S. Competing in Taxes and Investment Under Fiscal Equalization [J]. Journal of Public Economics, 2008, 92 (12): 2392-2402.

[81] LE HOUEROU P, RUTKOWSKI M. Federal Transfers in Russia: Their Impact on Regional Revenues and Incomes [J]. Comparative

Economic Studies, 1996, 38 (2): 21-44.

[82] MARTINEZ-VAZQUEZ J, TIMOFEEV A, BOEX J. Reforming Regional-local Finance in Russia [M]. Washington, D. C.: World Bank Publications, 2006.

[83] MCKINNON R I. EMU as a Device for Collective Fiscal Retrenchment [J]. The American Economic Review, 1997, 87 (2): 227-229.

[84] MUSGRAVE R A. The Theory of Public Finance: A Study in Public Economy [M]. New York: McGraw-Hill, 1959.

[85] MUSGRAVE R A. Who Should Tax, Where and What? [M] // MCLURE C E. Tax Assignment in Federal Countries. Canberra, Australia: Australian National University Press, 1983.

[86] OATES W E. Fiscal Federalism [M]. New York: Harcourt Brace Jovanovich, 1972.

[87] OATES W E. An Essay on Fiscal Federalism [J]. Journal of Economic Literature, 1999, 37 (3): 1120-1149.

[88] OATES W E. Toward A Second-Generation Theory of Fiscal Federalism [J]. International Tax and Public Finance, 2005, 12 (4): 349-373.

[89] QIAN Y, WEINGAST B R. Federalism as a Commitment to Reserving Market Incentives [J]. Journal of Economic Perspectives, 1997, 11 (4): 83-92.

[90] SAVAS E S. Privatization and Public-Private Partnerships [M]. New York: Chatham House, 2000.

[91] SHAH A. The Reform of Intergovernmental Fiscal Relations in Developing and Emerging Market Economies [M]. Washington, D. C.: The World Bank, 1994.

[92] SHAH A. A Fiscal Need Approach to Equalization [J]. Canadian Public

Policy/Analyse de Politiques, 1996, 22 (2): 99-115.

[93] SHAH A. Public Services and Expenditure Need Equalization: Reflections on Principles and Worldwide Comparative Practices [R]. Washington, DC: World Bank, 2012.

[94] STIGLER G J. Perfect Competition, Historically Contemplated [J]. Journal of Political Economy, 1957, 65 (1): 1-17.

[95] TIEBOUT C M. A Pure Theory of Local Expenditures [J]. Journal of Political Economy, 1956, 64 (5): 416-424.

[96] TRESCH R W. Public Finance: A Normative Theory [M]. Plano, Texas: Business Publications, 1981.

[97] WEINGAST B R. Second Generation Fiscal Federalism: Implications for Decentralized Democratic Governance and Economic Development [M]. Rochester, NY.

[98] WEINGAST B R. Second Generation Fiscal Federalism: The Implications of Fiscal Incentives [J]. Journal of Urban Economics, 2009, 65 (3): 279-293.

后记

本书以上海为样本,围绕政府间财政事权和支出责任划分问题展开研究,采用理论分析、历史分析、实证分析、案例分析等研究方法,发现了一些重要的问题、形成了一些重要的研究结论,对于上海等国际大都市的此类改革实践具有一定的参考价值。本书的成果得到上海市哲学社科基金和东华大学出版基金的资助。

本书从理论、历史、现实背景来梳理政府间财权事权划分的逻辑演变,形成"财政事权和支出责任划分—财权配置—转移支付导入"分析路径,以对现代财政制度架构下的财权事权划分进行理论解构,由此丰富地方政府间财政关系的理论框架。

学界多侧重于央地层面的财权事权研究,对省以下财权事权纵向划分研究较少,特别是缺乏样本地区的实地调研与数据分析。本书以上海为研究对象,全方位地评估市与区的财权事权划分效应。事权划分上深入到总体性、结构性、功能性三个层面;财权配置上涵盖总体性财权、财政收入来源结构及税种配置;财权事权协调上论证市与区履行财政事权的财力匹配度,以及转移支付调节区级财力与分担财政事权的状况。

本书的研究依然存在诸多不足。

本书所拟定的财政事权和支出责任划分清单虽然比上海发布

的《基本公共服务领域市与区财政事权和支出责任划分改革方案》所列举的十个领域清单更为具体、细化，但考虑到设计的难度，清单项目目前仅细化到款，后续研究的重点是将财政事权事项的划分深化到项。针对市与区共同财政事权的支出责任分担方式的研究还显得粗糙，下一步要明确哪些事权事项采取比例分担、项目分担或标准定额补助，对此进行一一归类。对于财权配置方案，只提出粗略的税种划分框架和实施进度，具体的划分比例和近期远期的设计较为复杂，需要与市区财税部门、政府机构等深入沟通后才能明确。各区履行财政事权和支出责任的差异较大，后续研究应甄别出各区的真实财力缺口，以及哪些财政事权的支出责任较大，这样可为市级究竟给予各区多少转移支付提供精准测度依据。此外，本书所统计的财政收入仅涵盖一般公共预算收入中的税收收入和非税收入，为狭义口径的财政收入。考虑到数据的可获得性和统计口径的一致性，未能将近几年所关注的地方政府一般债务收入考虑进去，后续研究会将一般债务收入囊括到财政收入范畴，并进一步将财政收入口径延伸到政府性基金收入，重点关注地方政府专项债务收入。

"十四五"时期重要的财政改革战略是建立现代财税体制，其核心命题是如何规范好政府间财政关系。此项改革一直是财税改革重头戏，也是最难啃的"骨头"，其首要任务是明确好政府间财政事权和支出责任。"十三五"时期央地间财政事权划分改革力度大，基本养老保险、义务教育、医疗卫生等领域改革方案已经出台实施，央地间财政事权和支出责任划分逐步清晰。而省级以下政府间财政事权和支出责任划分也在积极推进中，改革取向上应将部分适合更高一级政府承担的财政事权和支出责任上移，强化省级政府基本公共服务领域的支出责任，提高民生支出保障水平，并引导财力向下倾斜，增强基层公共服务保障能力。未来研究的重点是如何将财政事权扩容到事权划分中，设计出政府间财权配置与事权划分的改革方案，促进财权事权相匹配。在建立现代财税体制改革的主线上，致力于健全省以下财政体制、完善现代税收制度、深化预算管理制度改革、健全政府债务管理制度等课题研究，以夯实财税在国家治理中的基础和重要支柱作用。

　　本书成文得到东华大学人文社科出版基金及中央高校基本科研业务专项资金项目（2232018H-07）的资助，在此一并谢过。

图书在版编目(CIP)数据

政府间财政事权和支出责任划分研究:以上海为例/周琛影,田发著.—上海:复旦大学出版社,2022.6
ISBN 978-7-309-16084-0

Ⅰ.①政… Ⅱ.①周…②田… Ⅲ.①地方政府—财政管理—研究—上海②地方政府—财政支出—研究—上海 Ⅳ.①F812.751

中国版本图书馆 CIP 数据核字(2021)第 277426 号

政府间财政事权和支出责任划分研究:以上海为例
ZHENGFU JIAN CAIZHENG SHIQUAN HE ZHICHU ZEREN HUAFEN YANJIU:
YI SHANGHAI WEI LI
周琛影 田 发 著
责任编辑/张 鑫

复旦大学出版社有限公司出版发行
上海市国权路 579 号 邮编:200433
网址:fupnet@fudanpress.com http://www.fudanpress.com
门市零售:86-21-65102580 团体订购:86-21-65104505
出版部电话:86-21-65642845
江苏凤凰数码印务有限公司

开本 890×1240 1/32 印张 10.25 字数 220 千
2022 年 6 月第 1 版第 1 次印刷

ISBN 978-7-309-16084-0/F·2867
定价:48.00 元

如有印装质量问题,请向复旦大学出版社有限公司出版部调换。
版权所有 侵权必究